미대륙 횡단 자동차 여행 완벽 가이드

# 두근두근
# 미대륙 횡단 따라하기

미대륙 횡단 자동차 여행 완벽 가이드

# 두근두근
# 미대륙 횡단 따라하기

홍석민 著

| 책머리에 |

로마령 아프리카 히포(Hippo)의 주교이며 『고백록(Confessions)』의 저자 아우구스티노(Aurelius Augustinus) 성인은 여행에 대해 '세상은 한 권의 책이다. 여행을 하지 않는 사람은 책의 한 장만 읽는 것이다.'라고 말했다고 합니다. 서기 4~5세기 시대의 교회학자로 사실 당시에는 교육 체계가 미흡하고 책들도 충분치 않아 여행을 하면서 깨닫고, 여러 스승을 만나면서 지식을 얻을 수밖에 없었을 듯합니다. 요즘 21세기에는 누구나 원한다면 교육을 체계적으로 잘 받을 수 있고 수많은 책들, TV나 넘쳐나는 인터넷 정보들로 여행을 가지 않더라도 한 권의 책을 다 읽을 수 있어 풍부한 지식과 깊은 깨달음을 얻을 수 있을 것 같습니다. 대형 화면에 비춰지는 실감나는 각종 여행 영상 정보들은 집밖을 나가지 않고도 충분히 대리 만족을 할 수 있을 정도입니다.

그럼에도 불구하고 여행은 우리네 인생의 한 부분으로 우리가 자아를 찾고, 성찰하고 성숙해가는 과정에 일정 부분 기여를 하고 있습니다. 또한 이제는 한국에서도 여행의 트렌드가 업무의 연장이나 지식의 습득 등 지성의 영역으로부터 여유로운 휴식, 자기만족, 체험이나 탐방 등 감성의 영역으로 점차 확대되고 있는 실정입니다. 실제 여행을 하면서 몸과 마음을 치유하고 회복하거나, 보고, 듣고, 냄새 맡고, 맛보고, 만져보고, 느끼는 것들은 일반적인 지식 습득, 깨달음이나 대리 만족과는 차원이 다른 것입니다.

나는 2001-2002년과 2015-2016년 기간 중, 각각 1년씩 가족들과 미국에서 체류할 기회를 가졌습니다. 미국의 연구 기관에서 교환연구원 및 방문연구원으로 파견 근무를 하였습니다. 체류를 한 곳은 뉴저지 주 모리스 카운티(Morris County)의 랜돌프(Randolph) 시와 메릴랜드 주 프린스 조지스 카운티(Prince George's County)의 칼리지파크(College Park) 시로 모두 미국의 동부에 치우쳐져 있는 곳들입니다. 미국에 체류하기 전 어렴풋이 미국 대륙 횡단 자동차 여행에 대한 호기심과 관심을 가지고 있었지만 실제 이를 꼭 실행에 옮기려고 했던 것은 아니었습니다. 또 체류할 때 파견 기관에서의 업무가 빡빡해서 시간적 여유도 없었고, 너무 긴 장거리 차량 이동 여행과 미국 치안에 대한 막연한 두려움도 있었습니다. 그런데 우연한 연유로 각각 파견 업무를 조금 일찍 마치면서 휴가를 받아 두 차례의 양방향 미국 대륙 횡단 기회를 가지게 되었습니다.

  미국 대륙 횡단 자동차 여행에서 무엇보다 중요한 것은 사람, 즉 운전자와 동반자입니다. 운전자는 바로 나인데 나는 일단 장거리 운전에는 어느 정도 자신이 있었고 또 운전하는 자체를 싫어하지 않았습니다. 물론 이전에 며칠 계속해서 장거리를 뛰어 본 경험은 많이 없었습니다. 동반자인 가족들은 미국 대륙 횡단에 다소 흥미는 가졌지만, 걱정이 앞서 크게 내켜하지 않았습니다. 다만 운전자이고 가장인 내가 실행에 옮기게 되니, 대놓고 이의를 제기하지는 못했습니다. 2002년도 첫 번째 횡단에서의 가족 구성원은 우리 부부(각각 46살)와 두 자녀로 딸(19살) 및 아들(17살)이며 미국에서 1년간 고등학교에 다녀 12학년과 11학년을 막 마친 상태였습니다. 2016년도 두 번째 횡단에서의 가족 구성원은 우리 부부(각각 60살)와 처제 식구로 처제와 두 딸 등 모두 5명이었습니다. 처제 가족은 마침 우리의 체류 기간 마지막 시기에 미국 여행을 오게 되어 두 번째 왕복 횡단 여정 중 절반 기간에 합류했습니다.

  두 번째로 중요한 것은 차량입니다. 미국 대륙을 양방향으로 왕복 횡단을 하게 되면 짧은 기간 동안 최소 10,000km 이상 달려야 하는데 차량에 문제가 생기면 낭패를 보게 되기 때문입니다. 그래서 주변에서는 새 차를 렌트해서 여행하도록 권고하기도 했지만 체류비용에 그다지 여유가 없었던 우리의 재정 상태로는 차량을 대여할 수 있는 여건이 되지 못했습니다. 그래서 두 차례 모두 가지고 있던 소나타 급 차량으로 여행을 할 수밖에 없었는데, 특히 2002년도의 첫 번째 횡단에는 거의 10년 가까이 된 1993년산 노후 차량을 이용해서 내심 걱정이 많았습니다. 2016년도의 두 번째 횡단 여행에는 다행히 2014년산 차량을 이용했습니다. 첫 번째 17박 18일간 왕복 횡단에서의 총 주행거리는 13,989km(8,694마일)였고 두 번째 25박 26일간 왕복 횡단에서의 총 주행거리는 18,317km(11,383.9마일)였습니다. 왕복 횡단할 때 하루 평균 주행 거리는 각각 777km(483마일)와 704km(438마일)였습니다.

세 번째는 전체 비용을 최소화하는 것입니다. 주로 많이 소요되는 비용은 숙박비, 식사비, 주유비 등입니다. 주유비용은 실상 어쩔 수 없는 부분이어서 우리는 숙박비와 식사비를 줄이기 위해 노력했습니다. 그래도 좋은 호텔에서 잠을 자기를 원하는 아내를 위해, 그러한 호텔에서 값싸게 잘 수 있는 노력을 많이 했습니다. 또 식사는 비용을 많이 줄이고자 쌀과 전기밥솥을 차에 싣고 다니며 호텔 등에서 많은 끼니를 직접 해 먹었습니다. 이렇게 비용을 아껴서, 2002년도 17박 18일의 4인 가족 횡단비용은 총 $2,403.6가 소요되었고, 2016년도 25박 26일의 횡단 비용은 2인 부부 기준으로 $3,863.45가 소요되었습니다. 1차 횡단 때보다 2차 횡단 시에 숙박비가 2배 이상 소요되었는데, 1차 때($943.77/비용 지출 17박)엔 4인 가족이 방 한 개를 사용한데다 가격 제시 경매 방식의 비딩(bidding)을 통해 숙박비를 많이 절약할 수 있었기 때문입니다. 2차 때($2,024.95/비용 지출 21박)엔 부부 기준으로 역시 방 한 개의 비용이지만 가격 제시 경매 방식을 사용하지 않았고, 숙박비가 아무래도 14년 전보다 인상되었으며, 기간도 며칠 더 늘어났습니다. 식사비용 역시 1차 때($357.66)엔 거의 모든 끼니를 자체 조리해 먹고 특식 개념으로만 몇 차례 매식을 했는데, 2차 때($779.53)엔 매식이 많이 늘어나 2배 이상 지출이 늘었습니다. 주유와 정비 등 차량 관련 비용은 1차, 2차 각각 $902.9와 $928.8로 크게 차이가 없었는데, 1차 횡단 시에는 앞바퀴 엑셀샤프트(Front Wheel Axel Shaft)를 교체하는 정비 비용이 $300가량 추가로 지출되었기 때문입니다.

또 가장 중요한 것 중의 하나는 여정을 잘 짜는 것인데, 여정은 전체 가용 일정을 고려하여 우리가 가고 싶은 곳을 중심으로 미국 여행사의 안내 책자들을 활용하여 정했습니다. 첫 번째 17박 18일 횡단 여행에서는 미국자동차협회(AAA; American Automobile Association)에 회원 가입을 해서 회원들에게 무료로 제공되는 각종 지도와 지역 안내서인 투어 북 및 오프라인 내비게이션에 해당하는 트립틱(TripTik)을 받아 이를 이용했습니다. 18일 동안 주로 미국의 I-80 및 I-70 주간(interstate) 고속도로를 통해 중앙부를 가로질러 왕복 횡단을 하였습니다. 두 번째 25박 26일 횡단 여행에서는 휴대폰과 구글맵(Google Map)을 이용했습니다. 첫 번째 여행 시의 종이 지도와 트립틱에 비해서 훨씬 편해졌습니다. 26일 동안 미국 대륙의 외곽 지역을 주로 I-10 및 I-90 주간 고속도로를 통해 왕복 횡단을 하였습니다.

두 번의 여정에서 사용할 예산을 미리 개략 산정하였고, 비용 지불을 위한 신용카드와 현금을 준비하였습니다. 신용카드는 미국 현지의 신용카드를 주로 사용했는데 국내 발행 신용카드의 사용도 아무 문제가 없습니다. 다만 국내 발행 신용카드를 사용하는 경우, 환율 변화에 따른 영향을 받게 되고 소정의 수수료가 발생하는 단점이 있습니다. 이밖에 여행에서 많이 출입하게 되는 미국 국립공원의 연간회원권(National Park Annual Pass)도 미리 확보하였습니다. 첫 번째 여정에서는 연간회원권을 미리 직접 구입하였고, 두 번째 여정에서는 지인이 사용하던 연간회원권을 양도 받아 사용했습니다. 연간회원권은 미국 국립공원을 처음 방문하면서 국립공원 출입구 현장에서 구입해도 무방합니다.

| 차례 |

■ 책머리에 · · · · · · · · · · · · · · · · · · · · · · · · · · · · · · · · · · · · · · · · 4

# 첫 번째 미국 대륙 횡단

1. 행군의 아침 · · · · · · · · · · · · · · · · · · · · · · · · · · · · · · · · · · 20
2. 아름다운 시카고 · · · · · · · · · · · · · · · · · · · · · · · · · · · · · · 24
3. 배드랜즈 국립공원과 월 드러그 · · · · · · · · · · · · · · · · · 30
4. 러시모어 산 국립기념지와 데빌스 타워 국립기념물 · · · · · · 36
5. 옐로우스톤 국립공원 · · · · · · · · · · · · · · · · · · · · · · · · · · 45
6. 그랜드 티탄 국립공원과 솔트레이크 시티 · · · · · · · · · · · · · 52
7. 약속의 땅 캘리포니아 · · · · · · · · · · · · · · · · · · · · · · · · · 58
8. If you come to San Francisco · · · · · · · · · · · · · · · · · · 61
9. 몬터레이, 카멀바이더시와 산타바버라 · · · · · · · · · · · · · · · 70
10. 로스앤젤리스 · · · · · · · · · · · · · · · · · · · · · · · · · · · · · · · 78
11. 라스베이거스 · · · · · · · · · · · · · · · · · · · · · · · · · · · · · · · 84
12. 그랜드 캐니언 · · · · · · · · · · · · · · · · · · · · · · · · · · · · · · · 90
13. 자이언과 브라이스 캐니언 국립공원 · · · · · · · · · · · · · · · 98
14. 캐니언랜즈 국립공원과 아치스 국립공원 · · · · · · · · · · · · 104
15. 로키 산 국립공원과 덴버 · · · · · · · · · · · · · · · · · · · · · 111
16. 세인트루이스 · · · · · · · · · · · · · · · · · · · · · · · · · · · · · · 117
17. 6개 주를 스쳐 도착한 피츠버그 · · · · · · · · · · · · · · · · · 122
18. 그리운 나의 집 · · · · · · · · · · · · · · · · · · · · · · · · · · · · · 125

## 두 번째 미국 대륙 횡단

1. 나이를 생각했어야지! 후회가 밀려오는 애틀랜타 ········ 137
2. 내가 가보고 싶었던 프랑스풍의 뉴올리언스 ············ 140
3. 아내에게 보여주고 싶었던 예쁜 운하 도시 샌안토니오 ··· 145
4. 멕시코와의 국경이 보이는 삭막한 엘패소 ············· 150
5. 기가 넘쳐흐르는 신비한 붉은 땅, 애리조나 세도나 ······· 153
6. 그랜드 캐니언 사우스림 세 번째 방문 ················ 158
7. 빛과 암석의 향연, 엔텔로프 캐니언 ·················· 163
8. 언제 보아도 아름답고 멋진 자이언과 브라이스 캐니언 ··· 169
9. 그랜드 캐니언 노스림 첫 번째 방문 ·················· 175
10. 화려함으로 대표되는 도시, 황홀한 라스베이거스 ······ 180
11. 당황스런 죽음의 계곡 데스밸리 ····················· 183
12. 넘고 싶었던 요세미티 국립공원의 티오가 패스········ 187
13. San Francisco, Summertime will be a love-in there ·· 193
14. 처제 식구들과 헤어지고 레드우드 국립공원 방문 ······ 199
15. 맑고 짙푸른 산정호수, 크레이터 레이크 국립공원 ······ 204
16. 달리랴 구경하랴, 경황없던 레이니어 산 국립공원 ······ 209
17. 시애틀의 잠 못 이루는 밤? 올림픽 국립공원 ·········· 215
18. 흐르는 강물처럼, 흘러가는 몬태나 주················· 220

| 차례 |

19. 권하고 싶지만 가보기는 어려운 글레이셔 국립공원······ 226
20. 다시 방문한 세계 최초·최고의 국립공원, 옐로우스톤① · 232
21. 여유를 가지고, 옐로우스톤② ······················· 237
22. 옛 기억을 찾아서, 러시모어 국립기념지 ············· 243
23. 여정의 막바지, 배드랜즈 국립공원 ················· 248
24. 지쳐가는 여정, 스쳐가는 이리(Erie) 호수············ 252
25. 보스턴, 딸과 손녀와의 재회와 작별 ················ 257
26. 대륙 횡단 여정의 마무리, 그리고 하느님께 감사!······ 259

■ 두 차례 미국 대륙 횡단을 마무리하며 ················· 264

|부록| ················································· 269

   1차 미국 대륙 횡단 이동 경로 ······················· 270
   2차 미국 대륙 횡단 이동 경로 ······················· 271

여행 준비는 이렇게 ································· 272
   1. 여정 계획 수립 ·································· 272
   2. 항공권 예약 ····································· 273
   3. 항공 마일리지 적립과 사용 ······················· 275
   4. 전자여행허가제(ESTA) 신청 및 발급 ············· 277
   5. 국제 운전 면허증 취득 ··························· 278
   6. 준비물(미국 입국시) 유의 사항 ··················· 279
   7. 렌터카 대여와 운전 ······························ 280
   8. 호텔 숙박 ······································· 282
   9. 신용카드 사용 ·································· 283
   10. 식당 이용과 팁 문화 ···························· 284
   11. 현지 식료품 조달과 식사 ······················· 285
   12. 국립공원 연간회원권 구입 및 활용 ·············· 286
   13. 여정의 정리와 기록 ···························· 287

※ 본 책자에 수록된 모든 지도는 독자들의 이해를 돕기 위해 구글맵(Goole Map)을 활용하여 여행 후 편집된 것입니다.

# 첫 번째 미국 대륙 횡단

### 2002. 7. 4~7. 21(17박 18일)

# 첫 번째 미국 대륙횡단

미국 대륙을 동서로 횡단한다는 것은 생각만 해도 가슴이 벅차오르는 대 사건입니다. 이것은 우리 여행 계획에 전혀 없었던 일입니다. 게다가 나의 연수 마지막 기간에 미리 인사하고 휴가를 얻어 서부로 횡단한 뒤 그곳에서 직접 귀국하는 것이 아니고, 다시 동부로 돌아오는 것입니다. 나는 가급적 연수 끝 무렵에, 이어서 오는 연수자에게 이것저것 인계해 주고 싶었고, 연수 기관에 출국 전날 인사를 드리고 출발하고 싶었기 때문에 연수를 마치기 2달쯤 전에 나의 슈퍼바이저에게 2주간 열흘의 휴가를 얻었습니다. 앞뒤로 주말이 3번 끼어 전체 여행 기간이 16일이 되었는데, 마침 2002년

Road Trip & 호텔 예매 (2002. 7. 4~ 7. 21(17박 18일) AAA지도 활용 13,989km)

○◎: 숙박일수, priceline bidding: 예약 사이트 및 방법, 1,2,3: 호텔등급, Westin: 호텔이름, $00: 숙박요금/1박당

7월 4일(목) 미국 독립기념일과 다음 날인 금요일 연휴와 연계, 출발하게 되어 결과적으로는 17박 18일의 일정이 되었습니다.

비행기로 미국 대륙을 횡단한다는 것은 큰 의미가 없는 것 같았습니다. 동부에서 서부에 비행기를 타고 가는 것을 횡단이라고 말한다면 우리가 이곳 미국에 올 때 내리지만 않았지 이미 횡단을 한 것이나 마찬가지입니다. 또 미국 체류 중 2002년 1월에 샌디에이고(San Diego)에 항공 출장을 다녀온 적도 있고 예전에 그런 다른 출장도 꽤 있었습니다. 그렇다면 기차로 가는 것이 편한데 이것은 비용은 비용대로 들고(서부까지 편도 1인당 $200 이상, 식사 별도), 중간에 구경하고 싶은 곳에 마음대로 멈추지 않으며, 중간중간 도착지에서 별도로 차도 빌려야 합니다. 결국은 자동차를 선택할 수밖에 없었습니다.

우리는 미국 체류 기간 중 2001년 말과 2002년 4월에 뉴저지 주 랜돌프(Randolph) 시의 집에서 남부의 플로리다와 동부 캐나다로 자동차를 이용해서 각각 1주일씩 여행한 경험을 토대로, 힘을 합해 대륙 횡단을 감행하기로 결정하였습니다. 여행기간을 최대 17박 18일로 잡았지만 실제 돌아다닐 곳을 선정하여 이 기간 동안 횡단하랴 구경하랴 시간이 턱없이 부족하였습니다. 따라서 일정에 무리가 따르게 되었습니다. 기본 일정은 이곳 뉴저지 주의 랜돌프 시에서 출발하여 일리노이 주 시카고(Chicago, 2박) → 사우스다코타 주의 러시모어 산 국립기념지(Rushmore, 1박) → 와이오밍 주의 옐로우스톤 국립공원(Yellowstone, 2박) → 유타 주 솔트레이크 시(Salt Lake City, 1박) → 캘리포니아 주 샌프란시스코(San Francisco)의 서부까지 구경하며 가는데 7일, 샌프란시스코(2박) → 로스앤젤리스(LA, 2박) → 네바다 주의 라스베이거스(Las Vegas, 1박) → 그랜드 캐니언(Grand Canyon)/자이언(Zion)/브라이스 캐니언(Bryce Canyon) 국립공원(2박) → 콜로라도 주 덴버(Denver)까지 서부 지역을 도는 데 7일, 그리고 미국의 로키 산

(Rocky Mountains) 국립공원을 돌아보고 덴버에서 하루 더 자며(2박) → 미주리 주의 캔자스시티(Kansas City)를 거쳐 세인트루이스(St. Louis, 1박) → 오하이오 주의 신시내티(Cincinnati)를 거쳐 펜실베이니아 주의 피츠버그(Pittsburgh, 1박)를 통해 집에 오는데 4일을 잡았습니다. 특히 마지막 여정이 매우 힘든데 다른 곳을 포기하기도 어려웠습니다.

출발 한 달 전, 기본 일정표를 작성하여 가족회의를 한 뒤, 아이들에게 임무를 부여하였습니다. 이 때만 해도 스마트폰 시대가 아니고 나는 차량용 내비게이션도 없었기 때문에 먼저 딸에게는 미국자동차협회(AAA)에 인터넷으로 트립틱(TripTik), 투어 북(Tour Book)과 각종 지도(지역 지도, state map, city map)를 요청하게 하였습니다. 나는 미국에서 자동차 이동 시에 실질적인 도움을 받을 수 있는 AAA 클럽에 2001년말 미리 가입을 했었습니다. 2001년도 가입비용은 일반회원의 경우 연간 $59(plus 회원은 $88)이었으며 여행 시 각종 지도와 안내 책자 및 가는 길 정보를 자세히 알려주는 트립틱을 받을 수 있습니다. 차량 고장 시 3마일 이내(plus 회원은 100마일 이내)의 견인이나 배터리 충전 서비스도 무료로 받을 수 있고 각종 호텔/모텔, 유원지 입장료 등을 10%정도 할인 받을 수도 있습니다. 여기서 트립틱은 내가 가고자 하는 길을 길쭉한 작은 종이 지도에 계속 연결하여 바인더 북으로 만들어 주는 아날로그 방식의 내비게이션 책자입니다. 도로와 휴게소 등 주변 정보들이 상세히 수록되어 있습니다. 그동안은 AAA 사무실에 직접 방문하여 이것들을 받았는데 이번에는 너무 일정이 복잡하여 인터넷으로 처리하였습니다. 인터넷에서는 트립틱을 제외하고 각종 자료를 1회에 종류별(모두 4가지)로 1개씩만 획득이 가능했으므로 연속해서 8회 신청하였습니다(나중에는 state map과 city map만 신청). 통상 일주일에서 10일 정도 걸려 집에 우송됩니다. 아들에게는 인터넷 한국 야후에서 관련 지역 관광 자료를 모두 복사, 출력하도록 하였습니다.

딸아이가 이곳에서 고등학교를 졸업하고 막 바로 미국 대학에 진학하여 진학에 따른 신분 변경 문제가 처리되지 않아 고심하다가 출발 2일 전인 7월 2일(화) 그래도 출발하기로 결정하고 호텔 예약을 시작하였습니다. 호텔 예약도 2001-

미국 자동차 협회(AAA) 오프라인 내비게이션 트립틱(TripTik)과 여러 종류의 지도(예시)

2002년 체류 시에는 내가 핸드폰을 가지고 있지도 않았을 뿐더러, 별도로 노트북도 없었기 때문에 17박 호텔을 모두 집에 있던 컴퓨터로 사전에 미리 예약하고 그날그날 여정에 맞추어 지도를 이용해서 찾아갈 수밖에 없었습니다. 7월 2일에는 시카고 2박($94.95, 수수료 5.95 및 세금 포함)과 샌프란시스코 2박($93.69)을 프라이스라인닷컴(priceline.com)으로 가격 제시(NYOP ; Name Your Own Price) 경매 방식인 비딩(bidding)을 통해 예약(1박당 $40)했고 라스베이거스는 예약이 잘 안 되어 익스피디아(expedia.com)를 통해 1박($27.82)을 예약했습니다. 모두 별 3개의 호텔인데 라스베이거스의 경우는 특별 할인(동반 아이들이 12살 이상의 경우 1명당 $12의 요금이 더 부과되었기 때문에 아이들의 나이를 좀 조정하였습니다) 가격입니다. 프라이스라인닷컴의 가격 제시 경매 방식 비딩은 내가 2001년 11월 미국의 추수감사절(Thanks Giving Holiday) 연휴에 워싱턴 D.C.에 여행을 가면서 처음 사용해 보았고 이후에도 많은 여행에 잘 활용했습니다. 미국의 주요 도시에서 내가 희망하는 가격을 잘 제시하면 정규 가격의 25~30% 수준으로도 좋은 호텔에 묵을 수 있습니다. 다만 내가 제시했던 가격과 호텔의 등급, 지역들이 잘 맞지 않아 경매가 무산된 경우, 동등 이상의 조건에 대해서는 24시간이 지나야 재경매를 할 수 있고, 체결된 예약은 모두 환불불가(non-refundable) 조건이어서 매우 조심해야 합니다.

　출발 전날인 7월 3일(수) 급하게 다시 예약을 서둘렀는데 큰 도시들은 대개 1박당 $35(대부분 공항 근처가 값이 쌉니다) 정도로 프라이스라인닷컴에서 비딩으로 예약하였습니다. 가격은 세금, 수수료 포함하여 로스엔젤리스 2박 $85.13, 덴버 2박 $85.37, 세인트루이스 1박 $45.28, 솔트레이크 1박 $44.53, 피츠버그 1박 $45.51이며 모두 별 3개 호텔입니다. 다만 외떨어져 있는 국립공원 지역은 프라이스라인닷컴에서 예약이 잘 안 되거나 근처 도시가 가용하지 않아 익스피디아로 좀 비싸게 예약했습니다. 자이언 국립공원과 브라이스 캐니언 국립공원 사이의 유타 주 글렌데일(Glendale)에는 1박에 $43.2로 2박(세금 포함 $94.84) 예약을 하였고 옐로우스톤 근처 아이다호 주의 애슈턴(Ashton)에는 1박당 무려 $55.69로 2박(세금 포함 $119.18) 예약을 했는데 이들 호텔은 모두 별 1, 2개짜리 입니다. 가장 애를 먹은 곳은 러시모어 산 국립기념지가 있는 사우스다코타 주의 래피드시티(Rapid City)였는데 결국은 비용 때문에 숙박이 어려워 래피드시티 가기 전 배드랜즈(Badlands) 국립공원 근처의 월(Wall)이라는 소도시에 익스피디아를 통해, 별(☆)도 없는 호텔에 1박 $80.99(세금포함 $87.47)로 예약을 완료하였습니다. 다른 곳의 2박 가격에 해당하는 금액입니다. 예약을 모두 마치니 7월 4일 0시가 조금 넘었습니다. 전체 호텔비용만 해도 $823.77나 되었습니다.

　차량은 이번에는 사전 점검 없이 엔진오일만 미리 교체하였습니다. 전체 여정 거리는 대략 7,500마일 정도로 추정하였고 음식물 준비는 쌀과 전기밥솥 외에 특별한 것 없이 집에 있던 것들을 동원하여 별도로는 약 $50 정도만 들였으며 나머지는 가급적 현지에서 조달하기로 하였습니다. 사실은 얼마 전에 형님이 한국에서 와서 많은 한국 식품을 지원받았습니다.

전체 예산은 호텔 1박 기준 $50로 17박에 $850, 유류비용 $490(1갤런에 20마일 주행 및 $1.3 기준)와 엔진오일 교환 등 정비 유지비 $60로 차량 관련 비용 $550, 입장료 $200, 현지 식사 및 식품 구입비 $400, 기념품 등 물품 구입비 $100 및 예비비 $200로 모두 $2,300를 책정하였습니다. 비용 중 현금은 $900 정도 준비하였습니다. 신용카드는 파견기관의 상주 은행에서 발급받은 비자(Visa) 카드와 한국에서 미리 발급받은 마스터(Master) 카드를 이용했습니다. 2002년까지만 해도 미국에서는 개인수표 지불이 일상화되어 있어서 신용카드의 경우도 청구서가 오면 은행계좌에서의 자동 결제 대신 우편을 이용해 개인수표로 결제하곤 했는데, 전월 사용분에 대한 우편 결제 처리가 늦어져 그렇게 많지 않은 월 사용한도를 초과해버려 여정 중 며칠은 미국 신용카드의 사용이 제한된 경우가 있었습니다.

이밖에 나는 미리 2001년 12월에 미국 국립공원 연간회원권을 신청해서 활용하고 있었습니다. 미국 내에 있는 384개 국립공원(National Park), 국립기념물(National Monument)과 국립기념지(National Memorial) 등의 무료입장이 가능(차량 1대와 동반가족)하며 기간은 1년입니다. 이때 가입비용은 $50이었는데 카드 우송비용이 별도 $3.95이었습니다. 인터넷 www.nps.gov나 전화1-888-GO-PARKS로 신청도 가능한데 막상 국립공원에 입장하면서 구입해도 문제가 없습니다. 회원권 카드 뒷면에 두 명이 각각 서명하여 서명자 가족들이 활용할 수 있습니다.

## 1. 행군의 아침

 2002년 7월 4일(목) 미국 독립기념일 새벽 3시 30분 기상, 별것도 없는 물품을 준비하고 또 마지막 순간까지 호텔 예약에 매달려 2~3시간밖에 눈을 붙이지 못했습니다. 세수를 하고 물품을 싣고 4시 30분 출발, 집에서 뉴저지 10번 도로와 US 46번 도로를 통해 I-80 주간(interstate) 고속도로로 접어들자 다른 식구들은 이내 잠에 곯아떨어졌습니다. 펜실베이니아 주는 119,283km$^2$ 넓이로 미국의 33번째 크기의 주이지만 남한 면적보다도 넓습니다. 주를 동서로 가로질러 가는 I-80번 고속도로가 통과하는 거리만 312마일(502km)이 됩니다.
 날이 점차 밝아 오면서 애팔래치아 산맥(the Appalachian Mountains)에 연결된 구릉과 산등성이들이 새벽안개에 젖어 마치 한 폭의 산수화 같았습니다. 그 광경을 뒤로하고 서쪽으로 계속 달려 나갔습니다. 새벽에 등산을 한다든지 운전을 하는 것은 언제나 상쾌합니다. "동이 트는 새벽꿈에 고향을 본 후 외투입고 투구 쓰면 맘이 새로워…" 이렇게 불리는 군가가 생각이 나 입으로 흥얼거려봅니다. 집에서 펜실베이니아 주를 가로질러 오하이오 주의 경계까지 360마일을 중간에 30분 정도 휴식시간을 포함하여 5시간 15분에 주파하고, 주 경계에 있는 웰컴센터(Welcome Center)에 아침 9시 45분 도착하여 15분간 휴식했습니다. 이후에도 첫날 전체 여정을 평균 시속 75마일 정도로 유지하였습니다.
 오하이오 주는 I-80 도로상에서 펜실베이니아 주와는 달리 넓은 평원으로 이어졌습니다. 그런데 나무숲들이 군데군데 많아 시야가 터져 있지는 않았습니다. 전체적으로 날씨는 맑았는데 워낙 장거리 운전을 하다보니까 가끔 빗방울이 비치는 곳도 있었습니다. 오하이오 주의 고속도로 240마일을 달리는 도중 주유를 하였고 12시경 140마일 정도를 지나 휴게소에서 30분 쉬면서 미리 준비한 밥으로 점심식사도 하였습니다. 고속도로는 클리블랜드(Cleveland)를 스쳐 지나가면서 엘리리아(Elyria)라는 곳에서 I-90 고속도로와 합쳐집니다. 인디애나 주 역시 고속도로 상에서 평원으로 계속 이어졌지만 나중에는 구릉이 나타나면서 뉴저지 주와 흡사한 풍경이 계속되었습니다. 이 주에서 I-90 고속도로의 전체 길이는 140마일 정도 되는데 중간을 조금 지나면서(60번 출구 정도) 미국 동부표준시(EST; Eastern Standard Time)에서 중부표준시(CST; Central Standard Time)로 변경되어 1시간을 벌었습니다. 물론 이 시간은 동부로 돌아오면서 모두 변상해야 합니다. exit 21 직전에 갈라지는 I-90으로 계속 올라가 오늘의 목적지가 있는 일리노이 주로 달려 들어갔습니다. 여기서 시카고는 멀지 않습니다.

시카고에 들어서자 대도시여서인지 아니면 예전 1930년대의 악명 높았던 갱인 알 카포네(Al Capone) 때문인지 왠지 모를 두려움이 생겼고 좀 불안하였습니다. 높이 솟아 있는 시어스 타워(Sears Tower, 2009년 이후 Willis Tower로 개명)만 도로 옆으로 반길 뿐이었습니다. 시가지에서 시카고의 오헤어(O'Hare) 국제공항까지 다시 도시 고속화 도로(JFK Expwy)를 타고 북서쪽으로 달려 공항 북쪽 만하임 로드(Mannheim Rd.) 상에 있는 래디슨(Radisson) 호텔에 17시(현지 중앙표준시간 16시)에 도착했습니다.

래디슨 호텔 체인에서는 처음 자 보는 것인데 시설은 그동안 미국 체류 시에 자주 묵었던 홀리데이인(Holiday Inn) 수준으로 괜찮았습니다. 공항 근처라서 별 생각이 없었는데 주차비가 별도로 하루에 $12 책정되어 있었습니다. 로비에는 손님을 위해 아이스티와 레모네이드가 준비되어 있어 매우 시원하게 마실 수 있었습니다. 일찍 도착했기 때문에 호텔 근처에 있는 할인점 타겟(Target)에 들러 구경을 하였으며 전기밥솥으로 밥을 해서 형님이 가져다 준 명란젓, 오징어젓, 김, 깻잎 통조림, 국과 함께 집에서 준비한 장조림, 닭 겨자채, 멸치볶음 등으로 푸짐하게 저녁식사를 하였습니다. 국은 미역국, 북어국, 사골 우거지국 등으로 국내에서 시판되는 말려 포장한 것들입니다. 많이 가져다 주어서 이번 여행 내내 그 동안의 컵 라면 대신 맛있게 먹었습니다. 통상 전기밥솥에 밥을 하고 나서 다시 물을 끓여 국을 했습니다. 김치는 가급적 호텔 안에서 먹지 않고 점심때 밖에서 식사할 때 주로 먹었습니다.

  뉴욕시간으로 21시 30분(현지 시각 20시 30분)부터 NBC TV에서 허드슨(Hudson) 강변에서 벌어지는 독립기념일 불꽃놀이를 30분 정도 중계하여 주었는데 수천 발의 폭죽이 매우 화려하게 강변을 수놓았습니다. 만약 뉴저지에 있었다면 허드슨 강변이나 리버티 주립공원(Liberty State Park)에 가서 구경하는 것도 좋을 것 같았습니다. 이 불꽃놀이는 워싱턴(Washington) D.C.를 비롯해서 큰 도시마다 거의 모두 하는데 시카고에서도 현지 시각으로 21시 30분에 시작하여 30분 정도 계속하였습니다. 이쪽은 공항 근처라 시내에서 하는 불꽃놀이를 잘 볼 수는 없었고 호텔 로비 앞에서 건물들 위로 솟아오르는 불꽃의 끝만 볼 수 있어 아쉬웠습니다.

  7월 4일(목)의 운전은 3차례의 휴식 시간 1시간 15분을 포함해서 모두 12시간 15분 걸렸으며 792마일(1,274km)을 달렸습니다. 비용은 사전 지불된 호텔비(2일, $94.95), 호텔 주차료($24/2일 숙박, 체크아웃 때 신용카드로 처리), 1회 주유($16.01), 통행료($15.95, PA$1 + OH$8.3 + IN$4.15 + IL2회 $2.5) 등으로 총 $150.91가 소요되었습니다. 사전 준비 비용은 엔진오일 교환($15.79), 식품준비($50) 등으로 $65.79였습니다.

## 1일차: 랜돌프, NJ → 시카고, IL

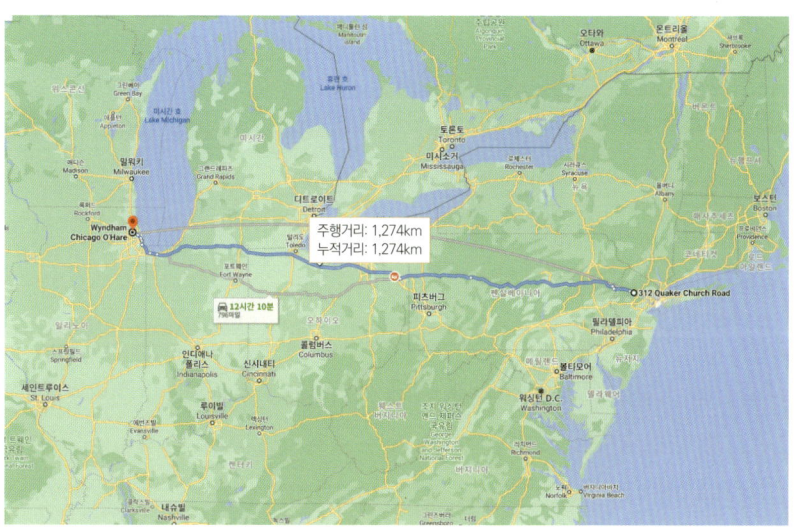

우려와 함께 출발한 첫 날, 동부 뉴저지에서 시카고까지 휴식시간 1시간 15분 포함, 12시간 15분 운전했습니다.

## 2. 아름다운 시카고(Chicago)

2002년 7월 5일(금), 호텔에서 밥과 국으로 아침식사를 하고 다시 한 번 점심용 밥을 해 가지고 현지 시각으로 9시 10분 시카고 관광에 나섰습니다. 만하임 로드를 타고 남쪽으로 조금 내려가다가, I-190 고속도로를 공항의 반대편(east)으로 타고 I-90과 합류하여 동남쪽으로 내려갔습니다. 시내는 아무래도 기름 값이 비쌀 것 같아 공항 근처 외곽에서 주유를 하였는데 그곳도 갤런당 $1.5나 되었습니다. 48B 출구로 빠져나와 64번 도로로 노스 애비뉴(North Ave.)를 타고 동쪽으로 시카고 강을 건너 나왔습니다. 그리고 시카고 최대의 공원이라는 링컨 공원(Lincoln Park)을 조금 스쳐 미시간 호수(Lake Michigan)를 따라 호반도로(Lake Shore Dr.)인 41번 도로를 타고 내려왔습니다. 미시간 호수는 너무 넓어 호수가 아니라 바다 같습니다. 오대호 중 세 번째 크기의 이 호수는 남북의 길이가 321마일(517km)이고 동서의 너비가 최대 118마일(190km)이며 최대 깊이는 923피트(281m)나 된다고 합니다. 전체 면적이 22,300평방마일(57,757$km^2$)이니 남한 면적의 절반이 넘는 셈이죠. 시카고 강이 호수로 흘러나가는 출구를 바로 건너자마자 몬로 거리(Monroe st.)로 우회전하여 들어간 뒤 미시간 애비뉴(Michigan Ave.)와 만나기 직전, 시내의 거대한 지하 주차장에 9시 30분 주차하였습니다. 주차 요금은 12시간에 $10입니다. 요금은 나오기 직전 별도의 부스(booth)에서 계산해야 합니다. 나중에 알아보니 시내 중심부의 지상 주차장 주차요금은 12시간 주차에 $17~$22 정도였습니다.

지상으로 나오니 과연 현대 건축계를 리드한다는 건물군이 화려하게 그 위상을 자랑하고 있었습니다. 어제 막연히 생각했던 시카고 거리에 대한 불안감은 순식간에 사라져 버렸고 매우 밝고 안정적인 거리 풍경을 느낄 수 있었습니다. 야간이나 시가의 변두리는 잘 모르겠지만 중심은 오히려 뉴욕

시보다 더 밝은 느낌이었습니다. 제일 먼저 근처 미시간 호수의 요트 클럽이 있는 시카고 하버(Chicago harbor)로 나갔습니다. 항구에서 남쪽으로 애들러(Adler) 천문대와 중서부 최대의 수족관인 쉐드(John G. Shedd) 아쿠아리움, 자연사 박물관인 필드 뮤지엄(the Field Museum) 등이 보입니다. 그런데 이들은 이미 우리 일행이 워싱턴 D.C., 뉴욕, 올랜도 등에서 방문한 곳들과 중첩이 되고 시간이 많이 걸리기 때문에 모두 생략하기로 하였습니다.

요트들과 넓은 대양과 같은 미시간 호수를 바라보다가 그랜트(Grant) 공원에 있는 버킹엄 분수(Buckingham Fountain)로 갔습니다. 분수는 직경이 85m, 높이가 41m라고 하며 여기서 보는 빌딩가의 조망이 '시카고 5경'에 해당된다고 합니다. 실제로 시어스 타워는 분수의 앞쪽에서 사진을 찍는 것이 가장 멋있을 것 같았습니다. 벌써 시간이 10시 30분이 되어 관광 순서를 결정하지 않을 수 없었습니다. 우선 분수에서 1블록 위로 올라가 시카고 예술대학(미술관, Art Institute of Chicago)에 들르고 다음에는 시어스 타워 → 시카고 상품거래소(Mercantile Exchange Building) → 오페라 하우스 → 시청 → 톰슨(James R. Thomson) 센터 → 컬추럴 센터(Cultural Center)로 작은 사각형을 그리며 돌고 주차장에서 점심식사를 하기로 하였습니다. 거리로는 Jackson Blvd. → Michigan Ave. → Adams st. → Franklin st. → Jackson Blvd. → Wacker Dr. → Washington st. → Wells st. → Randolph st. → Michigan Ave.를 거쳐 몬로 거리에 있는 주차장으로 돌아오는 것입니다. 그 뒤에 시간이 되면 남쪽 시카고 대학(Univ. of Chicago)의 동쪽 편에 있는 과학 산업 박물관(Museum of Science and Industry, 1893년 시카고 만국 박람회의 주 건물로 만들어진 것으로 실제 전시물들을 만지고 체험할 수 있는 것이 장점이라고 합니다)을 방문하기로 하였습니다.

1866년 설립된 시카고 예술대학은 지금도 세계적으로 최상급의 예술대학입니다. 여기의 미술관 역시 세계적이며, 본관에는 주로 15~18세기의 유럽회화 전시실로, 특히 엘 그레코(El Greco)의 '성모 승천(Assumption of the Virgin)' 등이 유명하다고 합니다. 청동 사자상이 양쪽에서 우리를 반기고 있었지만 전시품만 30여만 점으로 하루에 돌아볼 수 없을뿐더러 벌써 줄이 길게 늘어서 있어서 관람을 포기(입장료는 2002년 현재 성인 $10, 6살~14살 학생 $6이며 화요일은 무료)하고 로비 오른쪽에 있는 기념품점에만 들렀습니다. 이것저것 보다가 40여 분만에 나왔습니다. Adams st.에서 La Salle st.와 Clark st.의 사이로 45층의 시카고 곡물거래소(Board of Trade)가 보입니다. 건물 꼭대기에 관을 쓰고 있는 조각은 케레스(Ceres)로 로마 신화에서 곡물을 관장하는 농업의 여신(그리스 신화에서는 데메테르, Demeter)이라고 합니다. 건물 5층에 있는 비지터 센터(Visitor Center)에서 실제 곡물 거래 현장을 유리창 너머로 볼 수 있다고 합니다.

통신판매로 세계 제일을 자랑하는 시어스(Sears) 사의 본사 건물인 시어스 타워는 2002년 현재 미국에서 가장 높은 빌딩으로 110층이며 높이가 1,431ft(436m, 지붕은 1,450ft이며 방송 안테나까지는 1,730ft)라고 합니다. 우리는 잭슨 대로(Jackson Blvd.)에 있는 스카이덱(Skydeck) 입구에서 11시 30분 검색을 마치고 들어가 약 1시간 정도 줄을 선 다음 엘리베이터에 오를 수 있었습니다. 오르기 직전 시카고를 소개하는 간단한 영화를 보았습니다. 전망대 관람료는 성인 $9.5, 어린이(3~11살) $6.75이었는데 우리는 성인 3명과 어린이 1명으로 처리하여 세금 10%를 포함, $38.78를 지불하였습니다. 1970년에 착공하여 3년만인 1973년에 완공된 빌딩은 2,232계단에 전체 무게가 22만여 톤이나 나간다고 하며 전화선 길이만 4만 3천 마일이라고 합니다. 전망대에 오르는 엘리베이터는 1분에 1,600ft를 오르내리는 고속으로 110층까지 55초가 소요되었습니다. 동쪽으로 끝없이 펼쳐진 미시간 호수, 나머지 방향으로 거대한 건축물들과 바둑판처럼 구성된 시

가지가 한없이 이어졌습니다. 날씨가 좋았기 때문에 거의 40~50마일 이상 조망이 가능한 것 같았습니다. 조금 전 보고 온 45층의 곡물거래소 건물이 까마득히 아래로 내려다 보였습니다. 불과 20분 정도에 지나지 않았지만 미국에서 가장 높은 빌딩에 서서 시카고 전체를 한눈에 조망할 수 있어 참 좋았습니다.

  시카고 상품거래소는 쌍둥이 형태의 초현대식 건물로 바로 위쪽 오페라 하우스(the Civic Opera House)의 고색창연한 모습과 대조를 이루고 있었습니다. 이 같은 모습은 1911년 완성되었다는 네오 클래식 건물인 시청과 21세기 빌딩이라는 테마로 공모되고 1985년 완공되어 일리노이 주정부의 시카고 청사로 사용되는 제임스 톰슨 센터의 클래식과 모던의 조화로 계속 이어졌습니다. 특히 제임스 톰슨 센터의 전면은 유리로 구성된 반원형으로 매우 특이하였습니다. 컬추럴 센터 안에 깊숙이 있는 방송통신 박물관

(Museum of Broadcast Communications)은 무료였는데 방송 관련 자료와 물품의 전시가 짜임새 있고 볼만하였습니다. 주차장 쪽으로 돌아와 그랜트 공원의 잭슨 대로와 콜럼버스 거리(Columbus Dr.)에서 열리고 있는 '테이스트 오브 시카고(Taste of Chicago)' 행사에 참여하였습니다. 우리 식으로 따지면 맛 광장을 특별기간 동안 만들어 놓은 것인데 매년 개최되는 행사라고 합니다. 몇몇 매표소에서 음식 티켓($7에 11장 구입)을 구입하여 이를 세계 각국의 음식을 제공하는 천막 부스(booth)에 가서 사 먹는 것입니다. 사람이 엄청 붐볐습니다. 우리는 $14어치 티켓 22장을 구입하여 한국음식과 이태리 피자를 구입했는데 비싼 가격에 실망했습니다. 갈비는 티켓 6장, 만두 2장, 떡볶이 3장, 피자 1조각에 6장을 지불하고 먹을 수 있었는데 갈비는 작은 것 3쪽, 만두는 1개 등으로 먹기에 턱없이 부족하였습니다. 지하 주차장으로 달려가 얼음에 재워 둔 시원한 물을 마시고 준비해온 밥과 김치 등으로 배를 채웠습니다.

  식사를 하고 나니 14시 20분으로 16시에 문을 닫는 과학 산업 박물관으로 갈 수가 없었습니다. 그래서 우리는 미시간 호수 쪽으로 길게 뻗어 있는 네이비 피어(Navy Pier)에 가 보기로 하였습니다. 조금 멀어 차를 가지고 가야 했지만 또 다시 주차 요금을 지불해야 했기 때문에 걷기로 하고 요트 하버(Yacht Harbor)로 나가 걸어갔는데 생각보다 멀어 40분 정도나 소요되었습니다. 그래서 돌아올 때는 힘들고 애를 많이 먹었습니다. 네이비 피어에서 출발하는 워터 택시는 편도 요금이 $6 정도로 시카고 강 안쪽의 목적지까지 탈 수 있습니다. 이외에 미시간 호수를 돌아보는 각종 관광 보트나 크루즈 선박은 $2~30 수준이고 식사를 포함하면 점심 $50에서 저녁 $80 수준이 됩니다. 각종 요트와 보트, 선박들이 선착장에 끊임없이 드나들고 있고 바다같이 등대도 있습니다. 맥도널드에 가서 시원한 아이스크림을 사서 먹었습니다. 날씨가 더워 아이스크림이 금방 녹았습니다. 여기저기 호수와 거리를 배경으로 사진을 찍고 주차장에 돌아오니 17시 20분이 되었고 호텔에 18시에 돌아왔습니다. 호텔에서는 저녁식사 전 로비에서 시원한 레모네이드를 한 잔 하고 1시간 정도 아웃도어 풀에서 수영을 즐겼습니다. 이번 여정에서 호텔 수영장을 처음이자 마지막으로 이용해 본 것입니다.

둘째 날인 7월 5일(금) 시내 관광으로 운행 거리는 42마일(68km)에 불과했으며 누적 거리는 834마일(1,342km)이 되었습니다. 비용은 시어스 타워 입장료 $38.78와 마그네트 기념품 $5.38, 주유 $20.01, 주차 $10, 아이스크림 3개 $5.59, 음식 티켓 $14등 모두 $93.76이었습니다.

2일차: 시카고 호텔 ↔ 시카고 시내 관광

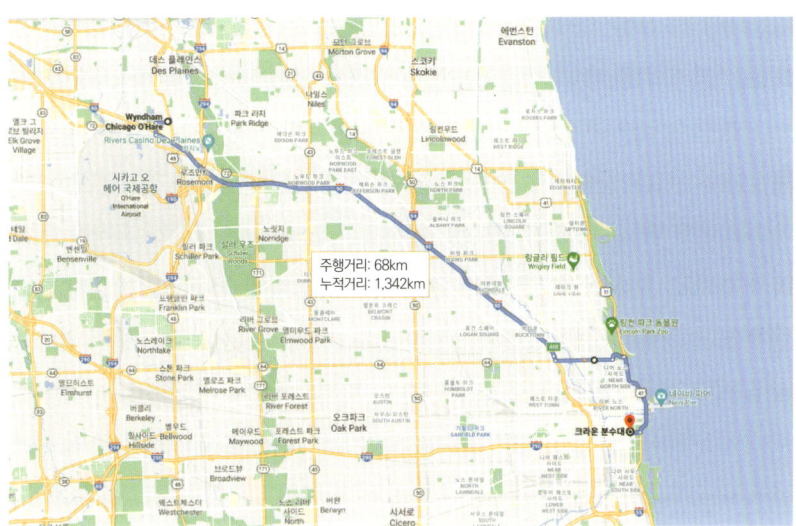

밝고 건강한 느낌의 시카고, 현대 건축계를 리드하는 클래식과 모던 건축물들의 보고입니다.

### 3. 배드랜즈 국립공원과 월 드러그(Wall Drug)

　2002년 7월 6일(토), 전날 밤 22시경 일찍 잠자리에 들어 2시간 정도 기분 좋게 잘 잤는데 그만 밤 0시에 깨어나 그 이후 잠을 이루지 못했습니다. 계속 뒤척이다가 3시 30분 기상, 세수하고 밥(점심)을 준비하고 호텔 체크아웃을 한 뒤 4시 30분 새벽 공기를 가르며 출발했습니다. I-90번 west 도로를 타야 하는데 east로 나가는 길밖에 없어, 20분 정도 헤매고 돌아다니다가 오헤어(O'Hare) 공항의 북문(north gate)까지 가서 물어보고 돌아 왔습니다. 사실은 호텔에서 고속도로 밑으로 지나치자마자 좌회전하여 동쪽으로 진행하다가 다시 고속도로 밑으로 U턴을 하여 west로 향해야 했던 것입니다.
　검은 구름이 낮게 드리워져 있고 간간이 빗방울이 비치는 일리노이 주는 I-90 고속도로 상에서 구릉지대로 뉴저지와 비슷했지만 시골의 느낌이 보다 강했습니다. 주 경계까지 빠져 나오는 데만 40￠씩 무려 5번의 통행료를 지불해야 해서 좀 속이 상했습니다. 위스콘신 주의 초입은 평원이었습니다. 드넓은 채소밭에 거대하게 서로 연결된 스프링클러가 새벽부터 물을 시원스레 뿜고 있었습니다. 평원을 지나서는 나지막한 구릉이 나오다가 다시 산등성이로 연결되었습니다. 날씨는 점차로 맑아졌지만 가끔 부분적으로 비가 내리기도 하였습니다. 아침 7시 30분경 휴게소에서 10분간 휴식을 취하면서 가지고 온 식빵과 포도잼으로 아침식사를 하였습니다. 토요일이고 근처에 크고 작은 호수들이 많아서인지 모터보트를 실은 차량 행렬이 엄청나게 많이 지나갔습니다. 일리노이 주에서 좀 멈칫거리며 90마일과 위스콘신 주에서 185마일 등 모두 275마일을 달려 8시 40분경 미네소타 주의 경계선에 도달하였습니다.
　여기서 미시시피(Mississippi) 강 상류를 건너서 본격적으로 서부로 들어갔습니다. 휴게소에 들러 다시 10분간 휴식을 취하고 멀리 강을 끼면서 몇 마일 정도 산악지역을 지났습니다. 고도가 꽤 높아졌으며 이후 미네소타 주의 I-90 고속

도로 옆은 다음 주의 경계까지 거의 전 구간 270마일 정도가 고랭지 채소 재배지, 목장, 목초지였습니다. 미국에 와서도 여기서 처음, 구릉 없이 사방이 평평한 땅으로 펼쳐진 지평선을 볼 수 있었습니다. 이곳의 고속도로 규정 속도는 65마일인 지금까지와는 달리 70마일이 되었는데 경찰들도 꽤 있었지만 여기 사람들이 빠르게 갈 이유가 없어서인지 천천히 달렸기 때문에, 나만 혼자 속도를 내기가 곤란하였습니다. 그래서 나는 평균 75마일 조금 상회하도록 달렸는데 계속되는 동일한 광경에 나중에는 너무 지루했습니다. 중간에 11시 조금 넘어 더위에 지친 휴게소의 식탁 그늘에서 밥과 김, 김치, 닭 겨자채, 장조림 등으로 점심식사를 하였으며 사우스다코타 주 경계에는 13시 30분에 도착했습니다. 오늘 여기까지만 560마일이었습니다. 사우스다코타 주 초입 역시 거의 목초지였으며 주위에 나무들도 없어 황량하였습니다. 문득 캐리 그랜트(Cary Grant) 주연의 '북북서로 진로를 돌려라(North by Northwest)'라는 영화가 생각났습니다. 이런 황량한 곳에 내렸다가 공격해 오는 비행기를 피하기 위해 옥수수 밭으로 숨기도 하고, 다음날 방문하는 러시모어 산 국립 기념지(Mt. Rushmore National Memorial)의 조각상 위에서 격투를 벌이기도 합니다. 우리는 평원에 차를 세우고 사진을 찍었습니다. 도로의 제한 속도는 75마일로 다시 5마일 늘었

지만 공사구간(65마일)이 많고 공사구간은 편도 1차선이어서 빠르게 달릴 수 없었습니다. 사우스다코타 주 I-90 도로에서 75마일 정도를 달려 191번 출구에 이르니 산악표준시(MST; Mountain Standard Time)로 변경되어 다시 1시간을 벌 수 있었습니다.

배드랜즈 국립공원(Badlands National Park)은 우리 가족에게 잘 알려진 곳이 아니었습니다. 내가 일정을 잡을 때 당일 러시모어 산까지 가는 것이 900마일이 넘어 무리여서 지도를 살펴보다가 직전에 있는 배드랜즈 국립공원을 발견하고, 옆에 있는 월(Wall)이라는 소도시에서 잠을 자도록 한 것입니다. 내 옆자리에서 내비게이터 역할을 하던 딸이 I-90 고속도로의 SD exit 131에서 240번 도로를 통해 국립공원의 북동쪽 출입구(Northeast entrance)로 들어가서 배드랜즈 루프 로드(Badlands Loop Rd.)를 타고 구경한 뒤 피나클스 출입구(Pinnacles entrance)로 나와 다시 240번 도로를 타고 숙소가 있는 월에 가는 것이 시간을 절약할 수 있다고 해서 그렇게 방향을 잡았습니다.

　국립공원 연간회원권을 제시하고 입구에 들어서자마자 분위기가 바로 직전과 사뭇 달라졌습니다. 국립공원 입장료는 2002년 차량당 $10인데 회원권이 있으면 무료로, 신분증 제시를 요구받았습니다. 입장 시 받은 공원지도를 가지고 먼저 바로 옆에 있는 빅 배드랜즈 전망대(Big Badlands Overlook)로 갔습니다. 주위가 평원과 같이 보였는데 이곳에 이르니 아래쪽으로 깊게 패인 바위산들이 마치 무지개떡과 같이 단층을 지어 형형 색깔로 아름다움을 뽐내고 있었습니다. 그리고 그 바위산들은 깊은 주름과 굴곡을 가지고 층층이 겹쳐져 있었습니다. 우리는 이곳에 오기를 잘했다는 생각을 갖게 되었으며 또 나아가서 서부에 온 보람을 벌써부터 충분히 느낄 수 있었습니다.

　처음 프랑스 사냥꾼들이 여기에 왔을 때 이곳을 지나쳐 가기가 너무 힘들어 붙여진 이름이 배드랜즈라고 합니다. 공원은 크게 4개의 유닛(unit)으로 구분되는데 접근하기 용이한 곳은 Ben Reifel 비지터 센터가 있는 North 유닛과 Sage Creek 유닛의 2곳이며 배드랜즈 루프 로드를 타고 돌거나 근처 트레일(trail) 코스를 걷게 됩니다. 우리도 중간에 내려 도어 트레일(Door Trail)을 타고 좀 거닐어 보다가 비지터 센터에 17시 15분(현지 시각은 16시 15분), 850여 마일을 달린 끝에 도착할 수 있었습니다. 배드랜즈 루프 로드를 따라 자동차로 진행하다가 전망대마다 잠시 멈추어 빼어난 경치를 바라보았습니다. 평원에서 부는 바람을 휘날리는 풀들을 통해 느낄 수 있는 Prairie Wind Overlook, 광활하게 협곡이 이어지다가 멀리 아래로 초원이 나타나는 Homestead Overlook, 분홍색 계통이 아닌 노란색들의 바위가 많이 보이는 Yellow Mounds Overlook, 거대한 협곡처럼 아찔하게 단층의 첨탑들을 살펴볼 수 있는 Pinnacles Overlook을 거쳐 숙소가 있는 월에 19시(현지 시각 18시) 도착했습니다.

월은 작은 도시입니다. 먼저 우리는 호텔에 가서 체크인을 했습니다. 나이츠 인(Knights Inn Wall) 호텔로 AAA에 랭크(rank)도 되지 않은 호텔이었는데 우리의 전 여행기간 중 가장 비싸게 예약(1박에 $80.99로 세금 포함 $87.47)된 호텔이었습니다. 익스피디아로 예약을 했었는데 나는 프라이스라인닷컴이나 호텔디스카운트닷컴에서와 같이 예약과 함께 돈이 지불된 것으로 알고 있었습니다. 그런데 체크인 카운터에서 계산을 해야 한다는 것이 아닙니까? 일순 당황하였지만 내 예약서류에도 돈을 냈다는 표현이 안 되어 있어 할 수 없이 카드로 결제하였습니다. 익스피디아의 경우, 몇몇 곳 일부는 신용카드 담보로 예약만 되고 돈은 지불되지 않는 것을 나중에 알았습니다. 방에 들어가 보니 그런대로 잘 만한 곳이었고 침대도 2개의 퀸 사이즈여서 4명이 자기에 넉넉하였습니다. 다만 얼음을 매니저가 있는 사무실에서만 보충할 수 있어 불편했고 커피 메이커도 방에 없었습니다.

매니저에게 물어 먼저 길(South Blvd.) 건너에 1블록밖에 떨어지지 않은 세인트 패트릭 천주교회(St. Patrick's Catholic Church)에 가 보았는데 토요일 특전미사는 현지 시각 17시로 이미 늦었고 일요일 미사는 아침 8시에 있어 시간만 확인하고 나왔습니다. 저녁을 먹고 현지 시각 21시경 어둑어둑 해질 무렵 월 드럭(Wall Drug)에 가 보았습니다. 예전에 여기에 유명한 드럭그 스토어(Drug Store)들이 있었다고 합니다. 그 전통을 이어 받아 예전 모습 비슷하게 각종 가게들이 모여 있는 곳이 월 드럭그인데 오는 고속도로 변, 수십 곳에 안내 표지가 있었습니다. 메인 스트리트(Main st.) 상의 월 드러그는 사실 좀 재미있는 곳입니다. 내부를 옛날 서부 시대같이 각종 조형물로 꾸며 놓았고 다양한 잡화들을 팔았습니다. 특히 이곳이 다음날 방문하는 블랙 힐스(Black Hills) 지역과 함께 수우(Sioux)족 인디언들의 본고장이어서 관련된 모형들이 많았고 시팅 불(Sitting Bull) 등 당시 유명한 추장들의 사진이 여기저기에 전시되어 있었습니다. 카메라를 가져오지 않아 호텔에 가서 다시 카메라를 가져다가 사진을 찍고 2시간 남짓 가랑비가 내리는 거리를 돌아다니다가 호텔로 왔습니다.

7월 6일(토) 운행 거리가 884마일(1,422km)이 되었고 누적거리는 1,718마일(2,764km)이 되었습니다. 소요된 비용은 호텔비($87.47)와 시카고에서의 호텔 팁($2), 통행료(5회, $2), 주유(2회, $37), 배드랜즈에서의 마그네트 기념품 비 $2.05 등 모두 $130.52이었습니다.

3일차: 시카고, IL → 월드러그, SD

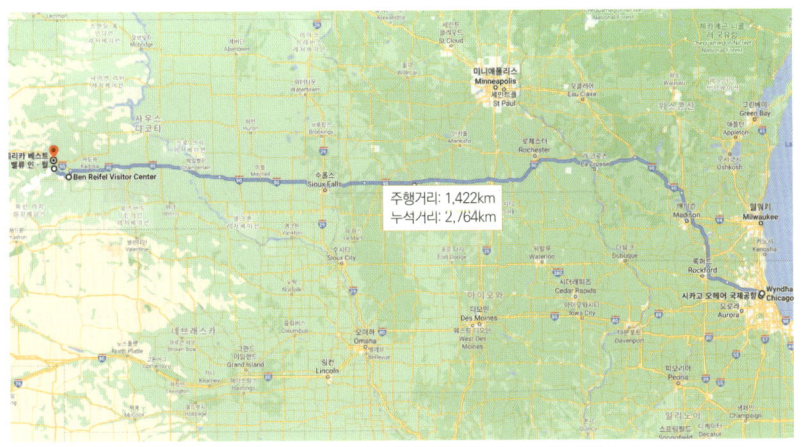

지평선이 보이는 대평원을 자동차로 달리고 또 끝없이 달려봅니다. 호텔명들이 바뀌었네요.

## 4. 러시모어 산 국립기념지와 데블스 타워 국립기념물

　2002년 7월 7일(일), 곰곰이 생각해보니 이곳 월(Wall)에서 8시 미사를 봉헌하고 이곳저곳 들러 오늘 숙소인 아이다호 주의 애슈턴(Ashton)까지 간다는 것이 너무 힘들 것 같았습니다. 그래서 일찍 서쪽 50마일 지점에 있는 래피드 시티(Rapid city)로 가서 근처의 러시모어 산 국립기념지(Mt. Rushmore National Memorial)에 먼저 들렀다가 그곳에 있는 성당 미사에 참예하는 것이 어떤가 생각하게 되었습니다. 새벽 4시 30분, 공연히 눈 감고 공상에 빠져 있다가 기상해서 식구들과 협의 후 5시 10분에 출발하였습니다. 체크아웃을 하려고 했지만 비상시를 제외하고는 아침 7시 이전에 사무실 출입을 금한다는 표지가 있어 문 앞 열쇠 함에 열쇠만 넣어 두었습니다. I-90 고속도로에서 20여 마일을 달리다가 입고 있던 반바지 주머니 속에 별도로 둔 $62가 없어진 것을 알게 되었습니다. 지갑을 자주 꺼내지 않으려고 일부 돈들을 주머니에 따로 두었는데, 손을 넣고 빼면서 헐거운 주머니에서 빠진 것이 틀림없었습니다. 포기할까 했지만 나에게 큰돈이어서 식구들에게 이야기하고 다음 번 고속도로 출구(exit)에서 차를 돌려 호텔로 되돌아갔습니다. 차를 두었던 곳과 사무실 앞, 또 아침에 내가 왔다 갔다 한 곳을 샅샅이 뒤졌으나 찾지 못했습니다. 이미 6시가 다 되어 체크아웃한 사람들도 많았기 때문에 공연히 되돌아왔나 걱정도 하였지만 더 찾아보기로 하였습니다. 내가 그렇게 열어 보려고 노력했어도 아마 걱정 때문에 잘 안 되었던 열쇠 함을 딸이 손쉽게 열어 방 열쇠를 다시 가지고 왔습니다. 방에 들어가 보니 내가 마지막으로 나오면서 흘렸던 것이었는지 출입문 안에 $62가 고스란히 떨어져 있었습니다. 다행히 돈을 찾아 열쇠 함에 열쇠를 넣고 6시 10분경 다시 출발하였습니다. 아침에 공연히 부산을 떨다가 1시간 손해를 본 것이죠. 10마일 정도 진행하였는데 갑자기 먹구름

이 잔뜩 몰려와 사방 온 초원에 200~300m의 아주 낮은 높이로 가득 깔렸습니다. 이런 상태로 30마일 정도 계속 달리게 되었는데 마치 지구의 종말 때가 이렇지 않을까 하는 생각이 들었습니다.

어느 정도 달리자 다시 날이 맑아졌고 그 넓던 황량한 초원에서 갑자기 침엽수가 가득한 산악지형인 블랙 힐스 지역(Black Hills Area)이 보이면서 래피드 시티에 도착하였습니다. 판단해 보니 러시모어 산을 먼저 방문하고 성당에 가도 될 것 같아서 exit 57에서 16번 도로를 타고 25마일 정도 달려 블랙 힐스 국유림(Black Hills National Forest) 지역 안에 있는 러시모어 산을 향했습니다. 입장료는 없고 주차료만 $8를 받는데 우리는 본 주차장이 아닌 스튜디오(studio)가 있는 narrow lot에 차를 주차시켰습니다. 이 때문인지 아니면 너무 이른 아침이어서인지 주차료를 받지는 않았습니다. 전날 생각났던 '북북서로 진로를 돌려라'라는 영화가 다시 생각났는데 그 영화에서 느꼈던 것처럼 대통령의 얼굴이 그렇게 크게 보이지는 않앉습니다. 영화처럼 꼭대기까지 올라가는 방법이 있는지는 모르나 시간 관계상 아래 뷰 포인트(view point)에서의 관람과 사진 촬영으로 만족을 하고 내려왔습니다. 내려오다가 스튜디오의 촬영 지점에서 또 사진을 찍었습니다. 이 근처에는 이외에도 제7기병대의 전멸로 유명한 커스터(Custer) 장군의 커스터 주립공원과 이때의 용감한 인디언 전사, 크레이지 호스(Crazy Horse)의 기념관, 보석 동굴(Jewel Cave) 등이 있는데 시간 관계상 모두 관람을 포기하였습니다. 1948년부터 인디언 추장 크레이지 호스의 거대한 조형물을 산에 만들고 있으며 현재 기념관에는 그의 1/34 조형물이 있다고 합니다.

래피드 시티로 되돌아가면서 올 때 왠지 성당이 있을 것 같아 눈여겨보아 두었던 Cathedral Drive 거리로 우회전해 들어갔는데, 바로 520번지에 '영원한 도움의 성모 성당(Cathedral of Our Lady of Perpetual Help)'이 있었습니다. 신자들에게 물어 가톨릭 성당임을 확인하고 8시 미사에 참예하였습니다. 이 교구의 주교좌성당인 듯 성당이 무척이나 컸는데 처음에는 빈자리가 많이 있었지만 시작할 무렵에는 거의 꽉 찼습니다.

미사 후에 9시 조금 지나 주변 주유소에서 기름을 보충하고 I-90 west를 타고 다시 달려 나갔습니다. 사우스다코타 주에서 57마일을 달리고 드디어 와이오밍 주로 접어들었습니다. 한쪽은 초원이고 반대쪽은 산림이 우거진 길이 계속되었습니다. 와이오밍 주에서의 제한 속도도 75마일입니다. 20여 마일을 달려 exit 187에서 14번 도로와 24번 도로를 통해 데빌스 타워 국립기념물(Devils Tower National Monument) 쪽으로 접어들었습니다. 나는 데빌스 타워에 대해서 잘 모르고 있었는데 예전에 위스콘신 주에도 거주했던 동생이 영화에 나왔던 곳인데 가 볼 만하다고 권해서 이번 여행 계획에 포함시켰습니다. 스필버그(Stephen Spielberg) 감독의 영화 '미지와의 조우(Close Encounters of the Third Kind)'에 외계인과 지구인이 만

나는 장소로 나온다고 하는데 내가 그 영화를 본 적은 없습니다. 러시모어 산과는 멀리 떨어져 있지만 이곳 역시 블랙 힐스 국유림 지역의 일부로 예전 서부 영화에 많이 나왔던 것 같은 풍경이었습니다. 산등성이에 침엽수림이 우거져 있고 간간이 풀들이 보이는 외롭고 적막한 분위기였습니다. 이런 구릉 지역을 지나다가 갑자기 멀리 평지에 커다란 암석이 마치 탑과 같이 우뚝 서 있는 멋있는 광경을 보게 되었습니다. 다가가면서 타워는 점점 커졌습니다. 타워의 높이는 아래로부터 867feet이고 Belle Fourche 강에서 1,267feet, 해발 높이는 5,112feet라고 합니다. 또 눈물 모양의 정상의 면적은 1.5에이커이며 아래(base) 부분의 직경은 1,000feet랍니다.

국립기념물의 공식 안내서에 적혀있는 키오와(Kiowa) 인디언들의 전설에 따르면, 옛날 옛적에 7명의 소녀와 1명의 소년 남매가 함께 놀고 있었답니다. 그때 갑자기 소년이 몸을 부들부들 떨더니 네발로 뛰기 시작했습니다. 소년의 손톱은 날카롭게 변하고 온몸은 털로 뒤덮였습니다. 어느덧 소년이 있던 자리에는 곰이 서 있었습니다. 소녀들은 두려움에 도망치기 시작했고 큰 나무의 그루터기에 다다랐습니다. 나무는 떨고 있는 소녀들에게 자신의 위로 올라오라고 했고 소녀들이 전부 올라탔을 때 나무는 하늘 높이 자라기 시작했습니다. 곰은 그들이 있는 곳으로 올라가려고 날카로워진 발톱으로 긁었지만 닿기에는 부족했습니다. 나무는 온통 곰의 발톱자국으로 패이고(거대한 암석이 온통 세로로 길게 조각나 패여 있습니다) 소녀들은 계속 하늘로 올라가 마침내 북두칠성(Big Dipper)이 되었다고 합니다. 한편 내가 미국 체류 중 성인 ESL(English as Second Language) 수업 때 받은 『Spotlight on the USA』(저자: Randee Falk)라는 책에 따르면 데빌스 타워가 인디언 이름으로는 'Mateo Teepee' 또는 'Bear Lodge'라고 합니다. 이 책에는 꽃을 따던 3명의 처녀들이 곰에게 쫓겨 바위로 올라갔는데 신령(Great Spirit)이 소녀들을 보호하기 위해 바위를 하늘 높이 들어 올렸다고 비슷하게 나와 있습니다.

지질학적으로는 마그마(Magma)의 관입(intrusion)으로 형성된 화성암(igneous rock) 덩어리로 주변이 침식된 것이라고 합니다. 1906년 당시 대통령이었던 시어도어 루스벨트(Theodore Roosevelt)가 데빌스 타워를 미국의 첫 번째 국립기념물(National Monument)로 선포하여 와이오밍 주는 미국에서 첫 번째 국립공원(옐로우스톤, Yellowstone, 1872년)과 함께 첫 번째 국립기념물을 보유하고 있습니다. 국립공원 회원은 무료입장이 가능한데, 일반 입장료는 차량당 $8이었고 입구에서 비지터 센터까지는 타워를 남쪽으로 돌아 3마일 거리입니다. 들어가는 초입에 프레리 독 타운(Prairie Dog Town)이 조성되어 있는데 초원의 많은 구멍들에서 비죽 튀어나오는 프레리 독들을 흥미롭게 볼 수 있었습니다. 여러 코스로 타워의 아래 또는 중간 부분 트레일을 걸어 볼 수 있는데 우리도 조금 올라가 보았습니다.

다시 24번 도로로 나와 이번에는 서쪽편의 14번 도로로 I-90 고속도로에 올랐습니다. 아침을 거르고 파우더 강(Powder river) 근처의 고속도로 휴게소에서 13시경 준비한 밥으로 늦은 점심식사를 하였습니다. 다시 초원을 한참 지나 14시 10분경 버펄로(Buffalo)에 다다르자 멀리 잔설이 남아 있는 로키(Rocky) 산맥의 영봉들이 보이기 시작했습니다. 옐로우스톤으로 가기 위해서는 버펄로에서 US16번 도로(Cloud Peak Skyway)로 빅혼 국유림(Bighorn National Forest)을 지나가거나, 쉐리든(Sheridan)까지 올라가 US14번 도로로 빅혼 국유림을 지나야 하는데 우리는 시간이 조금 더 걸리더라도 경치가 더 좋을 것 같은 US16번 도로를 택하기로 하였습니다. 특히 이 길은 백두산보다 더 높은 9,666feet(2,946m)의 '파우더 강 고갯길(Powder River Pass)'을 지납니다. 여기에는 200여 개가 넘는 크고 작은 호수가 있다고 하는데 호수는 볼 수 없었고 거대한 암석들로 이루어진 협곡과 침엽수들로 가득한 산림을 볼 수 있었습니다.

빅혼 국유림을 지나 워랜드(Worland)에서 기름을 보충하고 숙박하게 될 호텔에 22시경에나 도착할 예정이라고 통보하여 주었습니다. 버펄로와 이곳의 해발은 모두 4,600feet 정도입니다. 이 때부터 내가 가지고 있던 미국 비자 신용카드가 결제되지 않았습니다. 내가 6월 달 사용 분($1,700 정도)에 대한 결제를 개인수표로 하고 왔는데 아직 처리가 안 되어 월 사용한도 $2,000를 초과했던 것으로 7월 9일(화) 이후에나 해소되었습니다. 그래서 사이사이 현금과 한국에서 발급 받았던 마스터(Master) 신용카드를 이용했습니다. 워랜드에서 코디(Cody)까지 다시 황폐한 평원이 계속 되었고 간혹 석유 시추장비들만 보였습니다. 17시 30분 코디에 도착했고 멋있는 괴암석 지대를 지나게 되었습니다. 사실은 이곳부터 국립공원이라고 해도 그럴 듯한 곳이었습니다.

코디에서 괴 암석 지대를 50여 미일 달려 드디어 옐로우스톤의 동쪽 출입구(East entrance)에 도착했습니다. 미국의 첫 번째 국립공원이고, 간헐천, 침엽수림, 아메리카 들소(American Bison), 회색 곰(Grizzly) 등 옐로우스톤은 내가 외국에 다니기 시작하면서부터 막연히 동경해 왔던 곳입니다. 이 공원은 다섯 군데에 출입구가 있는데 북쪽 출입구를 제외하고는 10월 중순 또는 11월 초순부터 이듬해 4월 말 또는 5월 중순까지 폐쇄됩니다. 공원의 입장료는 아래쪽의 그랜드 티탄(Grand Teton) 국립공원과 연계하여 차량당 $20이었는데 입장권은 7일간 유효하다고 합니다. 사실 볼 만한 곳이 그렇게 많다는 것이겠죠. 우리는 연간 회원권과 신분증 제시로 무료입장하였고 공원 지도와 안내 신문을 받았습니다. 숙소가 공원을 서쪽으로 관통하여 한참 남쪽으로 내려간 곳에 있었기 때문에, 이 날은 구경하지 않고 그냥 공원을 최단 코스로 통과하기로 하여 레이크 빌리지(Lake Village) 지역 → 캐니언 빌리지(Canyon Village) 지역 → 노리스(Norris) → 매디슨(Madison)을 거쳐 서쪽 문으로 나가기로 했지만 너무 아름다운 풍경에 중간중간에 세우지 않을 수 없었습니다.

먼저 19시경 피싱 브릿지(Fishing Bridge)에 차를 세우고 옐로우스톤 호수(고도 7733ft/2357m, 최대 수심 400ft/122m, 길이 20마일, 너비 14마일)를 조망하였습니다. 이제 무조건 통과하기로 했지만 Mud Volcano에 다시 차를 세웠습니다. 고운 회색의 머드(mud) 입자들이 원을 그리며 끓어오르듯 군데군데 튀어 올랐고(Mud Volcano) 다른 곳에서는 가슴이 턱 막히는 유황 연기가 동굴(Dragon's Mouth Spring)에서 바람처럼 불어져 나오고 있었습니다. 유황이 끓어오르는 머드 칼드론(Mud Caldron)에서는 머드에 뒹군 듯한 아메리카 들소를 바로 옆에서 보았는데 처음에는 모형인 줄 알았다가 움직여서 깜짝 놀랐습니다. 자연 상태의 아메리카 들소를 처음 본 것이지요. 그런데 조금 후에 초원을 지나면서 들소와 사슴(Mule deer)들을 떼거리로 보게 되었습니다. 특히 사슴들은 사람을 전혀 두려워하지 않고 도로 바로 옆에서 한가로이 풀을 뜯고 있어 많은 차량들에서 이것들을 보느라고 정체되기도 했습니다. 전체적으로 30여m 정도 높이의 침엽수로 가득 차 있어 보기 좋았지만 일부 지역은 언제인가의 산불에 타 버려 자연적으로 점차 복구되고 있었습니다. 큰 산불은 1988년과 2000년에 있었다고 합니다. 노리스에서 매디슨까지 구간은 포장공사 중이어서 속도를 낼 수 없었

습니다.

  예약할 때 호텔은 아이다호 주의 애슈턴(Ashton) 시에서 한참 북쪽에 있는 것 같아, 몬태나 주에 걸쳐 있는 공원의 서쪽 출입구에서 그다지 멀지 않을 것으로 생각했었는데 실제로는 애슈턴 시에 다 가서 있었기 때문에 아이다호 주로 연결되는 20번 도로를 통해 60여 마일이나 달려야 했습니다. 이미 밤이 되어 헤드라이트 불빛에 날아드는 수많은 풀벌레들과 부딪치며 생각했던 대로 22시나 되어 슈퍼 8(Super 8) 호텔에 도착했습니다. 이곳도 익스피디아에서 옐로우스톤으로 예약한 곳인데 옐로우스톤과는 거리가 좀 있었습니다. 하긴 그렇게 따지면 사람들이 많이 묵는 와이오밍 주의 코디도 거의 마찬가지이지요. AAA클럽 할인이 되어 2개의 퀸사이즈 침대에 하루 $55.69이며 세금 포함하여 2박을 $119.18로 카운터에서 마스터 카드로 결제했습니다. 아이들에 대한 추가 요금 이야기를 해서 12살 이

하라고 했더니 괜찮다고 했습니다. 호텔은 그런대로 괜찮았고 침대가 넓어 험하게 자는 아들과 잠자기가 편했습니다. 컵라면으로 간단히 요기를 하고 23시가 되어 그냥 잠자리에 들었습니다.

넷째 날인 7월 7일(일) 운행 거리는 783마일(1,260km)로 누적거리는 2,501마일(4,024km)이 되었고, 이날 새벽 5시부터 22시까지 17시간이나 밖에 있었습니다. 소요 경비는 성당의 미사 봉헌을 제외하고 이틀간의 호텔비($119.18), 주유비용(2회, $31) 등 $150.18이었습니다.

4일차: 월드러그, SD → 애슈턴, ID

원주민 수우족의 북소리가 들리는 듯 한 블랙힐스 산림지역을 지나 동경하던 옐로우스톤 국립공원에 도착합니다.

## 5. 옐로우스톤(Yellowstone) 국립공원

　2002년 7월 8일(월), 전날 밤늦게 도착하여 잠자리에 들었으며 몹시 피곤하였기 때문에 아침 7시경에나 빌빌거리며 일어나 그렇게도 동경해 마지않았던 옐로우스톤 국립공원을 향했습니다. 샤워를 하고 로비로 내려가 아이들과 무료로 간단한 유럽식 아침식사를 먹었습니다. 커피, 오렌지 주스, 토스트, 호밀 빵과 시리얼 등이 있었는데 나는 토스트 2쪽을 구워 버터와 잼을 발라 먹고 커피를 마셨습니다. 그 사이에 방에서는 점심용 밥을 지어 8시 35분, 호텔 옆 주유소에서 기름을 넣고 45분에 출발하였습니다. 공원의 서쪽 출입구까지 1시간 남짓 걸렸는데 가는 길 주위에는 수령이 60~70년 정도 되어 보이는 침엽수들이 가득하였습니다. 국립공원 연간회원권으로 역시 무료입장을 하였습니다.

　국립공원은 크게 5개 지구(area)로 나눠집니다. 북서쪽의 맘모스 온천(Mammoth Hot Springs) 지구, 남서쪽의 올드 페이스풀 간헐천(Old Faithful Geyser) 지구, 북동쪽의 타워-루즈벨트(Tower-Roosevelt) 지구, 그 남쪽의 캐니언 빌리지 지구, 그리고 남동쪽에 해당하는 호수(Lake Village 및 West Thumb) 지구로 나눌 수 있는데 그랜드 루프 도로(Grand Loop Rd.)를 따라 돌아볼 수 있습니다.

　우리는 제일 먼저 공원 남서쪽에 위치하고 세계적으로 유명한 간헐천(geyser)인 올드 페이스풀(Old Faithful) 지구로 갔습니다. 가는 도중에 코를 찌르는 유황냄새를 매캐하게 내뿜으며 진흙을 뽀글뽀글 끓여내고 있는 파운틴 페인트 팟(Fountain Paint Pot), 유황을 분출시켜 주위를 검붉게 물들인 블랙 샌드 베이슨(Black Sand Basin) 지역에도 차를 세우고 트레일 루트를 따라 구경했습니다. 옐로우스톤 국립공원의 상징인 간헐천은 공원 안에 300개 이상 있다는데 그 중에서도 올드 페이스풀 간헐천은 가장 대표

적이고 유명한 곳입니다. 현재 이것만큼 규칙적이고 수량이 많으며 높이 솟는 것은 없다고 하는데 그 이름도 규칙적이며 신뢰성 있는 분출 시각에서 기인된 것이라고 합니다. 이 간헐천은 40분에서 126분 정도의 간격으로 높이 106~180피트(feet, 평균 130ft, 40m), 수량 3,700~8,400갤런(gallon)을 분출한다고 하는데 우리가 방문했을 때의 분출 시간 간격은 92분이었습니다. 분출 시 물의 온도는 204℉(95.6℃)라고 합니다.

   우리는 안내표지를 따라 11시 15분, 올드 페이스풀 간헐천에 도착했고 올드 페이스풀 로지(lodge) 앞에 주차를 시켰습니다. 안에 들어가 보니 다음 분출 예정 시각이 12시로 되어 있어 기프트 샵(gift shop)을 둘러보고 또 주변에 다른 작은 간헐천들도 둘러보았습니다. 특히 건물들의 반대편으로 파이어홀 강(Firehole River) 옆에 작은 바위틈으로 솟아나는 맑은 간헐천이 2개 있었는데 하나는 에메랄드 같은 청록색을 띄고 있었고 다른 하나는 맑은 그대로여서 참 보기 좋았습니다. 여기서 그 모습을 작은 종이에 담고 있는 화가들도 있었습니다. 올드 페이스풀의 분출구를 중심으로 사람들이 구경할 수 있도록 크게 원을 그리며 길이 나 있고 좌석도 배치되어 있습니다. 분출 시각 가까이에 아메리카 들소 한 마리가 길 옆 모래에 나와 앉아, 구경을 하였는데 위험해서 가까이 접근하는 것은 관리인(ranger)들이 막았습니다. 12시가 조금 지나 연기가 많아지고 조짐이 보이면서 일부 분출이 되기도 하였지만 본격적인 분출은 12시 20분에나 이루어졌습니다. 예정 시각 표시가 좀 잘 못되지 않았나 싶었습니다. 간헐적으로 약 4분 정도 뿜어져 나왔는데 이때 최고 분출의 유지 시간은 30초 정도였습니다. 높이 솟는 물기둥이 장관이며 자연에의 경외심이 저절로 우러나왔습니다.

13시에 그랜트 빌리지(Grant Village)까지 남쪽으로 내려갔습니다. 가는 길 주변으로 사슴들을 간혹 볼 수 있었습니다. 빌리지 자체는 크게 볼 것이 없었습니다. 다만 공원 측에 사전 예약을 해서 이런 곳에 숙소를 잡을 것을 하는 생각이 많이 들었습니다. 또 야영을 해도 참 좋을 것 같았습니다. 더 내려가면 그랜드 티탄(Grand Teton) 국립공원으로 이어지기 때문에 우리는 다시 올라와 13시 30분경 웨스트 섬(West Thumb)을 방문하였습니다. 옐로우스톤 호수(Yellowstone Lake)의 서쪽으로 호수 전체에서 만(bay)과 같이 삐죽이 튀어 들어와 있는 곳입니다. 호수를 배경으로 연안에 뜨겁게 끓어오르고 있는 샘들이 많이 모여 있는데 어떤 것들은 물이 흘러나오는 구멍이 보일 정도로 투명한 푸른색이었고 어떤 것들은 흐린 회색, 어떤 것들은 우윳빛 등으로 매우 다양하고 그 색채가 환상적으로 아름다웠습니다. 또 호수를 따라 걷다 보니 호수물 밑에도 빅콘(Bigcone)과 피싱콘(Fishingcone) 등 간헐천이 있었고 주위에 송어 같은 큰 물고기들이 많이 있었습니다. 14시 30분경 휴게소에 주차하여 숲 안에 있는 식탁에서 점

심식사를 준비하였습니다. 김, 김치, 장조림 등으로 식사를 막 하려고 하는데 모기 떼들이 너무 심하게 덤벼들어 황급히 차 안으로 피신하여 차 안에서 식사를 하였습니다.

　15시 20분경에는 캐니언 빌리지(Canyon Village) 지구에 도착했습니다. 도착하기 전부터 길옆으로 흐르는 강물을 볼 수 있었으며 우리는 차에서 내려 세차게 흐르는 강 물줄기를 바라보았습니다. 문득 마릴린 먼로(Marilyn Monroe)와 로버트 미첨(Robert Mitchum) 주연의 영화 '돌아오지 않는 강(River of No Return)' 장면이 생각났습니다. 실제 '돌아오지 않는 강' 영화는 캐나다 밴프(Banff)의 보우 강/폭포(Bow River/Falls)에서 촬영되었다고 합니다. 캐니언 빌리지에서는 공원의 북쪽 입구에서 흘러내린 물이 루즈벨트 릿지(Roosevelt ridge)에서 흘러내린 물과 합류하여 호수로 이어지는 옐로우스톤 강(Yellowstone River)이 깊은 협곡을 만들면서 보여주는 멋진 풍경을 볼 수 있습니다. 우리는 길을 따라 먼저 Upper Fall을 보고 아티스트 포인트(Artist Point)에서 평균 깊이가 300m라고 하는 웅장한 대협곡의 모습과 멀리 Lower Fall의 모습을 보았습니다. Uncle Tom's Trail을 따라 폭포의 아래쪽으로 내려갈 수 있는데 내려가지는 않았습니다. 협곡 아래로 길게 흐르는 물줄기와 주변에 어우러진 협곡의 노란색 암

석들이 조화를 이루고 있습니다. 여기를 이곳에서 그랜드 캐니언(Grand Canyon)이라고 부르고 있습니다. 협곡 위에는 매 한 쌍이 바람을 타며 창공을 오르내리고 있었습니다.

캐니언 빌리지에서 타워-루즈벨트 지구로 가는 길은 산악도로로 오르막에 수령이 100년은 되어 보이는 침엽수들이 가득하여 매우 좋습니다. 더군다나 백두산 높이와 비슷한 던레이븐 패스(Dunraven Pass, 8,859ft, 2,700m)를 지나면 아래로 넓은 언덕과 멀리 3,000m가 넘는 영봉들이 연출하는 풍경이 환상적으로 펼쳐집니다. 참 멋있습니다. 16시 30분경 타워 폭포(Tower Fall)를 구경하고 곧바로 맘모스 온천 지구에 도착했습니다. 공원 내에 있는 약 3,000여 개의 온천중에서 가장 대표적인 곳으로, 공원 북쪽 입구 아래에 자리하고 있습니다. 북쪽에 로어 테라스(Lower Terrace), 남쪽에 어퍼 테라스(Upper Terrace)가 있는데 서로 연결되는 트레일 루트가 있습니다. 우리는 먼저 로어 테라스 입구에 주차하고 로어 테라스의 바위들을 구경하다가 힘이 들어서 차를 타고 Upper Terrace Drive(one way이며 겨울에는 통행금지) 도로 상의 전망대로 올라가 위에서 테라스들을 구경하였습니다. 규모가 아주 크지는 않으나 비디오나 사진으로도 이미 많이 보아온 것으로 계단식의 하얀 석회암 층에 뜨거운 유황 물이 흘러내리는 광경이 매우 독특합니다. 나오면서 Orange Spring Mound 근처에서 작은 검은 곰 한 마리를 보았는데 바로 길가 언덕 위에서 꽃을 따먹고 있었습니다. 맘모스 온천 지구 주변은 지열 때문에 겨울에도 눈이 쌓이지 않고 연중 푸른색을 띠며 넓게 펼쳐지는 초원지대 풍경과 한껏 어우러지는 것이 일품이고, 캠핑장, 상점, 호텔, 레크리에이션 센터 등이 자리하고 있는 공원 제일의 관광지역으로 이곳만이 연중무휴라고 합니다.

18시 30분경 어제 지나갔던 노리스(Norris) 지역에 다시 도착하였습니다. 여기는 일부 지역의 양쪽 사면이 모두 불에 타 약간 황폐하였지만 작은 침엽수들이 새롭게 꿈틀거리며 자라고 있었습니다. 여기서 매디슨(Madison)까지는 공사 중이어서 시속 20~30마일로 서행하였습니다. 아침에 보았던 올드 페이스풀을 다시 보기 위해 19시 40분 그 곳을 방문했습니다. 분출 예정 시각이 이제는 잘 조정이 되어 20시 08분으로 표시되어 있었고 정확히 그 시간에 4분 정도 다시 분출하였습니다. 최대 분출도 거의 1분 정도 이어져서 보기 참 좋았습니다. 21시 서산에 해가 떨어지면서 서쪽 출입구를 빠져 나왔으며 그곳 맥도널드에서 햄버거를 사서 차에 싣고 22시 10분 호텔에 도착했습니다. 차는 이미 그리즐리(grizzly)와 같이 회색으로 변해 있었고 앞 유리창과 범퍼, 보닛(hood)은 수백 마리 곤충들의 시체로 뒤범벅되어 있었습니다. 모두들 녹초가 되어 햄버거로 저녁을 때우고 잠자리에 들었습니다.

닷새째인 7월 8일(월), 옐로우스톤 국립공원을 관광하며 운전한 거리는 모두 336마일(541km)로 누적거리는 2,837마일(4,565km)이 되었으며 주유 $12, 딸과 아들의 기념품 1개씩 $7.41, 햄버거 $11.49로 모두 $30.9를 사용하였습니다.

# 5일차: 애슈턴, ID ↔ 옐로우스톤 국립공원

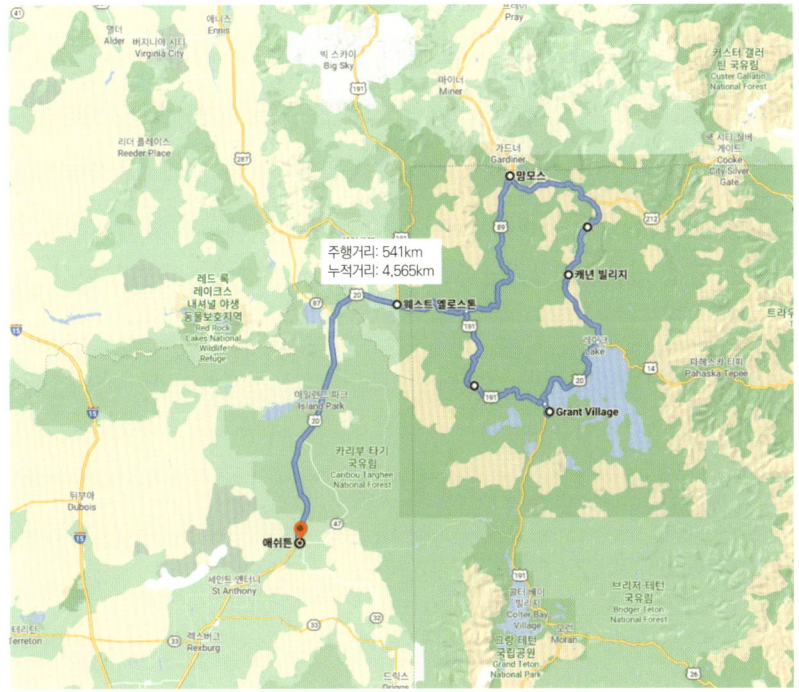

어제와 오늘 방문한 8자로 이루어진 옐로우스톤 국립공원은 내가 미국에서 가장 가보고 싶었던 곳입니다.

## 6. 그랜드 티탄 국립공원과 솔트레이크 시티

2002년 7월 9일(화), 전날과 비슷하게 호텔의 간단한 유럽식 아침식사를 마치고 8시 20분 주유 후에 출발하였습니다. 다행히 이날부터 미국에서 발급된 비자(VISA) 카드의 사용이 다시 가능해졌습니다. 옐로우스톤 국립공원과 그랜드 티탄 국립공원은 북쪽과 남쪽으로 서로 붙어 있습니다. 또 어느 한 곳의 입장($20, 일주일 유효)으로 양쪽의 관광이 모두 가능합니다.

우리 숙소는 아이다호 주의 애슈턴 시로, 옐로우스톤 국립공원의 서쪽 아래 부분에 있었기 때문에 다시 옐로우스톤 국립공원 쪽으로 들어가지 않고 32번 도로를 거쳐 33번 도로로 계속 내려간 뒤, 빅터(Victor) 시에서 22번 도로로 잭슨(Jackson) 시를 거쳐 남쪽에서 그랜드 티탄 국립공원에 들어가기로 하였습니다. 빅터 시에서 22번 도로로 빠져 나오자 벌써 멀리 로키 산맥 줄기인 그랜드 티탄 영봉들의 모습이 보이기 시작했습니다. 22번 도로로 잭슨 시로 가려면 아래쪽으로 로키 산맥을 지나야 합니다. 백두산 높이 정도로 높고, 경사도가 10%에 이르는 티탄 고갯길(Teton Pass, 8,429ft/2,569m)을 지난 뒤 계속 한라산 높이의 분지 지역(Wilson)을 지나는데 이 길도 참 멋있습니다. 미리 확실히 알고 계획을 짰던 것은 아니지만 가는 곳곳마다 멋있는 풍경이 계속되니 여행 자체가 즐거웠습니다. 잭슨 시는 작지만 관광도시답게 화려했습니다. 우리는 이곳을 지나쳐 우선 공원 입구로 진행하였고 10시에 공원 출입구에 도착했습니다. 3,000~4,000m급의 티탄 영봉(최고봉인 Grand Teton 산의 높이는 13,770ft/4,197m)들이 마치 알프스라도 온 것처럼 하얀 눈을 머리에 이고 이제는 가까이에서 우리를 반겼습니다.

그랜드 티탄 국립공원은 미국 내의 어느 국립공원보다도 자연미가 넘치는 곳이라고 합니다. 우리는 먼저 무스 비지터 센터(Moose Visitor Center)

에 들러 국립공원 전체 모형도를 살펴보고, 경치를 구경하며 천천히 티탄 파크 로드(Teton Park Rd.)를 타고 올라갔습니다. 제니 호수(Jenny Lake)를 옆으로 끼고 중간에 약간씩 쉬면서 잭슨 호수(Jackson Lake)까지 갔습니다. 차에서 내려 잭슨 호수 댐(Dam)을 걸어 건너갔습니다. 여기서 호수와 뒤편의 산맥을 배경으로 사진을 찍는 것도 좋아 보였

습니다. 다시 차를 타고 위로 올라가 Willow Flats Overlook(여기도 멋있습니다)을 통해 여행자들의 숙소로 유명한 콜터 베이 비지터 센터(Colter Bay Visitor Center)까지 갔습니다. 비지터 센터 조금 못미쳐 있는 식품점에서 빵과 과일, 말린 고기, 과자, 너트 등 음식을 보충하였고 인디언 미술관에 들어가 보았습니다. 센터에서는 베이로 나가 다시 호수 너머 보이는 산들을 조망해 보았습니다. 올 때에는 Moran Junction 쪽으로 돌아 나오면서 중간중간에 있는 전망대나 Turnout에서 정차하여, 자연을 만끽하였고 Teton Point Turnout에서는 점심식사를 하였습니다. 다만 나오는 도중 공사구간에서 차를 잠시 정차시키고 트렁크에 있는 음식을 꺼내는 과정에서 아내가 신발을 잃어버렸습니다. 그래서 라스베이거스(Las Vegas)까지 계속 예비로 가져온 슬리퍼를 신고 다녔고 그곳에서나 신발을 사서 신을 수

있었습니다. 이번 여행 중 유일한 사고였습니다.

공원에서 빠져나와 잭슨 시에 13시 30분 다시 도착했습니다. 시의 북쪽에 있는 안내 센터에 가서 화장실도 이용하고 사슴, 곰 등 야생동물들의 박제품도 구경하였습니다. 센터 지붕 위에 풀들이 자라고 있어 좀 우스꽝스러웠습니다. 딸아이가 아침에 들어갈 때 보았던 공원 입구의 사슴 뿔 아치에서 사진을 꼭 찍고 싶다고 하여 사진을 찍고 14시에 오늘의 종착지인 솔트레이크 시를 향해 출발하였습니다.

잭슨 시에서 빠져 나오는 89번 도로는 와이오밍 지역에서 곧 Targhee 국유림과 Caribou 국유림을 만나 경치가 아름다웠지만 곳곳에 공사 구간이 있어 1차선만으로 서로 교행하여야 했기 때문에 매우 지연되었습니다. 언덕 위에 멋있는 별장들도 눈에 띄었고 계곡에서 래프팅하는 모습도 간혹 볼 수 있었습니다. 아이다호 주로 다시 들어갔다가 이곳에서 유타 주로 빠졌는데 이곳의 89번 도로는 공사 중 교행뿐 아니라 30번 도로로 일부 우회하기도 하였습니다. 주 경계 근처에 남북으로 길게 이어진 비취빛의 베어 호수(Bear Lake)를 한참 따라가다가 굽이굽이 고개를 기어올라 고개 정상(Bear Lake Summit, 7,800ft/2,377m)을 넘으며 사진을 찍었습니다. 다시 Cache 국유림의 긴 계곡을 지나 유타 주의 로건(Logan)이라는 도시에 도착했는데 깨끗하였고 언덕위로도 깔끔한 집들이 많았습니다. 여기서 다시 기름을 보충하고 15번 고속도로로 솔트레이크 시(exit 312)에 도착했습니다.

19시 50분 솔트레이크 시의 South Temple St. 상에 있는 메리어트(Marriott) 호텔에 도착했습니다. 시내와 같이 호텔도 참 깨끗했습니다. 접수 담당자도 어느 호텔보다 친절하였고 특히 아이들은 미국에서 잔 그 어떤 별 3개짜리 호텔보다도 가장 좋다고 신이 났습니다. 침대도 매우 편했습니다. 전년도(2001년) 동계올림픽 때문이었는지 2000년도에 천만 불 이

상을 들여 보수하였다고 안내되어 있었습니다. 우리는 912호실에 묵었습니다. 여장을 풀고 곧 시내 관광을 하였습니다. 우리 호텔은 시내의 중심에 있는 템플 스퀘어(Temple Square)의 바로 아래로, 길 건너에 있었기 때문에 도보 관광이 가능했습니다.

말일성도 예수그리스도교(The Church of Jesus Christ of Latter-day Saints)라고 불리는 모르몬(Mormon)교의 본거지로 1847년도에 세워진 이 도시는 매우 평화스럽고 깔끔한 분위기를 풍기고 있었습니다. 템플 스퀘어는 시의 중심으로 시가지가 사방으로 뻗어나간 셈입니다. 35 에이커의 면적에 모르몬교의 핵심이 자리 잡고 있어 선교와 관광의 중심지 역할을 하고 있습니다. 광장에는 대사원(Salt Lake Temple)을 중심으로 서쪽에 대예배당(Tabernacle)과 집회소(Assembly House)가 있고 동쪽으로는 26층의 LDS교회 본부 빌딩(The LDS Church Office Building, 전망대 무료입장이 가능하답니다), 교회의 창시자였던 조셉 스미스 기념 빌딩(Joseph

Smith Memorial building), 라이온 하우스(Lion house), 비하이브 하우스(Beehive House) 등이 있습니다.

어렸을 때 나는 흰 와이셔츠에 검은 넥타이 차림으로 당시 국내에 많이 다니던 외국인 모르몬교 선교사로부터 어눌한 한국말로 조셉 스미스가 어떻게 계시를 받고 모르몬경을 받아 왔는지에 대해서 들은 적이 있었고 선교용지를 통해 대사원의 사진을 본 적이 있었습니다. 그때 나는 모르몬교의 대사원이 세계에서 가장 큰 건물인줄 알았습니다. 수십 년이 지난 지금 와서 실제로 보니 그렇게 큰 건물(사원)은 아니었습니다. 오히려 타 종파의 다른 큰 사원들에 비하면 아담한 편에 속했습니다. 광장 남쪽과 북쪽에는 비지터 센터가 있는데 들어가 보니 종교적 분위기가 많아 주변 건물 지도만 받아 나왔습니다. 시간마다 모르몬교 신자들의 안내로 투어도 하고 있었는데 우리는 따로 다녔습니다.

대예배당의 11,623개의 파이프로 된 오르간이 볼 만하다고 해서 들어가 보았는데 시간 관계상 실제 연주를 듣지는 못했습니다. 파이프 오르간 리사이틀은 평일과 토요일에는 12시에, 일요일에는 14시에 있다고 합니다. 또 일요일 9시 30분부터 성가대 콘서트가 있다고 하며(무료, 9시 15분 am까지 입장) 목요일에는 성가대의 리허설이 20시부터 있다고 합니다.

타 종파의 심한 박해를 받다가 1847년도에 이곳까지 이주하여 와서 모르몬교를 정착시킨 브리검 영(Brigham Young)이 그의 19명의 아내와 56명의 자녀들과 함께 살았다는 비하이브 하우스, 그의 집 입구로 쓰였었다는 이글 게이트(Eagle Gate), 기념비(Brigham Young Monument)들을 둘러보고, 또 미국의 국회의사당을 본떠서 지었다는 주 의사당을 배경으로 사진도 찍었습니다. 이외에도 주변에 특히 모르몬교에 관련된 여러 건물들이 있었습니다. 우리는 호텔과 붙어 있는 Crossroads Mall에 들렀다가 21시 20분경 돌아왔습니다. 사실은 밖에서 저녁을 먹거나 저녁거리를 사려고 했는데 21시가 되자 거의 모든 상점들이 문을 닫아 더 이상 거리에 있어봐야 소용이 없었습니다. 할 수 없이 호텔 안에 있는 기념품 가게에서 빵을 조금 더 사 가지고 그랜드 티탄 국립공원에서 산 식품과 함께 간단히 저녁을 마쳤습니다.

엿새째인 7월 9일(화), 이동거리는 모두 446마일(717km)로 누적거리는 3,283마일(5,282km)이 되었으며 소요 비용은 호텔비($44.53), 호텔 주차비($8), 아침 호텔의 팁($2), 주유비(2회, $27.5), 기념품($2.11), 식품 및 빵 구입($22.95) 등 총 $107.09였습니다.

## 6일차: 애슈턴, ID → 솔트레이크시티, UT

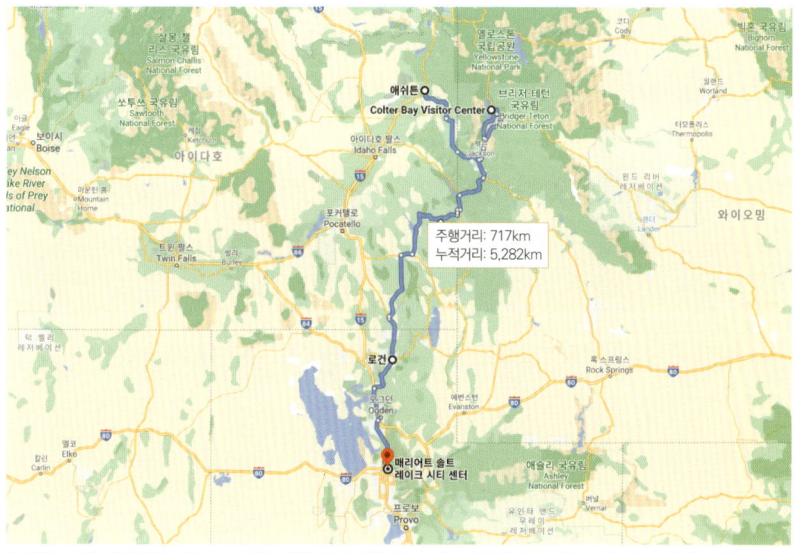

미국에서 가장 자연미가 넘친다는 그랜드티탄 국립공원을 들러 가장 깨끗한 솔트레이크 시티에 도착했습니다.

## 7. 약속의 땅 캘리포니아(California)

　2002년 7월 10일(수), 좋은 호텔에서 푹 쉬지 못하고 일찍 출발해야 하는 아쉬움을 간직한 채 5시에 기상, 6시 30분에 체크아웃을 마치고 출발하였습니다. 호텔에서 South 400 st.로 내려가 살고 있던 뉴저지 주에서도 많이 타고 다니던 I-80 west 고속도로를 탔습니다. 이 도로로 소금과 사막의 땅을 지나 오늘 약속의 땅인 캘리포니아로 들어갑니다. 먼저 유타 주에서 120마일을 달렸습니다. 가는 도중 exit 104와 102 사이에 있는 lake view point에서 잠시 정차하여 사진을 찍었습니다. 호수 자체가 황량하기는 했지만 군데군데 섬이나 반대편 구릉이 보여 그렇게 넓게 보이지는 않았습니다. exit 41부터 exit 2까지는 Great Salt Lake Desert가 이어졌습니다. 옛날에는 면적이 현재의 10배 정도로 유타 주 전체 면적의 1/4 정도가 호수였다고 합니다. 따라서 이 지역은 짠 호수물들이 증발되어 사막이 된 것으로 사막 자체가 마치 소금으로 한층 덮여 있는 것같이 하얗습니다. 아무것도 없이 도로와 전신주 그리고 왼쪽으로 기찻길만 휑하니 나 있습니다. 사막을 빠져나가기 전에 사막을 전망할 수 있는 휴게소가 있었는데 모두 잠이 들었기 때문에 그냥 통과하였습니다.
　유타 주와 네바다 주와의 경계는 아침 8시 10분에 통과하였습니다. 경찰은 없었지만 제한속도 75마일에 통상 80~85마일 정도로 점잖게 달렸습니다. 다른 사람들도 이곳에서는 별로 서두르지 않았습니다. 경계를 지나면서 태평양표준시(PST; Pacific Standard Time)로 바뀌어 또 다시 1시간 이득을 보았습니다. 뉴저지 주와는 3시간 차이로 이제 종착지가 멀지 않은 것입니다. 경계에 들어서자마자 웨스트 웬도버(West Wendover)라는 도시를 지나쳤는데 네바다 주의 특징을 말해주듯 카지노 간판들이 즐비하였습니다. 캘리포니아 주 경계까지는 약 410마일 정도가 됩니다. 주 경계 근처에 있는 리노(Reno) 시 부근까지 거의 400마일을 산으로 오르다 분지를 통과하고 또 산과 분지를 계속 이어 달렸습니다. 산과 분지도 작은 덤불이나 키 작은 침엽수만 있는, 밋밋하거나 벌거숭이 민둥산이어서 황량하기 짝이 없었습니다. 가끔 엘코(Elko)니 윈네무카(Winnemucca)니 하는 작은 마을이 나타났지만 카지노, 호텔 간판들만 있을 뿐이어서 차의 크루즈(cruise) 기능을 이용하여 계속 달렸습니다. 아침 10시(현지 시각 9시) 휴게소에서 휴식을 하고 지어온 밥으로 아침식사를 했습니다.

  14시 10분(현지 시각 13시 10분), 출발한 지 8시간 조금 못되어 드디어 황금과 약속의 땅 캘리포니아 주에 들어섰습니다. 주 경계에서 검문이 있었으며 우리 차가 워낙 지저분해서인지 아니면 뉴저지 주 번호판이어서인지 트렁크를 조사하였습니다. 여성인 조사관은 트렁크의 아이스박스를 열어보더니 김치 냄새를 금방 알아차렸습니다. 그러면서 자기가 김치를 매우 좋아한다는 것이었습니다. '아! 확실히 캘리포니아에 왔나보다' 하고 다시 한 번 실감하였습니다. 근처에서 다시 기름을 넣었습니다. 나는 이곳 서부의 기름 값이 쌀 것으로 예상하고 있었는데 비싸서 깜짝 놀랐습니다. 주 경계에서 갤런당 $1.759에 넣었는데 그것도 그 쪽에서는 싼 편에 속했습니다. 대신 캘리포니아 주에 들어서면서 풍경이 완전히 변모해 깊은 계곡과 산, 침엽수가 울창한 산림으로, 시에라네바다(Sierra Nevada) 산맥을 넘었습니다. 시에라네바다라는 말은 스페인어로 '눈 덮인 산맥'이라는 뜻이랍니다. 주 수도인 새크라멘토(Sacramento) 시를 지나면서부터 야자수도 보였습니다. 제한속도는 65마일로 다시 줄어 통상 75마일 정도로 달렸습니다. I-80 도로상에서 샌프란시스코-오클랜드 베이 브리지(San Francisco-Oakland Bay Bridge)를 건너(통행료 $2) 베이(bay)의 물결이 보이자 태평양을 본 것 같이 반가웠습니다. 멀리 안개 속으로 어렴풋이 샌프란시스코의 상징인 금문교(Golden Gate Bridge)도 보였습니다. 시가지를 우측으로 한 채 101번 도로 south로 국제공항 방향으로 향했으며 공항을 지나면서 바로 나오는 Millbrae Ave.로 빠져 나왔습니다. 18시(현지 시각 17시), 드디어 오늘의 숙소인 웨스틴(Westin San Francisco Airport) 호텔에 도착했습니다. 이 호텔도 전날의 메리어트 호텔만큼 좋았습니다. 이틀을 숙박하기 때문에 일찍 저녁을 지어 먹고 22시경(현지 시각 21시) 잠자리에 들었습니다.

이레째인 7월 10일(수), 760마일(1,223km)을 달려 누적 거리가 4,043마일(6,505km)이 되었으며 경비는 호텔비(2박, $93.69), 호텔 주차비(2박, $24) 및 Tourism Fee(2박 $3), 아침의 호텔 팁($2), 주유(2회, $31.41), 통행료($2) 등 총 $156.1였습니다.

## 7일차: 솔트레이크, UT → 샌프란시스코, CA

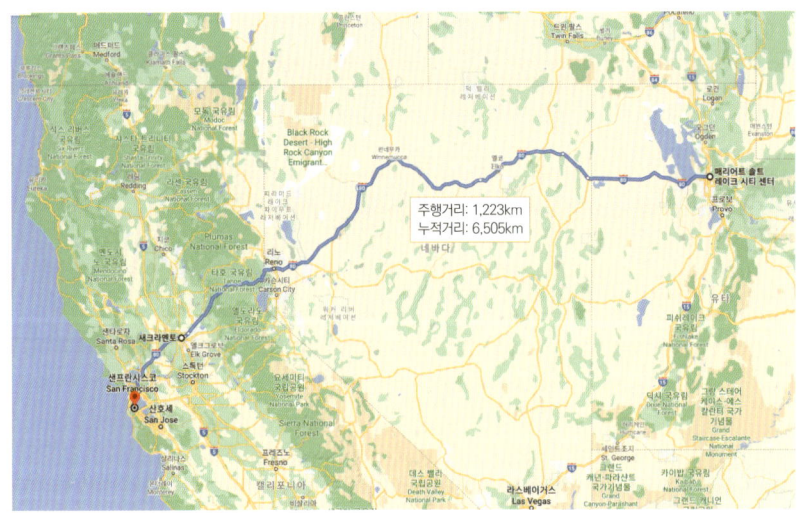

유타와 네바다의 황량한 사막과 구릉지대를 거쳐 약속의 땅, 젖과 꿀이 흐르는 캘리포니아로 들어갑니다.

## 8. If you come to San Francisco

"If you're going to San Francisco, Be sure to wear some flowers in your hair."로 시작하는 샌프란시스코(San Francisco)라는 노래가 생각납니다. 2002년 7월 11일(목) 태평양표준시로 아침 5시 30분 정도까지 푹 쉬고 오랜만에 아침을 전기밥솥에 지어 먹은 뒤 8시에 101번 도로 north를 통해 샌프란시스코 시의 다운타운으로 출발했습니다. 평일이어서 출근 차량들로 도로가 혼잡하였고 정체가 계속되었습니다. 먼저 길을 따라 Van Ness St.를 따라가다가 Market St.를 조금 지나 황금빛 돔(dome)이 위용을 자랑하는 화려한 시청 건물을 만났습니다. 이 시청 건물도 워싱턴 D.C.의 국회의사당 건물을 본떴다는군요. 시청과 시빅센터 플라자(Civic Center Plaza)를 중심으로 도서관, 아시안 미술관(Asian Art Museum), 오페라 하우스(Opera House) 등 여러 건물들이 있습니다.

오늘 관광의 하이라이트는 아무래도 금문교(Golden Gate Bridge)였지만 그 다리는 가는 길의 북쪽에 있었기 때문에 도중에 차이나타운(China Town)부터 들르기로 하였습니다. 차이나타운은 시내 북동부의 Grant Ave.를 중심으로 넓게 자리 잡고 있고 미국의 여러 도시 중 가장 큰 차이나타운이라고 하는군요. 우리는 101번 도로에서 우회전하여 Clay st.로 높은 언덕을 올라가 Grant Ave.를 거쳐 자동차 안에서 중국거리의 기분을 느껴본 뒤, Columbus Ave.를 따라 피셔맨스워프(Fisherman's Wharf)로 가기 위해 Taylor st.로 접어들었습니다. 그런데 Bay st.와 만나는 곳에 샌프란시스코의 명물 중 하나인 케이블카, Powell-Mason Line의 종착역이 있어 자동차로는 더 위로 나갈 수가 없었습니다. 케이블카의 요금은 편도 $2이며 종착역들이나 차장에게 구입할 수 있다고 합니다. Powell-Mason Line 외에 Powell-Hyde Line, California Line이 있습니다. 샌프란시스

코를 배경으로 하는 영화에 125년 이상의 역사를 자랑하는 케이블카는 약방의 감초처럼 많이 등장하지요. 차를 가지고 다녔기 때문에 공공 교통수단들을 직접 이용할 기회는 없었습니다. 종착역에 정차한 케이블카를 배경으로 사진을 찍고 우리는 옆 도로인 Jones St.를 이용하여 Jefferson St.와 맞닿은 곳까지 가서 우연히 도로 옆에 주차 공간을 발견하고 그곳에 차를 세웠습니다. 주차 요금은 15분당 25¢로 우리는 1시간 30분가량 주차하였습니다.

  바로 옆에 크고 작은 토산품 상점과 쇼핑몰, 음식점들이 밀집되어 있습니다. 이 중에서 몇 군데 유명한 곳은 서쪽에 있는 큰 닻 모양의 철 조형물이 눈에 띄는 앵커리지 코트(The Anchorage Court), 원래는 파인애플로 유명한 델몬트 사의 통조림 공장이었던 곳으로 붉은 벽돌 외관의 캐너리(The Cannery), 1906년도 대화재 이전의 샌프란시스코 모습을 보여주는 몇몇 남지 않은 건물 중 하나로 원래는 인기 있는 초콜릿 공장이었으나 1960년대에 대폭 개조되어 의류상점과 레스토랑으로 변신한 기라델리 스퀘어(Ghiradelli Square) 등입니다. 또 그들의 바로 앞에는 멀리서 보면 호화스러운 유람선처럼 보이는 국립해양박물관(National Maritime Museum)과 샌프란시스코 만을 바라보며 쉴 수 있는 수상공원(Aquatic

Park)이 있습니다.

　동쪽으로는 Pier들이 번호를 붙여가며 47번부터 1번까지 늘어서 있습니다. 이 중 가장 유명한 곳은 Pier 39입니다. 우리는 먼저 Pier 45와 43 사이에 있는 잠수함 팸패니토(USS Pampanito)를 구경했습니다. 1943년도에 건조되어 제2차 세계대전 중에 태평양에서 활약한 잠수함이라고 하는데 승조원이 30여 명 정도로 생각보다는 작았습니다. 내부로 들어가려면 입장료(성인 $7, 어린이 $4, 가족권 $20이며 AAA 할인 가능)를 따로 내야 했기 때문에 가까이에 가서 사진 촬영으로 만족했습니다. Pier 43에서는 눈앞에 안개 속으로 희미하게 보이는 앨커트래즈 섬(Alcatraz Island) 등으로 왕복 운항하는 배(성인 기준 $13.25)가 출항하기도 하였습니다. 앨커트래즈는 스페인어로 펠리컨(Pelican)이라는 뜻이랍니다. 'The Rock'이니 하는 몇몇 영화의 주요 무대로 활용되기도 한 섬은 1963년도까지 주로 흉악범의 감옥으로 사용된 곳으로 암흑가의 제왕 알 카포네를 수감했던 곳이기도 합니다. 영화들과는 달리 과거 30년간 다수의 죄수들이 탈출을 감행했지만 공식적으로는 성공한 예가 없다고 하는데 이는 주변의 조류가 매우 빠르고 수온이 낮기 때문이라고 합니다.

　Pier 39는 원래 화물용 어시장이었던 것을 개조해 1978년도에 오픈하였으며 2층의 목조건물 군으로 20세기 초의 샌프란시스코 마을을 재현한 것이라고 합니다. 주로 갤러리나 선물가게 등의 상점들을 위시해 바다를 건너다볼 수 있는 레스토랑들이 있고 회전목마까지 있습니다. 우리는 바다 멀리 앨커트래즈 섬을 배경으로, 또는 2층에 올라 반대쪽 멀리 언덕위로 보이는 아메리카 은행(Bank of America) 본점인 트랜스아메리카 피라미드(Transamerica Pyramid)와 소녀 때 화재로부터 구사일생으로 살아난 코이트 부인이 1934년 기증했다는 원형탑인 코이트 타워(Coit Memorial Tower)들을 배경으로 사진을 찍었습니다. 원래 레스토랑에서 신선한 해산물 맛을 보고 싶기도 했지만 그것은 다음날 LA로 미루었습니다. 또 코이트 타워에 저녁때 엘리베이터로 올라 야경을 보는 것이 일품이라는데 우리는 시도해 보지 못했습니다. Jefferson st.의 맞은편 거리에는 많은 선물가게와 함께 The Aquarium of the Bay, 믿거나 말거나 박물관(Ripley's Believe it or Not! Museum), 왁스 박물관(Wax Museum at Fisherman's Wharf)도 있었는데 크게 우리의 관심을 끌지는 못했습니다.

다음에 샌프란시스코 시의 또 하나의 명물, 롬바드 거리(Lombard Street)로 향했습니다. 언덕 경사가 심한 러시안 힐(Russian Hill)에서 빼놓을 수 없는 명소로, 굽이굽이 급경사를 커버하기 위해 1920년에 설계된 자동차길(내리막 one way)이며, 사이사이는 화단으로 장식되어 아름답습니다. 물론 영화에도 많이 나오지요. 우리는 먼저 러시안 힐의 Hyde st. 상에 차를 무료로 노상 주차시키고 걸어서 롬바드 거리를 내려갔다가 올라왔으며 다시 차로 그 길을 내려가 보았습니다. 그리고 곧장 우회전하여 Leavenworth st.로 내려가 노브 힐(Nob Hill)로 향했습니다. 노브 힐은 California st. 주변의 고급주택가를 말하며 노브는 Nabob(부자들)에서 유래한 말이라고 합니다. 19세기 후반 골드러시(Gold Rush) 시대에 철도사업이나 금광으로 돈을 번 사람들이 살기 시작한 것이 이 마을의 유래라고 하며 고급 주택이나 빌딩들이 많습니다. 파리 노트르담 대성당을 기본으로 건축했다는 성공회의 그레이스 성당(Grace Cathedral)도 이곳에 있습니다. 이곳 성가대와 파이프 오르간의 콘서트가 유명하다고 하는데 주위 길거리(Leavenworth st.)에 무료 주차를 시키고 성당만 한 바퀴 돌고 왔습니다. 성당 입구에 마치 원형으로 미로같이 구성된 조형물이 있었는데 사람들이 신발을 벗고 기도를 하면서 그곳을 빙빙 돌아 나왔습니다. 우리도 천주교 성당은 아니었지만 주모경을 바치며 완전히 한 바퀴 돌았습니다. 바로 근처, Washington st.와 Mason st. 모퉁이에 무료로 관람할 수 있는 케이블카

박물관(Cable Car Museum)도 있습니다.

다음에는 Powell st.를 따라 내려가 유니언 스퀘어(Union Square)로 갔습니다. Post st.와 Geary st, Stockton st.로 둘러싸인 4각형의 작은 광장으로 1850년 이래 다운타운의 중심지이자 샌프란시스코 관광의 출발점이라고 합니다. 약간 늦은 점심시간으로 몹시 붐볐으며 일부 도로가 공사 중이었기 때문에 차를 주차시키지는 않고 한 바퀴 돌아 나왔습니다. 광장 중앙에는 높이 29m의 마닐라 전쟁기념탑이 서 있습니다. 광장의 지하에는 2700대를 수용할 수 있는 4층 주차장이 있다고 합니다. 주변은 백화점과 전문점 등 대규모 쇼핑 타운이 형성되어 있습니다.

차를 돌려 금문교 쪽으로 향했습니다. 금문교로 가는 길에 샌프란시스코 과학관(Exploratorium)에도 들렀습니다. 샌프란시스코 과학관은 팰리스 오브 파인아트(the Palace of Fine Arts)의 안에 위치하는데 세계의 과학 박물관 중 으뜸이라는 찬사를 받고 있다고 합니다. 여기에는 과학, 예술 및 기술에 대해 탐구할 수 있는 650점 이상의 전시물이 있다고 하는데 직접 보고, 만지고 체험할 수 있도록 꾸며 놓은 것이 특징이라고 합니다. 입장료는 성인이 $10, 학생(4살~17살)은 $6인데 나는 뉴저지 주의 LSC(Liverty Science Center)와 같은 곳이 아닌가 생각하였고 입장하지는 않았습니다. 팰리스 오브 파인아트 입구는 거대한 돌기둥(돌인지 시멘트인지는 불명확했습니다)들이 늘어서 있고 가운데에 큰 돔(Dome)이 있어 보기가 좋습니다. 1996년의 영화, '더 록(The Rock)'에서 주인공 중의 한 명인 숀 코네리(Sean Connery)가 그의 딸을 만나던 장소로 나옵니다. 또 근처에는 1900년대 중반 형태의 고풍스런 집들이 많이 있었습니다. 우리는 이곳 길거리에 차를 주차시키고 팰리스 오브 파인아트를 중심으로 한 바퀴 돌았으며 차 안에서 밥을 김에 싸서 점심식사를 하였습니다. 벌써 김치가 다 떨어져 좀 퍽퍽하였습니다.

금문교로 들어가다가 남쪽 입구에 있는 포트 포인트(Fort Point National Historic Site)쪽 Vista Point에 들렀습니다. 1861년 남북전쟁 당시 건조된 요새로 당시의 모습 그대로 남아 있는데 사실은 요새보다도 금문교를 다른 방향에서 조망하고 싶었습니다. 그렇지만 바다 안개가 자욱하여 거의 시야가 가려 버렸습니다. 그래서 25₵(10분)의 주차비만 날린 채 다리를 건넜습니다. 남쪽에서 다리를 건널 때에는 무료이고 돌아올 때는 $3의 통행료를 냅니다. 북쪽으로 건너가는 다리에서도 바다 안개로 멀리 샌프란시스코 만이나 태평양을 바라보기가 어려웠습니다. 세계 제일의 현수교(single-span suspension bridge)들 중 하나이며 전체 길이는 8,981ft(2,737m), main span의 길이는 4,200ft(1,280m)라고 합니다. 1937년도에 개통되었으며 다리의 높이는 220ft(67m)입니다. 해면 고도 746ft(227m) 높이의 2개의 육중한 타워(tower)는 세계에서 가장 높은 브리지 타워(bridge tower)라고 하지요. 다리의 위쪽으로는 오르지 못하도록 철망이 쳐져 있었습니다. 마린 카운티(Marine County) 쪽의 전망대인 Golden Gate Bridge View Vista Point에 차를 무료 주차시켰는데 안개로 샌프란시스코의 스카이라인이나 앨커트래즈 섬이 보이지는 않았지만 여기서는 그래도 다리의 모습을 잘 바라볼 수 있었습니다. 기념 촬영을 하고 우리는 걸어서 북쪽

의 현수교 타워까지 걸어갔습니다. 워낙 세게 부는 강풍으로 몸이 휘청거리는 데다 차들의 진동으로 다리까지 출렁거려 스릴이 있었습니다. 다리에는 인터내셔널 오렌지라는 붉은 색으로, 페인트 공 2명이 난간을 칠하고 있었습니다. 근처 프레시디오(Presidio)에 미군기지(지금은 제6군의 본부가 들어서 있다고 합니다)가 있는데 언덕과 공원도로가 일반에게 공개되고 있고, 샌프란시스코가 안개에 싸여 있을 때도 맑고 화창한 햇빛을 볼 수 있다는 항구도시 소살리토(Sausalito)도 있었지만 13시 30분경 발걸음을 남쪽으로 하여 다리를 건너 101번과 1번 도로를 통해 골든게이트 파크(Golden Gate Park)로 향했습니다.

골든게이트 파크는 태평양을 접한 곳에서부터 장방형으로 길게 펼쳐진 공원으로, 남북 800m, 동서 5km에 달해 인조공원으로는 세계최대의 규모라고 합니다. 원래는 황무지였던 곳을 스코틀랜드 출신의 정원사 존 매클라렌(John McLaren)이 끈질긴 노력으로 시민의 휴식처로 변신시켰다고 합니다. 24시간 개방한다고 하는데 우리는 Fulton st.에 있는 입구로 들어가 Kennedy Dr.를 타고 북쪽을 둘러보았으며 Martin Luther King Jr. Rd.로 남쪽도 둘러보았습니다. 넓은 잔디밭과 나무, 호수와 언덕, 골프장까지 자리 잡고 있습니다. 동쪽의 Music Concourse를 중심으

로 De Young Museum(미술관), 아시안 미술관(Asian Art Museum, 성인 $7, 학생 $4이고 첫째 수요일은 무료이며 De Young Museum과 공동 입장 가능), California Academy of Sciences 등이 자리 잡고 있는데 별도로 관람하지는 않았습니다. California Academy of Sciences(성인 $8.5, 학생 $5.5, 어린이 $2이며 첫째 수요일은 무료)에는 자연사 박물관, 천문관, 스타인하트 수족관(Steinhart Aquarium)들이 있습니다. 우리는 Stow Lake를 한 바퀴 돌고 Music Concourse에 주차시킨 다음 주위를 둘러보았습니다. 바로 옆에 Japanese Tea Garden도 있었지만 입장료(성인 $3.5, 어린이 $1.25)를 내야 했기 때문에 들어가지 않았습니다. 그렇지만 이런 곳까지 일본의 문화를 자랑할 수 있는 공간이 마련되어 있다는 사실이 부러웠습니다. 식물원인 Conservatory of Flowers는 문이 잠겨 있었습니다.

14시 30분 공원에서 출발하여 Oak st.로 나가 시청을 다시 거쳤으며 러시안 힐에 있는 롬바드 거리를 거쳐 다시 차이나타운에 갔습니다. 15시 Columbus Ave.로 내려가다가 Stockton st.에 길거리 주차를 시켰습니다(25¢에 30분). 근처 청과물 가게에서 바나나, 복숭아 등 과일을 사고 차이나타운을 걸어 보았습니다. 그리고 근처 음식점에서 쇠고기 종류와 해산물 등 중국음식 2가지를 테이크아웃(take-out)으로 사서 호텔로 돌아왔습니다. 돌아오는 길에 세차장을 만나 너무나 지저분한 차를 세차 시켰습니다. 워낙 문제가 있었는지 세차하고 나온 차를 다시 한 번 돌려 2번 세차 서비스를 하였습니다. 회색 차가 완전히 제 색깔인 검정색을 찾아 마음도 가벼웠습니다. 17시 20분, 호텔에 도착하여 밥을 해서 맛있는 중국음식과 함께 오랜만에 포식을 하였습니다.

여드레째인 7월 11일(목), 샌프란시스코 시내 관광으로 64마일(103km)을 달렸고 누적거리는 4,107마일(6,608km)이 되었습니다. 여행 경비는 세차비($14.95), 통행료($3), 주차료(3회, $2.25), 중국음식(2종, $17.65), 과일(2종, $3.88), 기념품(3종, $10.02)으로 총 $51.75였습니다.

## 8일차: 샌프란시스코, CA ↔ 시내 관광

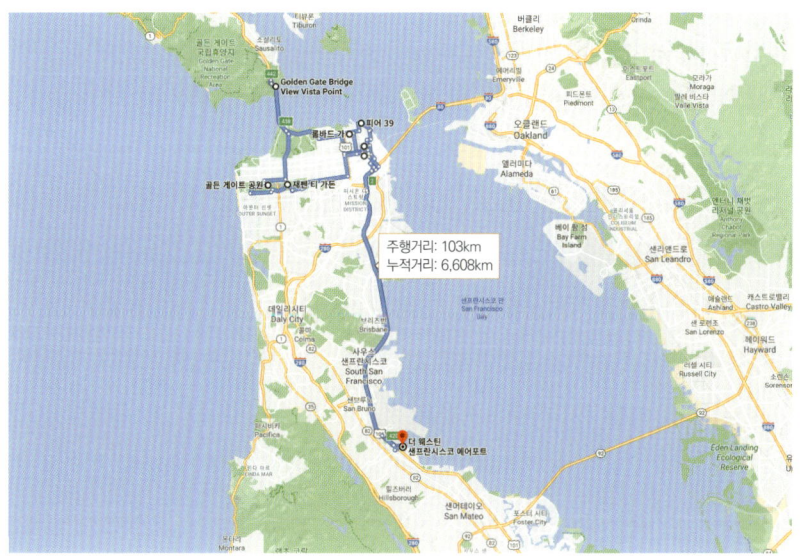

차이나타운, 피어39, 롬바드 거리, 골든게이트 브릿지와 공원 등 예쁜 샌프란시스코를 여유롭게 다녀봅니다.

## 9. 몬터레이, 카멀바이더시와 산타바버라

2002년 7월 12일(금) 여행 아흐레째, 거리상으로 500마일이 채 안 되는 로스앤젤리스(LA; Los Angeles)까지 이동하는 것이지만, 가는 도중 여러 도시를 들르기로 하여, 아침 5시에 기상하고 밥을 지어 식사를 한 뒤 6시 20분에 출발하였습니다. 먼저 101번 고속도로를 통해 남쪽, 새너제이(San Jose, 스페인 말로는 산호세로 발음)로 갔습니다. 새너제이는 1950년대까지는 샌프란시스코 북동부에 있는 나파(Napa)처럼 과수원으로 와인 생산지였으나, 실리콘 밸리의 중심도시로 급격하게 성장해 캘리포니아에서 경제적으로 가장 풍요롭게 된 곳이라고 합니다. 스페인풍의 아름다운 마을도 남아 있고 활기찬 분위기로 관광지로서도 인기를 끌고 있다고 하는데 우리는 그냥 지나쳐 갔습니다.

기름을 보충한 뒤, 프룬데일(Prunedale)에서 156번 도로를 탔는데 이 도로는 캐스트로빌(Castroville)에서 US-1번 도로로 연결됩니다. 오늘의 주요 목적지 중 하나인 몬터레이(Monterey)는 반도로 이루어졌으며 온화한 기후와 아름다운 자연으로 신의 혜택을 받았다고 알려진 항구 마을입니다. 스페인풍의 건물과 부둣가가 모두 1850년 이전에 건축된 것이라 자연미와 향수 어린 분위기로 매력을 더하고 있다고 합니다. 16세기에 스페인에 의해 발견된 역사 깊은 곳이자 19세기 후반에는 캘리포니아에서 가장 활기찼던 곳이었지만, 지금은 리조트 타운으로, 또 노벨 문학상 작가 존 스타인벡(John Ernst Steinbeck)의 연고지로 미국인들이 많이 찾는 곳이라고 합니다. 몬터레이의 피셔맨스워프(Fisherman's Wharf)에서 서쪽으로 약 1km쯤 가면 그의 소설 「캐너리 로(Cannery Row)」의 무대가 된 캐너리 로(통조림 공장가)가 있답니다. 나는 그의 작품 「분노의 포도」, 「에덴의 동쪽」을 좋아합니다. 해저를 볼 수 있는 높이 9m의 거대한 수족관이 있는 몬터레이 베이 수족관 (the Monterey Bay Aquarium)도 유명하답니다.

그렇지만 우리는 8시 5분경, 110여 마일을 달려와 몬터레이의 다운타운으로 가지 않고 곧장 17마일 드라이브(17mile drive)로 갔습니다. 몬터레이에 도착하기 전 안개가 많이 끼어 걱정을 했는데, 진입하면서 모두 걷혔습니다.

Highway 1 gate에서 통행료를 $8 지불하고 커다랗게 곡선을 그리며 숲과 해안을 따라 17마일을 1시간 넘게 드라이브하면서 관광했습니다. 사실 샌프란시스코에서는 만(bay)만 보았지 서쪽의 태평양을 바라다보지 못했던 것인데 이곳에 와서 처음 태평양의 파도를 접하게 되었고 고국을 향해 차가운 바다에 손을 담가 인사해 보기도 하였습니다. Cypress Point Lookout에서는 기묘한 해송들과 바위를 때리는 세찬 파도를 바라보며 거닐다가 바로 옆에서 어슬렁거리며 다가온 여우를 보고 기겁하기도 하였습니다. 우리는 세계적인 골프 코스로, 유명한 페블 비치 골프 링크(Pebble Beach Golf Links)도 방문했습니다. 금요일의 이른 아침이었지만 차량들이 가득했고 필드에도 골퍼들이 부산하게 게임을 즐기고 있었습니다. 그 전에 들렀던 다른 골프장(Poppy Hills Golf Course)도 마찬가지였습니다. 그저 운전을 하는 것만으로도 만족스러운 곳이었습니다.

　17마일 드라이브에서 Carmel gate로 빠져나와 작가, 음악가, 미술가 등 예술가의 거리로 유명한 카멀바이더시(Carmel-by-the-Sea)로 갔습니다. 우리가 가지고 있던 미국 여행 안내서에도 아주 멋있는 곳으로 소개되어 있던 곳으로, 먼저 해안의 Scenic Rd.를 따라 아래로 한 바퀴 일주를 하고 Ocean Ave.로 돌아왔는데 해안 자체도 멋있지만 길 안쪽의 집들이 참 멋있었습니다. Ocean Ave.는 동서로 길게 뻗은 카멀의 메인 스트리트이며 예술과 문학적인 분위기가 가득 넘치는 곳으로, 흰 벽의 멕시코 풍 레스토랑과 커피 숍, 갤러리, 컨트리풍의 가게가 가득한 아담하고 아기자기한 거리입니다. 여러 가게들이나 집들의 모습이 우리를 유혹하고 있었지만 내리지 못하고 차에서 눈요기하는 것으로 만족해야 했습니다. 여행 자체만 가지고 따지면, 특히 자연 경관 면에서 동부보다 서부 쪽이 훨씬 더 멋있고 갈 곳이 많아 보여 서부로 연수를 왔었더라면 하는 아쉬움이 절로 생겼습니다. 캘리포니아 주에서 두 번째로 오래된 미션으로 무어 양식의 종탑과 바로크 풍의 석조 예배당, 중정의 분수대와 색색의 꽃들이 아름답다는 카멀 미션(Carmel Mission)은 근처까지 갔지만 마음이 급해 방문하지 못했습니다. 아내는 이번 여행 내내 카멀바이더시의 아기자기한 모습을 이야기하며 언젠가 이곳에 와서 살아보고 싶다는 말을 자주 하였습니다.

　태평양의 해안을 따라 가는 US-1번 도로를 타고 빅서(Big Sur)로 내려갔습니다. 마을 앞으로는 절벽의 해안선, 뒤는 Los Padres 국유림(national forest)과 Rfeiffer Big Sur 주립공원(state park)이 펼쳐져, 자연을 사랑하는 사람들이 즐겨 찾는 곳이라고 합니다. 그래서 RV(recreational vehicle) 차량의 모습이 눈에 많이 띄었습니다. 깎아지른 듯 해식애와 바위투성이의 해안이 장엄한 자연미를 자아내는데 더군다나 바다 안개가 자욱하게 밀려

왔다가 사라지곤 하여 절벽 아래로 환상적인 풍경을 연출하였습니다. 해안선이 복잡하고, 삼림보호지역인 산악지대가 해안까지 뻗어, 꼬불꼬불한 절벽 도로에서 바라보는 경관이 멋있습니다.

계속 US-1 도로로 남하, 12시경 샌시미언(San Simeon)에 도착하여 허스트캐슬(Hearst Castle)의 비지터 센터에 차를 주차시켰습니다. 신문왕이었던 윌리엄 랜돌프 허스트(William Randolph Hearst)의 저택으로 언덕의 꼭대기에 자리 잡고 있습니다. 저택 자체도 화려하고, 회화와 골동품 등의 컬렉션도 볼만해 관광지(입장료는 성인 $14, 6~17살 학생 $7이며 제한된 다른 코스의 관람은 $10/$5)로 인기가 높다는데 안내인이 딸린 투어에 2시간 정도 소요되어 우리는 아래에서 멀리 언덕 위를 바라보는 것으로 만족했습니다. 바로 앞에 있는 허스트 메모리얼 비치(Hearst Memorial Beach)를 방문하고 다시 내려가다가 근처 vista point에서 점심식사를 하였습니다.

샌루이스어비스포(San Luis Obispo)에서 다시 만난 101번 고속도로를 타고 14시 10분에는 덴마크 풍(Danish)의 도시 솔뱅(Solvang)에 도착했습니다. 캘리포니아에서 제한 속도는 55~65마일인데 보통은 70~80마일로 달렸습니다. 솔뱅은 국내에서 LA쪽의 서부를 단체 여행할 때 많이들 방문하는 곳으로 알고 있습니다. 나는 2000년도 산타바버라(Santa Barbara)에 출장 왔을 때 잠시 들러본 적이 있습니다. 어떻게 보면 카멀바이더시 거리하고도 비슷하게 보이지만 이곳이 훨씬 세속화되어 있다고 표현하는 것이 좋겠습니다. 풍차와 흰 벽, 나무지붕과 창, 창가에 걸린 꽃들이 마치 동화의 나라처럼 아기자기하고 북유럽의 향기를 물씬 풍기지만 대부분 선물가게나 카페, 레스토랑으로 진열된 상품들이 거의 대동소이합니다. 세계적으로 유명한 로열 코펜하겐 그릇을 판매하는 곳도 있다고 합니다. 간단한 음식으로는 당연히 데니쉬 패스트리(Danish pastry)가 유명하지만 식사한 지가 얼마 되지 않았고 날씨가 더웠기 때문에 풍성한 아이스크림을 먹는 것으로 만족했습니다.

산타바버라는 부근에 유명한 적외선 검출기(IR detector) 회사가 있어 내가 간혹 출장을 왔던 곳입니다. 스페인 또는 멕시코 풍의 거리가 참 아름다운 곳이고 나무 잔교(pier)가 있는 부두(wharf)도 멋있습니다. 근처에는 골레타비치(Goleta beach)가 있고 그 쪽에 캘리포니아 주립대학(UC Santa Barbara)이 있습니다. 16시에 도착한 우리는 AAA에서 GEM(Great Experience for Members, 특히 가볼 만한 곳으로 추천하는 명소)으로 소개한 곳 중 올드 미션(Old mission)과 법원(Courthouse)에 들르기로 하였습니다. 그래서 먼저 산타바버라에서 유명한 명소로 1786년 스페인 사람들에 의해 설립 된 열 번째 선교본부인 올드 미션에 들렀습니다. 미션의 여왕(Queen of the Mission)이라고 불려온 기품 있는 건물로 우리는 101번 도로에서 Mission st.로 빠져나와 Laguna st.로 올라갔습니다. 앞에 미션 히스토릭 파크(Mission Historic Park)가 있으며 시내와 해변을 바라보는 시원함을 빼놓을 수 없습니다. 우리는 천주교 신자로서 이곳에서 작은 성수 병을 구입하였고 성당 사무실에 가서 성수를 얻어 담아왔습니다.

16시 45분 Anacapa st.를 타고 내려가다가(one way 도로들이 꽤 있어 주의해야 합니다) 우회전하여 Anapamu st.의 길거리에 주차를 시킨 뒤, 법원에 들렀습니다. 산타바버라 카운티 법원 건물은 서해안에서 가장 아름답다고 알려진 흰색 건물로, 지금까지도 법정으로 사용하고 있습니다. 벽화와 인테리어도 볼 만하지만, 시간이 없었기 때문에 먼저 2층으로 올라가 북서쪽 구석에 있는 엘리베이터를 타고 시계탑으로 올랐습니다. 시계탑은 17시까지 오를 수 있으며 무료입니다. 산타바버라 시내가 한눈에 들어오며 스페인풍의 건물들이 세워져 있는 마을과 멀리 태평양까지 시원스럽게 파노라마가 펼쳐집니다.

산타바버라 시의 중심 거리인 State st.를 타고 다시 내려가 시가지도 둘

러보았습니다. 중심부는 돌이나 타일을 박아 도로를 만들어 놓았고 스페인 또는 멕시코 풍의 건물이 즐비합니다. Canon Perdido st.와의 교차점에는 쇼핑 아케이드인 엘 파에소(El Paeso)가 있으며 이들 거리의 건물 군 중앙에 있는 식당에서 기분 좋게 멕시칸 요리를 먹을 수도 있습니다. 101번 도로의 밑으로 해서 길거리의 야자수가 멋있는 Cabrillo Blvd. 해안도로를 가로질러 스턴스 워프(Sterns Wharf)로 갔습니다. 돌고래 조각상이 우리를 반겼습니다. 1872년도에 세워진 목조건물을 복원한 것으로 목제로 된 잔교(pier)에는 선물가게와 해산물 식당이 늘어서 있습니다. 주차 요금을 받지만 가게나 식당에 들러 간단한 기념품을 구입하거나 식사를 한 후에 주차권에 도장을 받아오면 무료입니다.

　101번 고속도로를 타고 산타바버라를 떠났는데 금요일 오후여서 한동안 도로가 매우 혼잡하였습니다. 벤추라(Ventura)까지 와서 다시 Pacific

Ocean Hwy인 US-1번 도로를 타고 해안으로 진입하였습니다. 오른쪽으로는 태평양의 망망대해가, 왼쪽으로는 산타모니카(Santa Monica) 산맥의 산자락이 계속 연결되는 멋있는 도로인데 특히 LA에 도착하기 전, 서핑으로 유명한 말리부(Malibu) 해안을 지납니다. 예전에 나는 누구의 안내로 말리부 언덕에 올라가 멋진 저택들을 보면서 누구누구의 집이라고 소개받은 적이 있었는데(사실은 집이 숲에 가려 제대로 보이지도 않았습니다) 그렇게 하지는 못하고 해변을 달리면서 언덕 위에 멋있게 서 있는 그림 같은 저택들만 구경하였습니다.

산타모니카 해변 옆을 통과하여 계속 US-1번 도로로 LA 국제공항까지 와서 공항으로 들어가는 큰길인 Century Blvd. 상에 있는 크라운 플라자 호텔(Crown Plaza Los Angeles Airport)에 20시에 도착하였습니다. 샌프란시스코 국제공항 옆에서 이곳까지가 478마일(769km)이었습니다. 대충 짐을 풀고 정리를 한 뒤 뉴저지에서부터 꼭 사주겠다고 말이 있었던 레돈도 비치(Redondo Beach)의 큰 게를 먹으러 갔습니다. 공항 옆 호텔부터는 대략 10마일 정도 거리이며 US-1번 도로를 계속 타고 내려가다가 Torrance st.를 만나 우회전하면 됩니다. 다른 곳에도 Redondo Beach 표시가 있으니 조심하셔야 하며 이곳은 실제로는 비치(beach)가 아니라 피셔맨스워프(Fisherman's Wharf)입니다.

나는 2000년도에 출장 왔을 때 이곳에 두 번 식사를 하러 온 적이 있었습니다. 한국 사람이 하는 횟집이 두 군데 있다고 하는데 그 중에서 완전히 부두 쪽에 치우쳐 있는 한국횟집(Pacific Fish Center)에 사람들이 많이 몰린다고 합니다. 우리가 갔을 때에도 금방 자리가 없어 20여 분 기다려야 했고 게다가 실제 주문한 게(Dungeness crab)가 나오기까지 다시 20~30분을 더 기다려야 했습니다. 게는 2마리(1마리 당 3 lb가 약간 넘으며 $30 수준)를 시켰는데 몸통과 다리의 살이 풍성하고 우리 입맛에 잘 맞아 먹을 만합니다. 아이들이 바닷가재(Lobster)보다도 맛있다고 하며 참 좋아했습니다. 조개탕과 밥을 추가하여 배불리 먹고 밤낚시를 하는 잔교(pier)를 걸어 본 뒤에 23시경 1번 도로로 다시 돌아왔습니다. 저녁 20시까지는 주차료를 내지 않아도 되는데 너무 늦어 $2.5의 주차료를 물었습니다.

> 7월 12일(금), 모두 501마일(806km)을 달려 누적 거리가 4,608마일(7,414km)이 되었습니다. 이날 사용 경비는 LA의 호텔비(2박, 85.13), 호텔 주차비(2박, $20), 아침의 호텔 팁($2), 통행료 및 저녁 레돈도비치의 주차료($10.5), 주유(2회, $35.8), 성수병 구입(7개, $18.86), 아이스크림(2개, $7.98), 저녁식사($81.65), 기념품(산타바바라 Wharf에서 1개, $4.26) 등 모두 $266.18였습니다.

## 9일차: 샌프란시스코 → 로스앤젤리스, CA

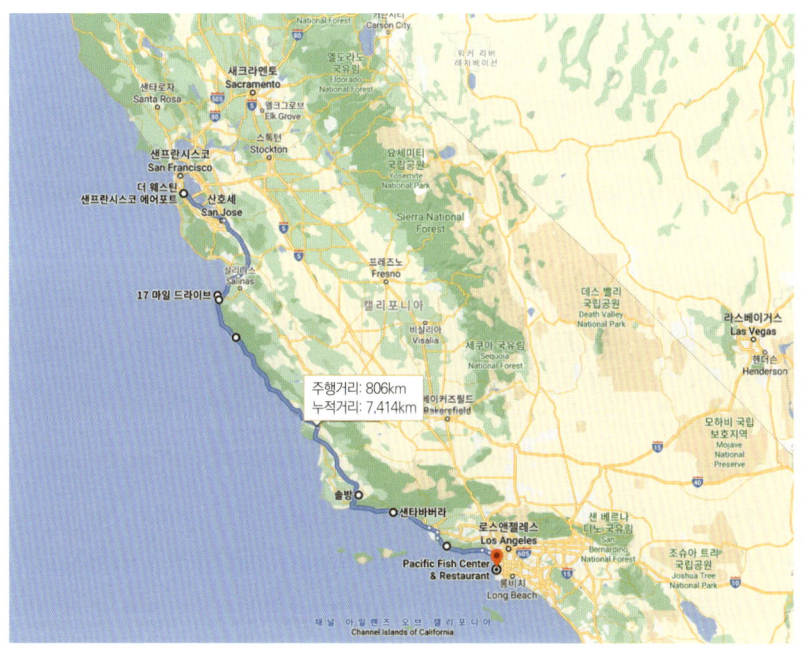

해안선을 따라 몬터레이, 카멜바이더시, 솔뱅과 산타바버라를 거쳐 LA 리돈도 비치에서 해산물 저녁을 즐깁니다.

## 10. 로스앤젤리스(Los Angeles)

2002년 7월 13일(토) 여행 열흘째, 우리는 로스앤젤리스(LA; Los Angeles) 지역을 관광했습니다. LA 지역도 관광 범위를 넓히자면 한이 없지만 디즈니랜드(Disneyland), 유니버설 스튜디오(Universal Studios) 등은 이미 플로리다에서 모두 가 본 곳이므로 배제하고 가급적 시내 중심부와 헐리우드(Hollywood) 지역을 관광하기로 하였습니다. 따라서 특별한 구체적인 시간 계획 없이 비교적 자유스럽게 돌아다니기로 하였습니다.

늦게 일어나 식사를 하고 8시 40분경 호텔을 나왔습니다. 호텔에서 Pacific Coast Hwy인 1번 도로를 북쪽으로 타고 제일 먼저 공항 바로 위에 있는 마리나 델 레이(Marina Del Rey)로 향했습니다. 1985년도 내가 처음 미국에 왔을 때 가 보고 무척 놀랐던 생각이 납니다. 그때는 아직 국내에 차도 그렇게 많지 않을 때였는데, 수백 척의 요트와 보트가 마치 주차장에 하나 가득 차를 세워 놓은 것같이 계류되어 있었던 것입니다. 아이들도 내가 처음 보고 놀랐던 것만큼은 아니지만(이미 여러 곳에서 약간씩 비슷한 광경을 보았지요) 그 많은 요트들의 숫자에 기가 질리고 말았습니다. 주차장에 차를 세우고 구경하다가 길을 따라 한 바퀴 돌아 나왔습니다.

다시 1번 도로로 올라가다가 Ocean Park Blvd. - Main st. - Ocean Ave.로 해서 유명한 산타모니카 비치(Santa Monica State Beach)에 다다랐습니다. 해변에서 좀 머무르기로 하였는데 주차 요금이 1일 $8여서 좀 망설여졌습니다. 차로 돌아다니다가 Ocean Ave. 도로상에 주차 공간을 발견하고 길거리에 주차를 하였습니다. 시간당 50¢ 수준이었습니다. 토요일이었지만 사람들도 많지 않았고 워낙 끝없이 모래사장이 펼쳐져 있어 매우 한적했습니다. 모래사장도 거닐다가, 태평양에 발도 담가 보면서 즐거운 시간을 보냈습니다.

I-10 east 고속도로로 다운타운으로 가다가 차량의 엔진오일을 교체하기로 했습니다. 벌써 5,000마일 가까이 달려 그냥 돌아가기가 무리였습니다. 또 운전석 뒤쪽 바퀴의 트레드(tread)가 너무 닳아 있어 바퀴도 교환해야 했습니다. 그래서 먼저 10th st.에 해당하는 Olympic Blvd. west 지역에 있는 코리언타운으로 갔습니다. 미국의 정비소에서는 엔진오일 교환 시 가격은 비슷한데 차 근처에 가지도 못하게 하고, 다른 점검을 요구하면 보통 별도의 절차와 비용을 요

구합니다. 가기 전, 유명한 농구팀 LA Lakers의 홈구장인 Staples Center에 들러 사진도 찍었습니다.

Olympic Blvd.에서 110번 도로의 밑을 지나 west 방향으로 약간 가다가 마침 한국인 정비소(Discount Auto Repair Shop)를 만났습니다. 어쨌든 교환을 위해 차를 들어 올렸는데, 앞바퀴 엑셀샤프트(axel shaft)의 고무 이음매 부분이 양쪽 모두 찢어져 있는 것을 발견하였습니다. 찢어진 틈으로 그리스(grease)가 새버리면 조향할 때 소리가 나고, 뻑뻑해지면 위험할 수도 있습니다. 망설이다가 이음매 부분만을 $160에 교체하기로 하였는데 곧 이 부품의 조달이 현재 어렵다는 통보를 받았습니다. 뉴저지 주에 가서 수리할까 하고 망설이다가 결국은 앞바퀴 엑셀샤프트(front drive axel shaft) 양쪽 모두를 갈았습니다. 뒷바퀴는 교환하지 못했습니다. 비용은 엔

 진오일 교환 포함하여 현금으로 $320을 지불하였습니다. 이 이후로 잔여 현금이 $200~300정도밖에 남지 않아 좀 불안했습니다. 11시에 정비소에 들어갔는데 13시 40분이 되어서야 다시 출발할 수 있었습니다. 근처 Food 4 Less 식품점에서 빵과 과일을 사서 그것으로 요기를 하였습니다.

 110번 도로를 타고 올라가다가 4th st. east로 빌딩 숲을 보며 빠져나와 시내를 가로질러 리틀 도쿄(Little Tokyo)로 갔습니다. 시내 주차는 고정요금(flat rate)으로는 $3~4이고 15분당에는 $1.5수준이었는데, 우리는 Japanese Village Plaza 아래의 2nd st. 상에 길거리 주차(15분 당 25￠)를 하였습니다. 해외의 일본인 거주지로서는 최대 규모를 자랑하는 곳으로, 1884년 독일인 마을로 불리던 땅에 일본인 요리사가 살기 시작했던 것이 그 시초라고 합니다. 제2차 세계대전 중에는 폐쇄되었다가 일본인들이 다시 돌아와 재개발을 한 곳으로 1992년 저패니즈 아메리칸 박물관(Japanese American National Museum)도 개관하였습니다. 우리는 Japanese Village Plaza만 잠시 들러 구경하였습니다. 이어서 자동차로 북쪽에 있는 Olvera st.로 갔습니다. LA에서 최초로 생겼다는 200m 남짓한 좁은 길로 벽돌을 깐 길 양쪽에는 멕시코 토산품 상점과 레스토랑이

줄지어 서 있었습니다. 매우 많은 관광객으로 붐볐고 근처 주차장들에 빈 공간도 없어 그냥 두 바퀴 돌아 나왔습니다. 바로 아래에는 LA의 발상지라는 El Pueblo De La Historic Monument와 공원이 있고 그 아래 블록에는 시빅센터(Civic Center)와 시청 건물이 있습니다. 또 동쪽으로는 미국 초기의 교회 양식으로 1939년 완성되었다는 유니온 역(Union Station)이 있어 이곳에서 대륙 횡단이나 샌프란시스코, 밴쿠버, 샌디에이고 등으로 갈 수 있는 암트랙(Amtrak) 기차를 탈 수 있습니다.

  15시 15분, 막히는 101번 도로를 타고 Hollywood Blvd.에 있는 맨스 차이니스 극장(Mann's Chinese Theater)에 도착했습니다. 약간 돌다가 다행히 극장 바로 맞은 편 큰 도로상에 주차를 할 수 있었습니다. 주차 요금은 30분에 25¢입니다. 더군다나 전에 주차한 차량의 잔여 주차 시간이 퍽 남아 있어서 25¢만 넣어도 충분하였습니다. 우리는 길을 건너 극장에 갔습니다. 잘 알다시피 이곳 앞마당 콘크리트 바닥에는 약 170여 명의 잘 알려진 영화 스타들의 손과 발 모양을 본뜬 부조가 있습니다. 우리는 니콜라스 케이지(Nicolas Cage), 마릴린 먼로(Marilyn Monroe), 아놀드 슈워제네거(Arnold Schwarzenegger) 등 유명 배우의 손들과 비교해 보기도 하고 사진도 찍었습니다. 또 그 앞의 스타들의 거리(Walk of Fame)도 걸어 보았습니다. 이어서 약간 서남쪽에 있는 영화 스타들과 대부호들이 사는 언덕인 비벌리힐스(Beverly Hills)에 갔습니다. 최고급 브랜드의 전시장인 로데오 거리(Rodeo Drive)도 바로 이곳에 있습니다. 거리에 길게 조성된 비벌리가든(Beverly Gardens)도 멋있습니다. 야자수가 늘씬하게 쭉쭉 뻗어 있지요.

우리는 Beverly Rd.와 Wilshire Blvd. 근처에 있는 주택가를 이곳저곳 차로 돌다가(예전에 들은 이야기로 주택가에 세우고 오래 있으면 신고가 된다고 하더군요) 여러 문학 작품과 영화의 배경 거리로도 유명한 선셋대로(Sunset Blvd.)로 갔습니다. 이곳에 우리에게 낯익은 UCLA(University of California at Los Angeles) 대학이 있습니다. 대학에 들어가 보고 다시 꾸불꾸불한 대로를 거쳐 I-405 고속도로로 호텔 쪽으로 방향을 잡았습니다.

다음날에 아침부터 라스베이거스(Las Vegas)로 가고자 했기 때문에 토요일인 오늘 토요 특전 미사를 봉헌해야 했습니다. 우리는 공항 근처 El Segundo에 있는 St. Anthony Church로 가기로 하였습니다. 특전 미사 시간은 17시 30분으로 전날 전화번호부에서 확인해 두었습니다. 언덕 위에 있는 성당에 17시 20분 도착하였는데 분위기가 이상하였습니다. 성당 주차장에 차량이 가득해 주차할 수도 없었습니다. 처음에 우리는 모임이 있나보다 생각하고 길거리에 주차시키고 들어갔는데 17시 미사로 벌써 강론이 시작된 것이 아닙니까? 많이 늦었기 때문에 다시 동북쪽으로 6마일 정도 떨어진 Inglewood의 St. John Chrysostom Church로 갔습니다. 이곳에는 토요 특전미사가 17시와 19시, 2번 봉헌되었는데 18시경 도착한 우리는 1시간가량 기다려 미사를 봉헌해야 했습니다. 게다가 불행히 19시 미사는 스페인어로 봉헌되어 전혀 알아들을 수 없었습니다. 다만 탬버린 같은 타악기를 치며 굉장히 흥겹게 성가를 부르는 모습이 퍽이나 인상적이었습니다.

7월 13일(토), 특전 미사 후 20시 30분에 호텔에 돌아왔습니다. 도중에 맥도널드(Mc Donald's)에서 1개에 39¢로 구입한 햄버거(세금 포함 6개에 $2.54) 등으로 저녁식사를 하였습니다. 저녁식사 후에 호텔 15층에 있는 코인 세탁기로 여행 중 처음 옷을 세탁하였습니다.

> 당일 운행거리는 95마일(153km)로 누적 거리는 4,703마일(7,567km)이 되었습니다. 사용 경비는 차량 정비유지비($320), 기름($15), 주차료(3회, $0.95), 식품 및 햄버거 구입($15.53), 기념품 구입(3점, $12.94), 세탁($3.75) 등 $368.17였습니다.

## 10일차: 로스앤젤리스 지역 관광, 자동차수리

산타모니카 해변, 비버리힐스 등 LA 지역 이곳저곳을 다니다가 자동차 엔진오일도 갈고 부품도 교체합니다.

## 11. 라스베이거스(Las Vegas)

2002년 7월 14일(일) 여행 열하루째, 로스앤젤리스에서 라스베이거스(Las Vegas)까지는 트립틱(TripTik) 지도 거리상으로 273.1마일(439km, 4시간 11분)에 불과하여 서두를 필요가 없었기 때문에 6시경 기상하여 아침밥을 지어 먹고 7시 30분에 호텔을 출발했습니다. 호텔에서 조금 아래쪽에 있는 I-105 고속도로를 타고 동쪽(이제부터는 동쪽입니다)으로, 다시 I-605 north → I-10 east → I-15 north를 통해 북동쪽에 있는 라스베이거스를 향했습니다. I-605 도로에서 약간 지체되었지만 다른 도로에서는 별 문제 없이 제한속도(65마일)보다 약간 상회하여 달릴 수 있었습니다. 샌버너디노(San Bernardino)를 지나면서 주위 풍경은 풍요의 땅 캘리포니아답지 않게 점차 삭막하게 변했습니다. 작은 관목이나 덤불로 이어진 황량한 땅을 계속 가다가 급기야 모하비(Mojave) 사막을 만났습니다. 우리가 생각했던 사하라 사막 같은 곳은 아니었지만 계속 거친 모래와 말라빠진 덤불들의 연속이었습니다. 날씨는 덥고(이날 라스베이거스의 낮 기온이 110℉ 가까이 되었습니다) 휴게소도 드물었습니다. 네바다 주에 들어서면서 웰컴센터에 들렀는데 관광안내소는 찾을 수 없었고 시원하게 에어컨이 켜져 있는 커다란 홀에 수백 대의 슬롯머신만 우리를 반기고 있었습니다.

12시경 라스베이거스의 입구에 도착했는데 호텔에 들어가기가 너무 일러, I-15 고속도로의 exit 34로 나가 라스베이거스의 남쪽 매캐런 국제공항(McCarran International Airport) 바로 아래에 있는 벨즈 팩토리 아울렛 월드(Belz Factory Outlet World)에 들렀습니다. exit 33과 34 사이에 있습니다. 뉴저지 주 근처의 아울렛 매장에서는 잘 볼 수 없다는 레녹스(Lenox) 그릇 가게에 들러 그릇 약간과 나와 아이들의 나이키 운동화 3족을 구입했습니다.

　아울렛 매장에서 나오니 14시가 되었는데, 우리는 시내로 들어가기 전에 서쪽에 있는 레드록 캐니언 국립보존지구(Red Lock Canyon National Conservation Area)를 방문하기로 했습니다. I-15 도로의 exit 33과 교차되는 160번 도로 west를 타고 가다가 159번 도로로 반원형태의 핵심 부분 13마일을 돌아, 시내로 들어가면 됩니다. 남쪽 입구 초입에 고도 3382ft(1030m)의 블루 다이아몬드(Blue Diamond) 마을이 있습니다. 이 마을은 근처에서 석회석을 채굴하기 위해 1940년대 개발된 마을인데 현재도 이 지역에서 석회석을 생산한다고 합니다. 조금 더 가면 Spring Mountain Ranch State Park이 나옵니다. 목장 건물 등 몇 군데를 둘러보는 것인데 주차비를 $5나 받아서 입구에서 돌아 나왔습니다. 이후 Red Rock Vista, 비지터 센터 등에서 휴식을 하면서 붉게 풍화된 사암 덩어리들을 보았습니다. 4억 년 전, 해저에서 오랜 기간 지형 변화를 겪으면서 현재와 같은 형태를 형성하였다고 합니다. 비지터 센터에서 one-way로

Willow Spring까지 갔다가 scenic loop rd.를 돌아 나올 수도 있는데 가는 방향과 반대 방향이어서 포기했습니다. 능선까지 붉게 물들인 산과 바위들의 모습이 그런대로 멋있었습니다.

  중간에 늦은 점심을 먹고, 159번 도로가 동쪽으로 이어지는 Charleston Blvd.를 타고 들어가다가 15시 10분 Payless Shoe 가게에 들러 아내의 신발을 하나 사고 월마트(Walmart)에 들러 필름도 보충하였습니다. 2-3 블록 아래의 Sahara Ave.로 내려가 그 도로 상에 있는 호텔에는 16시에 도착했습니다. 팰리스 스테이션 호텔(Palace Station Hotel and Casino)은 비록 제일 번화가인 스트립(Strip)에서 1마일 정도 떨어져 있지만 그래도 매우 크고 좋은 21층의 ☆☆☆ 호텔입니다. 우리는 그 호텔 방을 단돈 $25(세금 포함 $27.82)에 예약했습니다. 이번 여행 중 다른 익스피디아 예약 호텔과는 달리 카드로 이미 요금이 선 지불되었습니다. 그런데 문제가 있었습니다. 우리에게 배정된 방은 21층의 본관 건물이 아니고 뒤편 코트야드(courtyard area)에 있는 2층 건물의 별채였던 것입니다. 2-double bed room인데 방안의 침대가 낡고 쿠션이 매우 좋지 않았으며 욕조(tub) 없이 샤워시설만 있었고 커피메이커조차도 없었습니다. 게다가 호텔 측에서는 잘 이해가 되지 않는 명목으로 $4(energy charge $3, telephone-local calls $1)를 추가하였습니다. 무언가 속은 것 같은 착잡한 기분이었지만 기본적으로 워낙 싸게 자는 것이라 항의하기가 어려웠습니다.

  짐을 정리하고 1시간 정도 휴식한 뒤에 저녁식사를 하였습니다. 마침 딸이 안내책자에서 라스베이거스 힐튼(Las Vegas Hilton) 호텔의 한 식당에서 12oz 스테이크와 파스타를 $4.95에 제공한다는 광고를 보고 그곳으로 가기로 하였습니다. 스트립 초입으로 Paradise Rd. 상에 있는데 우리 호텔에서는 1마일 정도 떨어져 있습니다. 한 가지 기분 좋은 일은 이 지역 호텔의 주차는 어떤 호텔이든 무료라는 것이었습니다. 티본스테이크(T-bone

steak)로 좀 질겼지만 먹을 만했습니다. 네 식구 저녁식사에 세금과 팁을 포함하여 $25.24밖에 들지 않았습니다. 저녁식사 후에 차를 몰고 본격적으로 스트립으로 갔습니다. 라스베이거스의 화려함을 대표하는 현란한 유흥지역인데 그 중에서 먼저 미라지(Mirage) 호텔로 갔습니다. 주차 빌딩 6층에 주차를 시켰는데 물론 무료입니다. 여러 호텔에 들어가 카지노를 즐길 수 있고 호텔 안과 밖에서 벌어지는 쇼를 볼 수도 있습니다.

　주차 후에 우리는 먼저 수족관도 있는 미라지 호텔을 둘러보았고 나와 아내가 호텔 카지노에서 $1씩 5¢짜리 슬롯머신을 하였습니다. 나는 원래 도박을 거의 안하고 좋아하지 않습니다. 슬롯머신은 5¢짜리도 있고 25¢, 50¢, $1짜리도 있습니다. 나는 잘 안되었고 아내는 꽤 많이 벌었는데 결국은 내가 갖다가 다 써버렸습니다. 밖으로 나가 트레져아일랜드(Treasure Island) 호텔 외곽에서 하는 보물섬 쇼를 보았습니다. 이 쇼는 여름철에 오후 16시부터 밤 23시 30분까지 90분 간격으로 벌어집니다. 30여분 전에 갔는데 길거리가 사람들로 많이 차 있었고 시작할 때는 움직이기 힘들었습니다. 해적선과 영국 함선이 서로 공격하는 것으로 결국은 영국 함선이 침몰하는데 과감하게 폭약을 터트리고, 함선을 움직이고 하는 것들이 제법

스펙터클하고 볼 만합니다. 다시 호텔의 카지노로 들어가 동전을 모으는 아들에게 케네디(J. F. Kennedy) 대통령의 50¢ 동전을 2개 바꾸어 주었습니다. 이번에는 과감하게 25¢짜리 슬롯머신을 하였는데 $3를 잃고 그만 두었습니다. 밖으로 나가 베네치안(The Venetian) 호텔을 구경하고 미라지 호텔에서 주관하는 화산(Volcano) 쇼를 보았습니다. 밤하늘을 붉게 물들이며 솟아오르는 화산 모습이 제법 그럴 듯합니다. 이 쇼는 어두워진 후 매 15분마다 있습니다.

스트립 거리를 아래로 내려가면서 권투시합 등으로 유명한 시저스팰리스(Caesars Palace) 호텔을 구경하고 또 5-star 벨라지오(Bellagio) 호텔을 구경하였습니다. 벨라지오 호텔에는 조르지오 아르마니, 샤넬 등 고급 상점이 가득하였습니다. 또 벨라지오 호텔 앞에서는 다양한 음악에 맞추어 분수쇼(water show)가 진행되었습니다. 이 쇼는 1000개 이상의 분수가 240ft(73m)까지 치솟는 것인데 오후에는 30분 간격, 야간에는 24시까지 15분 간격입니다. 아래쪽에 있는 룩소르(Luxor Las Vegas) 호텔까지 걸어가려고 했는데, 생각보다 멀었습니다. 그래서 뉴욕-뉴욕(New York-New York) 호텔까지만 갔다가 길 건너로 돌아왔습니다. 건너편에도 위쪽으로 엠지엠 그랜드(MGM Grand), 알라딘(Aladdin), 패리스(Paris Las Vegas), 밸리스(Bally's), 플라밍고(Flamingo Hilton), 카지노 로열(Casino Royale) 등 유명 호텔들이 이어져 있었습니다. 주차장에서 차를 꺼내어 룩소르 호텔까지 갔다가 한 바퀴 돌아 다시 스트립 거리를 통해 23시 45분 자정이 다 되어 호텔로 돌아왔습니다.

7월 14일(일), 운행거리는 340마일(547km)로 누적거리는 5,043마일(8,114km)이 되었으며, 라스베이거스 호텔비($31.82), 아침 LA 호텔의 팁($2), 아내의 신발($7.51), 필름(4통, $5.05), 기름($15), 저녁식사($25.24), 카지노에서의 슬롯머신($5), 물(2병 $0.97) 등 $284.5를 사용하였습니다. 아울렛 매장에서의 상품 구입($191.91) 비용은 여행경비에서 제외하였습니다.

## 11일차: 로스앤젤리스, CA → 라스베이거스, NV

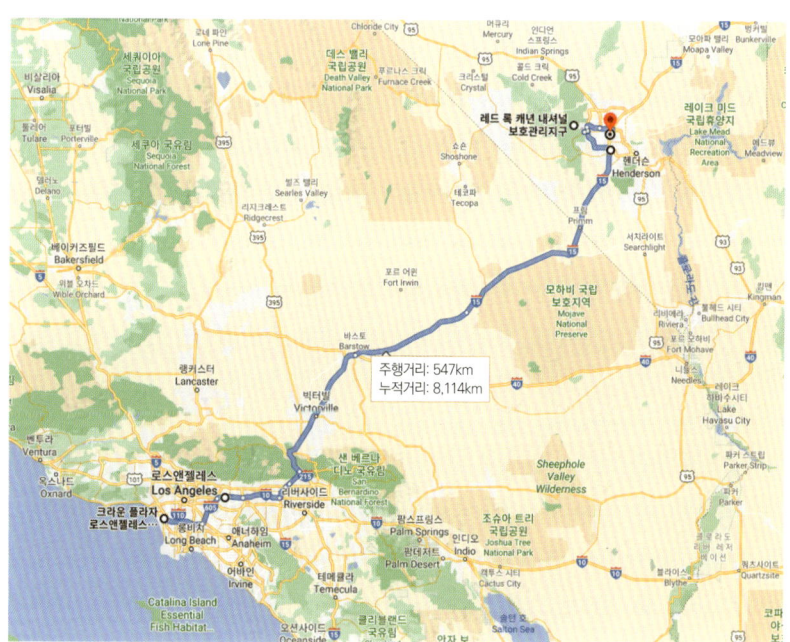

어디나 수백 대의 슬롯머신이 반기는 환락의 도시 라스베이거스에 왔는데 밤거리가 참으로 아름답습니다.

## 12. 그랜드 캐니언(Grand Canyon)

　2002년 7월 15일(월) 여행 열이틀째, 갈 길이 멀고 중간에 볼 것도 많아 우리 가족의 장기인 새벽 출격을 감행해야 했지만 기왕 라스베이거스에 온 김에 호텔에서 아침 뷔페를 먹어 보기로 하여 출발을 늦추었습니다. 이곳 라스베이거스는 밤의 도시로 아침은 제일 빠른 것이 7시였기 때문입니다. 따라서 6시에 기상을 했고 짐을 정리하여 차에 실은 뒤 호텔 안에 있는 뷔페에 갔습니다. 우리 숙소인 팰리스 스테이션 호텔의 아침 뷔페 값은 다른 호텔들보다 비교적 저렴하여 1인당 $4.99였고 우리는 줄을 서서 세금과 팁을 포함, $24를 지불하였습니다. 자리에 앉으니 먼저 음료수(주스, 커피, 차 등)의 주문(무료)을 받았고, 별도 계산을 해야 하는 줄 알고 있었던 우리는 커피만을 시켰습니다. 뷔페는 빵, 야채, 햄과 소시지, 과일, 후식 등 비교적 다양하였는데 직접 그 자리에서 작은 프라이팬에 익혀주는 오믈렛이 인기였습니다. 달걀 2개 정도의 분량에 버섯, 햄, 소시지, 양파, 토마토 등 10여가지의 소를 주문대로 넣고 마지막에 치즈를 넣어 살짝 익혀주는 것이었습니다. 사실 오믈렛 한 가지만 가지고도 충분히 제 값을 한 것으로 생각할 만큼 맛도 좋고 내용도 풍부하여 배가 불렀습니다.

　8시 10분경에 출발했는데 처음에 직선도로로 생각한 582번 도로는 신호등이 너무 많아 불편했기 때문에 I-515번 도로를 타고 남동쪽으로 내려갔습니다. 다시 93번 도로로 콜로라도(Colorado) 강을 후버(Hoover) 댐으로 가로막아 조성된 157,900 에이커의 세계 최대 인공호수인 미드 호수 지역(Lake Mead national recreation area)을 일부 거쳐 9시, 후버 댐에 도착했습니다. 후버 댐은 726ft(221m)의 높이로 세계에서 가장 높은 콘크리트 댐 중 하나이며 길이는 378m라고 합니다. 비지터 센터를 방문하고자 하였는데 주차료를 $5 받고 있었고 또 각종 전시나 투어에 성인 기준 $4~$25

씩을 받아서 그냥 지나치면서 구경을 했습니다. 언덕을 넘기 전 전망대에 차를 세워두고 댐의 사진을 찍었습니다. 댐은 네바다 주와 애리조나 주의 경계에 있습니다. 애리조나 주는 산악표

준시를 사용하므로 원래 태평양표준시를 사용하는 캘리포니아 주나 네바다 주보다 1시간이 빨라야 하지만 나바호 인디언 보호(Navajo Indian Reservation) 구역만 DST(daylight saving time, 서머 타임을 의미)를 적용하므로 서머 타임 실시 기간 중에는 대부분 지역에서 태평양 표준시와 동일합니다.

　후버 댐에서 93번 도로 동쪽에 있는 킹맨(Kingman)까지 70마일은 애리조나의 평원이 이어졌습니다. 키 작은 관목과 모래 먼지만 가득했고, 중앙이 분리된 왕복차선의 두 줄기 도로와 도로를 따라 전깃줄만 계속 끝없이 이어졌습니다. 물론 가끔 가옥들도 있기는 했지만 매우 드물었습니다. 1시간 걸려 킹맨의 트래블센터(travel center)에 도착했고 그곳에서 10분 정도 휴식을 취했습니다. 10시 10분 I-40 도로 east 방향으로 다시 출발, 11시 40분 윌리엄스(Williams)에 도착했습니다. I-40 도로의 제한속도는 75마일이었는데 우리는 85마일 정도로 달렸습니다. 주유를 하고 64번 도로 north를 통해 그랜드 캐니언(Grand Canyon) 사우스림(South Rim)으로 올라갔습니다. 실제 그랜드 캐니언에 도착하기까지 협곡이 있을 것 같지 않은 평지와 언덕길을 계속 달렸습니다. 도로가 지나치는 카이바브(Kaibab) 국유림에 오랜만에 보는 소나무들만이 정겹게 우리를 반겨주었을 뿐입니다. 발레(Valle)라는 마을에서 계속 64번 도로(180번 도로와 합류)를 북쪽

으로 달려 12시 30분 그랜드 캐니언(www.nps.gov/grca)의 남쪽 입구에 다다랐습니다. 점심은 호텔에서 아침 뷔페를 먹을 때 남은 빵을 조금 싸 왔는데 그것으로 때웠습니다.

 국립공원의 입장료는 차량당 $20였고 역시 1주일간 유효합니다. 우리는 물론 국립공원 회원권으로 무료입장했습니다. 남쪽 출입구(South Entrance Station)에 도착해서도 어디가 협곡인가 할 정도로 협곡의 그림자도 느껴지지 않았습니다. 우리는 사우스림의 남쪽 입구 도로로 올라가다가 먼저 가장 볼 것이 많다는 웨스트림(West Rim)으로 가기 위해 Central Rd.를 타고 대각선 서쪽 방향으로 향했습니다. 그리고 Bright Angel Trailhead 쪽 선더버드 로지(Thunderbird Lodge)의 옆에 차를 주차시켰는데(Kachina Lodge 쪽 측면입니다), 차에서 내리면서 비로소 자연의 위대함이 그대로 온몸에 전달되는 거대한 협곡을 볼 수 있었습니다. 마치 평지에서 땅이 푹 꺼져 버린 듯 앞쪽의 전부가 심한 경사면과 함께 협곡으로, 협곡으로 이어져 있었고 저 멀리 계곡 아래로 콜로라도(Colorado) 강의 물줄기가 가늘게 사이사이로 보였습니다. 5~6백만 년 동안 콜로라도 강에 의해 침식된 결과라고 합니다. 붉은색 계통의 단층으로 이루어진 협곡은 맨 위층 Kaibab Limestone 같은 것은 2억 7천만 년 전에 퇴적된 것이라고 하고 맨 아래층의 Vishnu Schist 같은 것은 17억 년 전에 퇴적된 것이라고 합니다. 누가 먼저라고 할 것도 없이 계곡의 앞으로 다가가 넋을 잃고 멍하게 한없이 쳐다보았습니다. 이곳이 사우스림의 서쪽 끝으로 우리는 Lookout Studio, Kolb Studio, Trailhead 입구들을 이쪽저쪽으로 다니며 이 방향 저 방향으로 계곡을 조망해 보았습니다. 1919년 국립공원으로 지정되고 60년 후에 세계문화유산(World Heritage Site)으로 지정되었다고 하는군요. 날씨는 쾌청하고 덥지는 않았는데 계곡 아래로 약한 연무가 있어 멀리 있는 협곡들은 조금 흐리게 보였습니다. 여기서 대협곡의 중앙부를 가로질러 흐르는 콜로라도 강 가까이 3,195ft(974m)나 내려갈 수 있는데(Plateau Point) 왕복 10시간 이상 소요된다고 합니다. 물론 3~7시간 정도 중간 지점들까지만 갔다가 돌아올 수도 있습니다. 근처에 숙박시설(lodge)들도 꽤 있어서 좀 더 시간을 가지고 여유 있게 이런 곳에서 묵었더라면 하는 생각이 절로 들었습니다.

웨스트림으로는 개인 차량이 들어 갈 수 없기 때문에 무료로 운행되는 셔틀버스를 이용해야 했습니다. 웨스트림으로의 Hermits Rest Route(적색) 이외에도 사우스림 주변을 도는 Village Route(청색)와 동쪽 Mather Point에서 Yaki Point까지 왕복하는 Kaibab Trail Route(녹색)가 있습니다. 그러나 나머지 2루트(route)는 개인 차량으로도 다닐 수 있습니다. Hermits Rest Route(편도 8마일 거리)를 왕복하는 데는 중간에 서지 않는 경우 80분 정도 소요됩니다. 차량의 배차 간격은 여름철 아침 7시 30분부터 해 질 때까지 대략 10~15분 간격입니다. 새벽 4시경부터 아침까지와 해 진 다음부터 21시(8월은 20시 30분)까지는 30분 간격입니다. 차량은 관광에 좋도록 창문이 약간 넓은 버스였으며 2량이 연결된 버스가 운행되기도 하였습니다. Bright Angel Trailhead를 지나 서쪽의 정거장에서 줄을 서서 기다리는데 2량으로 연결된 버스가 와서 우리는 2번째 차량의 맨 앞쪽에 바짝 다가앉을 수 있었습니다. 버스는 Hermits Rest까지 Trailview overlook과 6개의 Point(Maricopa, Powell, Hopi, Mohave, The Abyss, Pima)에 정차를 하는데 그곳에 내려 협곡을 구경하거나 Hermit Trailhead를 통해 내려가 볼 수도 있습니다. 가는 도중에도 사이사이로 협곡을 볼 수 있지만 그렇게 썩 잘 보이지는 않았습니다. 시간이 많지 않았기 때문에 우리는 Hopi Point에서만 한 번 내려 구경을 하고 코스의 서쪽 끝인 Hermits Rest까지 간 다음 돌아왔습니다. Hopi Point는 네 번째 정차하는 곳으로 매우 넓은 각도에서 대협곡을 조망할 수 있습니다. 웨스트림에서 가장 뛰어난 경관이라고 하며 훤하게 뚫려 있는 계곡을 내려다보게 됩니다. 위쪽(북쪽)으로 가장 튀어나온 곳이어서 일출이나 일몰을 감상하기에 좋다고 합니다. 다음 버스로 Hermits Rest에 가보니 먼저 Hopi Point에 올 때 타고 왔던 버스가 대기하고 있어서 우리는 그 버스로 갈아타고 14시 40분에 돌아왔습니다. 돌아오는 버스는 Mohave와 Hopi Point에만 정차를 합니다.

주차해 두었던 차를 타고 15시 10분 사우스림에서 유명한 Yabapai Point에 갔습니다. 사우스림의 해발 고도는 대략 7000ft(2,133m) 정도인데 특히 Yabapai Point에서 바로 아래의 콜로라도 강(해발 2,450ft, 750m)까지는 4,600ft(1,400m)의 고도 차이가 있다고 합니다. 이쪽에서 보나 저쪽에서 보나 그게 그것 같아 1~2시간 정도의 trail 코스라도 실제 내려가 보고 싶었지만 그러지 못해 못내 아쉬웠습니다. 고등학교 때인가 잘 기억이 나지 않지만 국어책에서 그랜드 캐니언의 기행문을 읽은 생각이 났습니다. 그래서인지 아니면 국내에 워낙 많이 알려져서인지 관광을 온 한국 사람이 참 많았습니다. 이스트림(East Rim)으로 가는 길에는 소나무들이 많이 있어 매우 반가웠습니다. 15시 30분 다시 차로 이스트림의 Grandview Point로 갔는데 들어가는 입구 도로변에 숲에서 기어 나온 코요테 두 마리가 어슬렁거리고 있었습니다. 도대체 사람이 무섭지도 않은가 봅니다. 이곳에서도 넓게 또 다른 각도에서 협곡을 조망할 수 있습니다. 이스트 림의 가장 동쪽에 있는 Desert View에는 16시에 도착했는데 이곳에는 1932년에  세워진, 돌로 된 전망탑이 있습니다. 또 협곡 사이의 콜로라도 강을 잘 바라볼 수 있었습니다.

국립공원을 빠져나와 64번 도로로 나가는 곳에도 작은 협곡과 골짜기들이 계속 이어졌고 우리는 Cameron에서 89번 도로를 타고 북상하였습니다. 이 도로는 우측으로 길게 바위산들이 이어져 있고 부근이 매우 척박해 보였습니다. 나바호(Navajo)족 인디언 보호 구역이었는데 길거리에서 깃발을 걸어두고 러그(rug) 또는 은제품 등 수공예품들을 팔고 있었습니다. 한동안 미국 대륙을 지배한 민족이었는데 이제는 지원금과 수공예품 판매로 연명을 하고 있다는 사실이 안타까웠습니다. 보호하는 것인지 아니면 그런 명목으로 방치해 두고 있는 것인지 알 수 없습니다. 도로는 매우 한적해서 편도 1차선 도로에서 제한 속도도 65마일이나 되었는데 우리는 계속 평균 80마일로 달렸습니다. 89A 도로와 갈라지는 곳에서 어느 쪽으로 갈까 잠시 망설였지만, 계속 89번 도로로 페이지(Page)를 향했습니다. 높은 바위산(Antelope Pass, 6,533ft/1,991m)을 하나 넘으며 여기부터 오늘 숙소인 유타 주의 글렌데일(Glendale)까지 계속 멋진 전망(scenic view)이 이어졌습니다. 페이지에 18시 45분 도착(유타 주의 시각으로는 19시 45분입니다)

하여 주유를 하는 동안, 옆에 있던 공중전화로 딸을 시켜 호텔에 좀 늦어질 것 같다는 통보를 하였습니다. 페이지는 파월 호수(Lake Powell)와 연결되어 있으며, 주변 유명 관광지로 갈 수 있는 거점 도시중 하나입니다. 야트막한 산의 바위와 비취색 파월호수의 물이 어우러져 초입부터 참 예뻤습니다. 우리는 글렌 캐니언 댐(Glen Canyon Dam)에서 한 번 서서 구경을 하고, 유타 주 경계에 있는 Lake scenic view point(들어가는 곳이 비포장도로임)에서 다시 서서 비취빛 호수와 뒤에 보이는 협곡들을 조망했습니다.

캐나브(Kanab)와 Mt. Carmel Jct.을 거쳐 계속 89번 도로 north 방향으로 유타 주 글렌데일의 호텔에 도착하니 19시 30분(현지 시각 20시 30분)이 되었습니다. 스미스 호텔(Smith Hotel B & B)은 작은 2층집으로 달리던 길의 왼쪽 건너편에 있어 조금 지나쳤다가 되돌아 왔습니다. 그런데 체크인 하는 과정에서 좀 문제가 생겼습니다. 아이들에 대한 요금을 별도로 지불해 달라는 것이었는데 1일, 1인당 $15나 요구한 것입니다. 기분이 나빠진 나는 아주머니에게 예약서류를 들이밀며 아이들 정보(거기에는 12살과 10살로 표시되어 있습니다)가 포함되어 있으며 그동안 어느 곳에서도 추가 요금을 요구한 경우가 없었다고 항의하였습니다. 아주머니는 자기의 예약서류에도 어린이가 2명(웬일인지 거기에는 9살과 5살로 명기되어 있었습니다) 있기는 하지만 요금에는 어른 2명분 만 보장된(guaranteed) 것이기 때문에 추가 요금을 내야 한다고 했습니다. 정말 속이 상한 나는 그러면 하루만 자고 다음날 예약은 취소하겠다고 했더니 취소 비용(charge)이 $40이라는 것이었습니다. 결국 아주머니와 협의 끝에 서로의 이해 잘못으로 하고 2일 2명의 아이들 비용으로 총액 $15를 더 내기로 하였습니다. 따라서 하룻밤 $43.2로 이틀과 세금, 별도의 아이들 요금 $15 등 모두 $109.84를 카드로 지불하였습니다. 기분이 상했었는데 나중에 이해를 하게 되었고 호텔이 점점 마음에 들게 되었습니다. 이 호텔은 1927년에 지어진 역사적인 건물로

AAA의 별 2개 호텔인데 2층 구조로 모두 7개의 객실이 있으며 AAA의 투어 북에도 1인 추가 시 1일 추가요금이 $15로 표시되어 있었습니다. 이 비용은 다음날 아침식사가 제공될 때 '과연 그 정도 비용을 받아야 했었겠구나' 하고 이해하게 되었습니다. 시설 자체는 별것 없으나 침대도 편안하여 좋았고 가정집같이 객실이 꾸며져 있어 친근감이 들었습니다. 분위기 상, 저녁을 해 먹기가 어려워 밥솥에 남았던 밥으로 저녁을 때웠습니다.

7월 15일(월), 532마일(856km) 운행으로 누적거리가 5,575마일(8,970km)이 되었고 호텔숙박비(2박, $109.84), 아침 호텔 팁($1), 호텔에서의 아침 뷔페($24), 주유(2회, $28) 등 $162.84를 사용하였습니다.

## 12일차: 라스베이거스, NV → 글렌데일, UT

거대한 협곡과 콜로라도강이 장관을 이루는 그랜드캐니언을 지나 역사적인 글렌데일의 스미스호텔에 묵었습니다.

## 13. 자이언(Zion)과 브라이스 캐니언(Bryce Canyon) 국립공원

　2002년 7월 16일(화) 여행 열사흘째, 6시 30분에 기상해서 아침식사 약속 시간인 8시에 식당에 갔습니다. 7개의 객실에 손님이 우리뿐이어서 큰 식탁에 우리 가족만 넓게 앉았습니다. 아주머니가 친절하게 맞아 주었고 주스와 커피(차), 프렌치토스트, 머핀, 시리얼과 집에서 만든 요구르트 등으로 맛있는 식사를 하였습니다. 마치 미국인 가정에서 아침을 먹는 것 같았습니다. 8시 20분 출발, 먼저 89번 도로 south를 통해 9마일 정도 내려와 Mt. Carmel Jct.에서 9번 도로를 타고 자이언 국립공원으로 향했습니다. 9번 도로를 13마일 정도 달려 공원의 동쪽 입구에 갔는데, 여기부터 스프링데일(Springdale, 원래 여기에 숙소를 잡으려고 했었습니다) 조금 위에 있는 비지터 센터까지 Zion-Mount Carmel Hwy를 타고 다시 12마일이었습니다. 초입에 있는 Checkerboard Mesa 바위의 모습이 멋있습니다. 또 동쪽 입구 쪽의 해발 고도는 5,700ft(1,737m)인데 비지터 센터는 3,920ft(1,195m) 정도여서 1.1마일(1.8km)의 긴 터널을 지난 뒤 급격히 1,800ft(549m) 정도 높이를 지그재그로 내려가게 되는데 이 길 역시 참 멋있습니다. 공원의 입장료는 차량당 $20이었고 우리는 회원권(pass)으로 무료입장하였습니다.

　남쪽 입구 바로 위의 비지터 센터에서 자이언 박물관(Zion Museum)을 거쳐 North Fork Virgin River를 따라 형성된 자이언 캐니언(Zion Canyon)으로 들어가는데 그랜드 캐니언의 웨스트림과 같이 일반 차량의 출입은 제한되었습니다(계곡 안의 자이언 로지에 숙박을 위해 가는 차량의 경우는 진입이 가능합니다). 2량 연결된 셔틀 버스는 그랜드 캐니언보다 더 좋았는데 여름철 아침 5시 30분부터 23시까지, 주요 시간대에 10~15분 간격으로 운행되고 왕복 소요시간은 90분입니다. 계곡 안, 아래에서 위로 주황빛

암벽들을 바라보며 드라이브를 하는 것이어서 오히려 어제의 그랜드캐니언 버스보다 볼거리가 더 많았습니다. 길거리에 사슴들이 많아 운전하다가 정지하는 경우도 간간이 있었습니다. 우리는 계곡의 끝인 템플 오브 시나와바(Temple of Sinawava)를 방문하기로 하고 9시 30분에 버스에 승차하여, 버스의 종점인 그곳에 10시 10분 도착하였고 강변 산책로(Riverside Walk)를 타고 편도 1마일(1.6km)거리를 걸어 The Narrows 초입까지 갔습니다. 절벽 아래로 강을 따라 거의 평지를 걷는 것이었는데 양쪽의 깎아지른 절벽이 건물의 기둥과 벽인 양 우뚝우뚝 서있는 모습이 보기 아름다웠습니다. 아침에 날씨가 조금 흐려 걷기에도 좋았습니다. 이 트레일은 강을 따라 계속되었는데 절반 정도가 운동화를 신은 채 물을 거슬러갔지만 우리는 그렇게 하기가 어려워 물가에서 트레일을 마치고 11시에 되돌아 나왔습니다. 길가로 The Great White Throne, Red Arch Mountain 등 거대한 바위산들을 볼 수 있고, 이외에도 중간중간에(Lower/Upper) Emerald Pool Trail, Grotto Trail, Kayenta Trail, West Rim Trail 등 많은 트레일과 view point가 있어 여유를 가지고 즐기면 좋겠지만 브라이스 캐니언(Bryce

Canyon) 국립공원도 방문해야 했기 때문에 11시 40분 비지터 센터로 버스를 타고 돌아왔고 조금 휴식 후, 12시에 브라이스 캐니언 국립공원을 향해 출발했습니다.

  우리는 12시 50분 글렌데일로 되돌아 나온 뒤, 곧 89번 도로 north(35마일) → 12번 도로 east(14마일) → 63번 도로 south(4마일)를 타고 브라이스 캐니언 국립공원 비지터 센터에 도착했습니다. 들어가는 중간, 딕시 국유림(Dixie national forest) 안에 있으며 12번 도로의 바로 옆에 있는 레드

캐니언(Red Canyon)부터 많은 후두(Hoodoos, 침식에 의해 뾰족탑같이 깎아진 돌을 의미)들이 서 있어 심상치 않았습니다. 브라이스 캐니언 국립공원의 입장료도 차량당 $20였습니다. 먼저 지어온 밥으로 점심식사를 차 안에서 하고 14시 20분 가장 끝 부분인 레인보우 포인트(Rainbow Point)로 향했습니다. 이곳 역시 3개의 노선으로 무료 셔틀 버스가 운행되고 환경 보전과 주차 문제 해소를 위해 버스 타기를 권장하고 있지만, 개인 차량 운행을 막지는 않았습니다. 비지터 센터에서 레인보우 포인트까지는 16마일이며 이쪽의 해발 고도들은 8,000ft가 넘어 레인보우 포인트의 경우 9,115ft(2,778m)로 백두산의 높이를 상회하는 것이었습니다.

이번 여행에서는 가면 갈수록 볼거리가 더 다양해지고 멋있는 것 같은 느낌이 들었습니다. 핑크빛 암벽들과 수백 수천의 후두들로 시야가 가득 차 버렸습니다. 날씨가 어느새 맑아져 햇빛을 받아 더 광채를 띠고 있었습니다. 북미 대륙을 남북으로 갈랐을 때 중앙부분은 아주 옛날에 거대한 바닷길(great seaway)이었다고 합니다. 1억 4천4백만 년 전부터 6천5백만 년 전까지의 백악기(cretaceous period)에 해저에서 퇴적된 퇴적물들이 단층을 이루다가 지각의 변동으로 융기(uplift)가 되어, 유타, 애리조나, 뉴멕시코, 콜로라도 주에 걸쳐 거대한 콜로라도 고원(Colorado plateau)이 되었고 테두리 부분은 계단(great staircase) 모양을 형성하게 되었다고 합니다. 특히 유타 주의 남부는 계단의 벼랑 부분으로 심하게 침식되어 브라이스 캐니언 같은 수많은 수직 후두들을 만들어 냈다고 합니다.

레인보우 포인트에서 Bristlecone Trail을 타고 한 바퀴 돌았는데 산 아래와 우측은 짙은 침엽수림대이고 좌측은 핑크빛의 암벽들로, 걸으면서 보는 즐거움이 보통이 아니었습니다. 트레일의 끝 부분에는 기묘한 형상의 고사목들도 많이 있었습니다. Yovimpa Point까지 1시간에 걸쳐 구경을 하고 15시 40분 다시 출발하여 중간중간의 point들에 들렀습니다. 폰데로

사 캐니언(Ponderosa Canyon), 아구아 캐니언(Agua Canyon), 내추럴 브릿지(Natural Bridge), 파이러시 포인트(Piracy Point), 스왐프 캐니언(Swamp Canyon) 등을 잠깐잠깐 거친 뒤 16시 30분, 이름 그 자체로도 대표성을 갖는, 전망도 좋고 많은 후두들을 살펴 볼 수 있는 브라이스 포인트(Bryce Point)에 도착했습니다. 나열된 핑크빛의 후두들은 어떻게 보면 진시황릉의 병마용같이 열을 맞추어 서 있는데 수백 수천 어쩌면 수만의 그 모습이 장관이 아닐 수 없었습니다. 20여 분 조망을 하고 Inspiration Point를 거쳐 17시에 Sunset Point로 갔습니다.

아직 해 질 무렵이 아니어서 해 질 무렵에 볼 수 있다는 진한 분홍빛을 느낄 수는 없었지만 한 곳 한 곳이 마치 자연의 보고처럼 우리에게 다가와 자태를 뽐내고 있었습니다. 우리는 급기야 계곡 아래로 걸어 내려가 나바호 루프 트레일(Navajo Loop Trail)을 걸어 보기로 하였습니다. 이 트레일의 길이는 1.3마일(2.2km)인데 우리는 내려갔다가 돌지 못하고 다시 그 길로 되돌아 왔습니다. 내려가면서 후두들의 돌기둥들을 직접 옆에서 볼 수 있었는데 어떤 것들은 상상하기 어려울 정도로 이상한 형상으로 세워져 있었습니다. 18시에 다시 출발하여 Sunrise Point와 입구 밖에 있는 Fairyland Point까지 가보고 19시에 관람을 마쳤습니다.

브라이스 캐니언이 이번 협곡 여정 중에서는 제일 화려한 것 같았습니다. 다시 12번 도로상의 레드 캐니언(Red Canyon)에서 사진을 찍고 도로변 슈퍼마켓에서 간단히 빵 등을 구입하여 저녁을 해결하였습니다. 호텔에 다시 돌아오니 20시가 되었습니다.

7월 16일(화), 216마일(348km)을 달려 총 5,791마일(9,318km)이 누적되었으며 주유($15), 빵과 음식($8.34), 기념품(magnet $2.15) 등 모두 $25.49를 사용하였습니다.

## 13일차: 글렌데일, UT ↔ 자이언/브라이스캐니언

처음 방문한 자이언/브라이스캐니언 국립공원들은 이제 한국 관광객들에게도 필수 여행 코스가 되었습니다.

## 14. 캐니언랜즈 국립공원과 아치스 국립공원

    2002년 7월 17일(수) 여행 열나흘째, 원래는 유타 주 글렌데일(Glendale)에서 콜로라도 주 덴버(Denver)까지 트립틱(TripTik)에 있는 대로 약 570여 마일을 눈을 질끈 감고 달리는 것으로 계획을 했었습니다. 그런데 7월 9일 유타 주의 솔트레이크 시티로 들어오면서 약간 문제가 생겼습니다. 유타 주의 관광 잡지에서 아치스(Arches) 국립공원 사진을 가족들이 보고 그곳이 어디에 있는지 찾기 시작한 것입니다. 게다가 멋있는 그 사진(Delicate Arch)은 이후에도 곳곳에 있었습니다. 국립공원의 2002년 연간회원권에 대표 사진으로 담겨 있었던 것입니다. 결국은 덴버로 가는 I-70 도로상에서 거의 유타 주를 빠져나가는 지점(exit 180) 아래에 아치스 국립공원이 있다는 사실을 발견했고 그곳을 당연히 둘러가기로 하였습니다. 설상가상인 것은 지도를 자세히 들여다보던 내가 그의 남서쪽에 있는 캐니언랜즈(Canyonlands) 국립공원에도 들러야지 하고 생각을 굳히게 된 것이었습니다.

    아주머니에게 가급적 일찍 출발하기 위해 7시에 아침식사를 부탁했습니다. 아침을 포기하고 새벽 출발을 강행할까 생각했지만 맛있는 아침을 놓치기 아쉬웠습니다. 6시에 기상해서 밥을 지어 점심을 준비했는데 불행히도 쌀(20lb를 가져왔었습니다)이 거의 떨어졌습니다. 그래서 모두 털어서 보통 때보다는 밥을 많이 했습니다. 7시에 식당에 가서 아침식사를 했습니다. 어제와 비슷하게 미국 가정의 맛있는 식사를 제공받았는데 파이가 나왔고 또 요구르트도 어제와는 달리 나왔습니다. 식사 후 팁으로 $5를 놓고 나왔습니다.

    7시 20분 출발, 89번 north를 타고 흐린 하늘을 보며 달렸습니다. 이쪽의 89번 도로는 양옆에 산으로 둘러싸인 너른 분지를 달리는 것이었으며 분지 안에는 키 작은 덤불들만 있었습니다. 차가 거의 없는 한적한 도로로 제한속도는 65마일이었지만 마을(40마일)과 일부 공사 구간을 제외하고는 평균 80마일 정도로 달렸습니다. I-70 고속도로를 타기 직전 7-8마일은 작은 시내를 옆에 끼고 계곡을 타고 나갔습니다. 세비에(Sevier)에 9시 도착하여 I-70번 도로의 exit 23에서 타고 들어가 exit 180까지 동쪽으로 달려 나가 캐니언랜즈 국립공원 비지터 센터까지 210마일 정도를 1회 휴식시간 포함, 3시간여에 달려 11시 55분에 도착했습니다. I-70에서 가는 길이 참 멋있었는데 다양한 색색의 광활한 협곡지대를 100마일이나 넘게 위로 또는 아래로 달리면서 구경할 수 있었습니다. 전날 방문했던 협곡들과 오늘 방문할 협곡들이 다 이어지는 것 같은 느낌이었습니다. I-70에서 빠져나와 달린 191번 south도로와 313번 도로에서도 I-70번 고속도로 변보다도 더 멋있는 협곡들을 볼 수 있었습니다.

캐니언랜즈 국립공원은 브라이스 캐니언과는 또 다른 맛과 깊이가 있었습니다. 브라이스 캐니언이 화려한 노년의 침식 모습이라면 캐니언랜즈는 우람한 청장년의 모습이었습니다. 협곡과 들판이 섞여 있어 마치 서부영화의 한 장면을 보는 것 같았습니다. 특히 1969년 영화로 그레고리 펙(Gregory Peck)과 오마 샤리프(Omar Sharif)가 주연했던 '마켄나의 황금(Mackenna's Gold)' 배경 무대와 같은 기분이 들었습니다. 실제 영화는 다음 방문지인 아치스 국립공원에서 대부분 촬영되었다고 합니다. 공원의 입장료는 다른 주요 국립공원과는 달리 차량당 $10였는데 우리는 역시 연간회원권을 사용하여 무료로 입장하였습니다. 공원은 크게 3부분으로 나뉘어져 있습니다. 우리가 방문한 북쪽지역을 아일랜드 인 더 스카이(Island in the Sky)라고 하며 남쪽지역을 더 니들스(The Needles), 그리고 그린(Green) 강의 서쪽과 콜로라도 강으로 합류된 지점부터 하류의 서쪽 지역을 더 메이즈(The Maze)라고 부릅니다. 결국 3지역을 그린 강과 콜로라도

강이 분할하는 셈이죠. 더 메이즈 구역은 자동차로 갈 수 없습니다. 이 공원은 사람도 많지 않았고 셔틀버스도 운행하지 않았습니다. 다른 국립공원에서와 같이 우리는 차로 먼저 제일 끝 지점까지 갔다가 나오면서 사이사이에 있는 전망대에서 구경하였습니다. 그래서 북쪽 입구를 통해 갈 수 있는 남쪽 끝단인 Grand View Point Overlook(6,080ft, 1,853m)으로 갔습니다. 여기에서는 군데군데 1~2,000ft 가량 불쑥 솟아오른 듯한 검붉은 거대한 암석군을 볼 수 있었습니다. 또 Buck Canyon Overlook에서는 절벽의 끝단에 서서 까맣게 보이는 아래를 내려다볼 수 있습니다. 아래로 멀리 트레일 루트(White Rim Rd.로 북쪽지역을 감싸고 있습니다)도 보여, 무더운 날씨에도 불구하고 내려가 걸어보고 싶은 생각이 간절하였습니다. Candle Stick Tower Overlook을 지나 Green River Overlook을 거쳐 이번에는 북서쪽 길로 Whale Rock이 있는 Upheaval Dome까지 갔다 왔습니다. 진입하는 쪽에서 보면 거대한 고래 같습니다. 이쪽의 붉은 암석들은 사암(sand stone)으로 사이사이에 구멍도 많이 뚫어져 있습니다. 아래 남쪽에서 진입하는 더 니들스(The Needles) 구역에 가면 인디언들의 유적지도 있는 모양인데 우리가 가 볼 시간은 없었습니다.

 13시 20분 다시 비지터 센터로 돌아왔고 313번 도로로 북쪽으로 올라가 191번 도로와 교차하는 부근 약간 위쪽에 있는 주유소에서 기름을 보충하고 아래로 내려가 14시에 길 맞은편에 있는 아치스 국립공원에 도착했습니다. 이곳의 입장료도 차량당 $10입니다. 이 국립공원은 salt bed의 정상부였다고 합니다. 수천 feet 두께에 달하는 이 salt bed는 약 3억 년 전에 바다에서 형성되어 융기되었는데 100만 년 이상 침식과 풍화로 1마일 정도 두께의 암석 층(layer)을 형성하였고, 아래에 있는 salt bed가 압력을 받아 이동하고, 비틀어지고, 용해되고, 서로 밀어내면서 현재와 같은 기묘한 형상과 아치들을 만들어 냈다고 합니다. 들어가는 초입부터 바로 근처에 있던 캐니언랜즈 국립공원과는 확연히 구분되어 참 희한했습니다. 꼭 그렇게 비교될 수 있는 것은 아니지만 캐니언랜즈가 그랜드 캐니언 쪽에 가깝다면 아치스는 브라이스 캐니언 쪽에 가깝다고나 할까요? 마치 신들이 진흙 장난을 하다가 만 것 같은 풍경이었습니다. 적색의 침식된 사암들이 기기묘묘한 형상을 하고 있는 초입의 Three Gossips, Sheep Rock, The Oregon, Tower of Babel 바위들을 La Sal Mountains Viewpoint와 Courthouse Towers Viewpoint에서 내려서 보고 우리는 Devils Garden이 있는 북쪽의 Devils Garden Trailhead로 갔습니다. 가는 도중에 벌써 Skyline Arch를 언덕 위로 잘 볼 수 있었습니다. 맑은 코발트색에 가까운 푸른 하늘과 흰 양털과 같은 뭉게구름이 잘 어우러져 사진 찍기에 안성맞춤이었지만 날씨는 무척 더웠습니다. Devils Garden Trailhead에서 비교적 거리가 짧은 Pine Tree Arch Trail을 걸어 보았습니다. Pine Tree Arch 아래쪽에는 소나무들이 자라고 있었고 멀리 정확히 이름을 알 수 없는 다른 아치도 보였습니다. 밑에는 풍화된 고운 적색의 모래들이 쌓여 있었는데 너무 고와서 각 지역의 모래를 모으는 동생에게 주려고 필름통에 한 통 담았습니다. 오는 길에는 언덕 위에 세워져 있는 바위에 형성된 Tunnel Arch를 뒤에서 보았습니다.

다음에는 동쪽의 Delicate Arch Viewpoint로 갔습니다. Delicate Arch는 다른 아치들과 달리 아치에 연결되는 바위나, 날개들이 전혀 없이 바닥에 아치만 달랑 세워져 있는 형상이며 대표적 사진으로 많이 나옵니다. 트레일 루트는 왕복 3마일이나 되어 포기(Wolfe Ranch에서 출발하여 480ft(146m)를 오르는데 최소한 1인당 1 quater의 물을 필요로 한답니다)하고 upper viewpoint로만 갔는데 이곳도 왕복 1마일 정도 언덕을 올라갔다 오는 것이 되어 땡볕에 만만치 않았습니다. 물론 70~80m 옆에 있는 lower viewpoint에서보다는 훨씬 크게 보였지만 굳이 오를 필요는 없었던 것 같습니다. 다시 남동쪽의 The Windows Section으로 가서 Ham Rock, Garden of Eden과 North 및 South Window(arch), Double Arch, Cove Arch를 구경하였습니다. 돌아 나오다가 유명한 Balanced Rock에서 사진을 찍었습니다. 쓰러질 듯한 돌이 참 기묘하게 얹혀진 모습입니다. 더 이상의 트레일은 하지 않았습니다. 16시에 구경을 모두 완료했습니다. 준비했던 밥을 김에 싸서 차 안에서 운전하면서 점심을 먹었습니다.

191번 도로로 Moab 방향으로 내려가다가 Scenic Byway인 128번 도로를 타고 45마일 정도 동쪽으로 진행하여 시스코(Cisco)에서 I-70번 도로를 다시 탔습니다. 이 128번 도로 역시 참 멋있습니다. 양쪽에 절벽으로 이루어진 계곡 옆으로 콜로라도 강을 끼고 개설된 도로를 드라이브하는 것인데 200여m 높이의 절벽(red cliff 군)이 마치 쏟아져 내릴 것만 같았습니다. 어떤 곳은 300-400m 높이가 되는 것 같았습니다. 또 군데군데 래프팅을 즐기는 사람들도 많이 있었습니다. 20여 마일을 달리고 나서는 도로의 오르막과 내리막이 많아져서 70마일 이상의 속도로 달릴 때, 마치 청룡열차를 탄 기분을 느끼며 모두 환성을 지르기도 하였습니다. 시스코로 나왔는데 그곳은 좀 폐허같이 보였습니다.

어쨌든 17시 10분 다시 I-70 고속도로를 달리게 되었고 곧 유타 주와는 분위기가 완전히 다른 콜로라도 주로 들어갔습니다. Grand Junction시를 지나면서 Grand Mesa 국유림, White River 국유림, Arapaho 국유림 및 Roosevelt 국유림을 연속으로 만나, 산과 강(White River와 Colorado river)이 잘 어우러진 축복 받은 땅이라는 느낌을 받았습니다. 주변에는 경사면으로 스키 리조트도 많았고 건물들도 한결 분위기가 차분한 별장 같은 집들이 많아 마치 알프스의 한 마을에 온 것 같았습니다. 우리는 10,000ft가 넘는 미국 로키 산맥의 영봉들을 옆에 끼고 8,000~9,000ft의 고갯길들을 넘나들며 덴버(Denver)로 들어갔는데 덴버의 해발고도는 5,280ft 정도여서 급격히 3~4000ft를 내려가야 했습니다. I-70 고속도로의 CO exit 262에서 덴버시내로 들어가는 70번과 40번 도로를 탔으며 약간 지루하게 신호등이 있는 교차로들을 지났습니다. 88번 도로 교차점을 지나자마자 나오는 I-25번 고속도로 north를 타고 곧바로 exit 210B로 나와 17th St.의 Bryant Ave.로 빠져나왔는데, 나오면서 19th St.에 있는 레드 라이온 호텔(Red Lion Denver Downtown)이 보였습니다. 21시 30분에 도착한 호텔은 특이하게 원통형으로 생긴 건물이었는데 각층에는 바깥을 향해 20여 개씩의 방들이 있었습니다. 저녁은 호텔 안에서 점심에 남긴 마지막 쌀밥과 마지막 남은 육개장 사발면으로 남아있던 거의 모든 반찬과 함께 잘 먹었습니다.

7월 17일(수요일로 국내는 제헌절입니다), 766마일(1,232km)을 달려 누적거리가 6,557마일(10,550km)이 되었고 호텔비(2박, $85.37), 아침 호텔 팁($5), 주유(2회, $36.11) 등 $126.48를 사용했습니다.

### 14일차: 글렌데일, UT → 덴버, CO

자동차를 가지고 서부지역을 방문하신다면 캐니언랜즈와 아치스 국립공원을 꼭 추천합니다.

### 15. 로키 산 국립공원과 덴버(Denver)

　2002년 7월 18일(목) 여행 열닷새째, 아침 6시에 잠이 깨었는데 오늘은 서두를 필요가 없어 빈둥거리다가 7시경 샤워를 하고 옥수수 캔 세 개로 아침 요기를 하였습니다. 8시 30분 출발, 로키 산 국립공원으로 두 가지 길이 있었지만 우리는 호텔에서 바로 I-25 고속도로를 타고 exit 211에서 exit 257B까지 50여 마일 정도를 40분 걸려 올라간 뒤에, 34번 도로를 타고 서쪽으로 향했습니다. 고속도로 운행 중 왼쪽으로 보이는 로키 산맥의 영봉들에서 흰 연기가 뿜어져 나오고 있었습니다. 산불이 난 것이죠. 전날 저녁 뉴스에 콜로라도 주의 3곳에서 산불이 진행 중이며 가장 심한 곳이 빅 엘크(Big Elk)라고 하였는데 아마 그곳이 아닌가 싶었습니다. 34번 도로로 가는 도중 맥도널드에 들러 아침식사를 하였는데 달러 메뉴 대신 아침 메뉴를 팔고 있었습니다. 가격은 $1 정도로 비슷한데 햄버거 빵 대신 호밀 빵에 달걀과 치즈 등을 넣어주어 오히려 더 맛있고 든든하였습니다.

　34번 도로는 조금 가다가 편도 1차선으로 변경되어 bumper-to-bumper 수준으로 길이 막혔습니다. 30마일 정도 거리에 거의 1시간이 걸려 국립공원의 동쪽 입구인 Estes Park에 도착하였습니다. Estes Park에는 공원에 들어가는 2개의 출입구(Fall River 및 Beaver Meadows Entrance Station)가 있는데 우리는 34번 도로로 계속 진행하여 북쪽에 있는 Fall River Entrance Station(8,240ft, 2,511m)으로 들어갔습니다.

　먼저 Sheep Lakes에서 Old Fall River Rd.를 타고 알파인 비지터 센터(Alpine Visitor Center)까지 올랐습니다. Old Fall River Rd.는 오르막 일방통행로(one way)로 Sheep Lakes나 West Horseshoe Park 아래쪽에서의 접근만이 가능합니다. 비포장도로로 밴 차량이 많고 승용차는 거의 없습니다. 겨울철에는 폐쇄되는 9마일 정도의 산길을 시속 10~15마일

의 속도로 40여분 걸려 앞차를 따라 굽이굽이 오르는데, 오르는 숲 사이로 난 길이 참 멋있고 사이사이로 계곡들이 보이기도 합니다. 마지막에 능선을 지그재그로 가로질러 알파인 비지터 센터에 도달하였습니다. 비지터 센터의 높이는 11,796ft(3,595m)인데 내려서 이곳저곳 거의 4,000m급의 산봉우리들과 계곡을 둘러보는 동안 약간 현기증이 나기도 하였습니다. Alpine Ridge Trail 길을 따라 바로 위에 있는 정상까지 약 0.5마일(800m) 정도 걸어 올라갔습니다. 정상에는 12,005ft(3,659m)라는 고도 팻말이 있습니다. 정상에서 수원교구의 성빈센트 병원에서 왔다고 하는 수녀님 다섯 분을 만났습니다. 트레일 길은 힘들지 않았고 하늘의 구름이 마치 한 장의 그림엽서같이 참 멋있었습니다. 비지터 센터 옆에 있는 gift shop도 볼거리가 많았습니다.

12시경 비지터 센터 주차장에서, 미리 사 온 햄버거로 점심을 먹었습니다. 생각 같아서는 공원의 남서쪽 입구인 Grand Lake Entrance Station(8,720ft, 2,658m)까지 내려가고 싶었지만 너무 멀어 그렇게는 못하고 Milner Pass까지 길을 타고 5~6마일 정도 자동차로 내려갔다가 다시 올라왔습니다. Milner Pass의 고도는 10,758ft(3,279m)이며, 이 지점이 바로 미국 대륙을 동서로 양분하는 중앙이라는 컨티넨탈 디바이드(Continental Divide) 표지판이 있습니다.

알파인 비지터 센터 쪽으로 다시 올라와 Fall River Pass를 지나 이번에는 Trail Ridge Rd.를 타고 Estes Park 쪽으로 내려갔습니다. Trail Ridge Rd.는 동쪽의 Beaver Meadows Entrance Station에서 남서쪽의 Grand Lake Entrance Station까지 연결되는 이 공원의 관통 도로입니다. Gore Range Overlook에서 정차했다가 자동차로 갈 수 있는 최고 높이에 있는 Highest point(12,183ft, 3,713m)를 지나 Rock Cut Overlook, Forest Canyon Overlook 등 여러 곳에 다시 정차하여 아직도 눈이 덮여 있는 로키 산맥의 영봉들과 침엽수가 하나 가득한 깊은 계곡, 야생화가 희고 노랗게 피어있는 산자락 등 멋있는 자연 경관을 구경하였습니다. 산등성이에 수십 마리의 사슴 떼들이 한가로이 풀을 뜯고 있어 차량을 멈추고 아무 생각 없이 물끄러미 바라보기도 하였습니다. Rainbow Overlook에서는 멀리 반대편 경사면 쪽에서 피어오르는 또 다른 산불의 연기와 냄새를 맡을 수 있었습니다. 과자를 손에 들고 있으면 이름 모를 새가 날아와 과자를 채어가기도 하고 어느새 다람쥐가 낚아채기도 하여 마치 동화의 나라에 온 것만 같았습니다.

　Trail Ridge Rd.에서 바로 나가지 않고 Bear Lake Rd.로 연결하여 베어 레이크(Bear Lake)에 갔습니다. 이곳 국립공원에서 가장 인기 있는 트레일 코스들이 있는 곳으로, 작은 호수들까지 이어지는 여러 트레일 코스가 있었지만 우리는 베어 레이크 주위만 한 바퀴 돌았습니다. 맑고 한가로운 자그마한 호수 둘레를 3,250ft(991m) 걸어 돌아보는 것인데 주변 산봉우리들과 잘 어울려 호수가 한 폭의 그림만 같습니다. 14시 20분경 구경을 마치고 다시 도로들을 타고 나가 공원 입구에 있는 Bear Meadow 비지터 센터(7,840ft, 2,390m로 공원 본부가 있습니다)에 15시경 도착, 10분 정도 들렀다가 공원을 빠져 나왔습니다.

　호텔로 돌아올 때는 갈 때와는 달리 36번 도로 east를 타고 남동쪽 대각선 방향으로 덴버를 향했습니다. 36번 도로상 거리는 대략 60마일 정도이며 마지막에 I-25 고속도로로 연결하여 다시 5마일 정도를 달렸습니다. 36번 도로로 오는 도중에 크게 산불이 났다는 빅 엘크 바로 옆을 지났습니다. 웬일인가 싶게 전혀 도로 통제가 이루어지지 않았고 차를 타고 가면서 또는 잠시 멈추고, 가까이 혹은 멀리 산등성이를 태우고 있는 흰 연기들을 바라볼 수 있었습니다. 침엽수의 보고인 빅 엘크 20,000에이커의 산림 중 벌써 1,200에이커가 잿더미가 되었고 점점 로키 산 국립공원 쪽으로 번지고 있다고 하였습니다. 일부 경찰이 보이기도 하였고 소방용 비행기가 보이기도 하였습니다. 우리는 도중에 40분 정도를 소요하여 기름을 보충하고 코스트코에 들러 식품과 필름도 보충한 뒤에 17시 20분경 I-25 도로의 exit 212A로 덴버 시내로 돌아왔습니다. 그 날 저녁 TV 뉴스에 18시 45분경 바로 그 빅 엘크에서 산불을 끄던 PB4Y 비행기가 산 중턱에 떨어져 2명의 승무원이 죽고 불이 계속 번져 36번 도로가 폐쇄되었다는 발표가 있었습니다. 2분 승무원의 명복을 빕니다.

　시내에서 펩시 센터(Pepsi Center)와 콜로라도 대학(University of Colorado-Denver)을 지나 40번 도로 east로 진행하다가 시빅센터와 City & County Bldg. 사이에 있는 Bannock st.에 주차를 시키고(주차비는 25¢ 당 10분이며 근처 공공 주차의 경우 18시 이후에 $2, 18시 이전은 $5) 먼저 주 의사당(State Capitol)으로 갔습니다. 이곳의 주 의사당도 워싱턴 D.C.의 국회의사당을 모방하였다고 하는데 돔의 정상 부분은 1858년 부근 금광에서 채굴된 금으로 입혀졌다고 합니다. 특히 건물 정면 계단 중 15번째 계

단의 해발 표고가 정확히 1마일(1,609m)이어서 mile high city라는 별명을 가진 이 도시의 상징점이 되고 있는데 그 계단에는 1마일 표시("ONE MILE ABOVE SEA LEVEL")가 되어 있었습니다. 날씨가 무더웠기 때문에 근처에 있는 조폐국(United States Mint), 덴버 미술관(Denver Art Museum, 건물도 독특하지만 인디언들의 미술품이 많다고 합니다), City & County Building 등의 건물만 둘러보고 호텔로 돌아왔습니다.

  오랜만에 호텔 세탁실에 가서 빨래를 하고 다시 햄버거와 도중에 사온 식품으로 저녁식사를 한 뒤 저녁 21시경 덴버 시내에서 유명한 16th Street Mall에 갔습니다. 몰 바로 주변의 주차장들은 좀 비쌌기 때문에 15th st.에 길거리 주차(25¢ 당 10분)를 하고 몰까지 걸어갔습니다. 몰은 시내 북서쪽의 Market Street Station에서 남동쪽의 Civic Center Station까지 약 1마일 정도 거리에 이어져 있는데 양옆으로는 음식점, 카페, 극장과 쇼핑센터들이 즐비합니다. 그리고 이 거리를 무료로 운행하는 셔틀버스와 유료인 마차가 다닙니다. 거리의 가운데는 2줄의 주황색 가스등(가스로 밝히는 등은 아닙니다)과 함께 휴식할 수 있는 공간이 쭉 이어졌습니다. 불행히도 우리는 너무 늦게 몰에 도착하여 음식점이나 카페를 제외한 상점이 거의 모두 문을 닫았습니다. 상점 대부분은 21시에 문을 닫는다고 합니다. 또 몰 자체를 제외한 주변 분위기가 생각보다 별로 좋지 않아 아내가 불안해했기 때문에 22시경 호텔로 돌아왔습니다.

7월 18일(목), 운행거리는 233마일(375km)로 누적거리는 6,790마일(10,925km)이 되었고 사용 경비는 주유(1회, $14.01), 햄버거(2회, $15.98) 및 식품/필름 보충($22.22), 주차료($1.35), 세탁($6) 등 $59.56였습니다. 그런데 여행을 마친 후 8월 13일 콜로라도 주 덴버 부근 볼더의 City of Boulder, Photo Radar and Red Light Program이라는 곳에서 벌금 고지서가 날라 왔습니다. 내가 교차로에서 적색 신호를 무시하고 달린 것이 카메라에 찍힌 것입니다. 벌금은 $75였는데 8월 24일까지 자진납부하면 $70라고 해서 수표로 지불했습니다. 따라서 벌금을 포함하여 경비가 $129.56로 늘어났습니다.

## 15일차: 덴버, CO ↔ 로키산 국립공원

콜로라도주 덴버에서 맑고 깨끗한 로키산 국립공원을 방문하여 자연과 하나가 되어보았습니다.

## 16. 세인트루이스(St. Louis)

　2002년 7월 19일(금) 여행 열엿새째, 항공으로 가면 불과 몇 시간이면 돌아 갈 수 있겠지만 이날부터 3일간은 계속 동쪽으로 집까지 달려야 합니다. 또 달리는 것을 제외하고 특별히 관광계획도 잡지 않았습니다. 다만 시간이 있고 마음에 여유가 있으면 미주리 주의 세인트루이스(St. Louis) 시와 펜실베이니아 주의 피츠버그(Pittsburgh) 시를 구경하려고 생각했습니다. 오늘 여정이 800마일 이상이 되고, 중앙표준시로 변경되어 1시간을 잃어버리기 때문에 새벽 4시에 기상, 5시에는 출발을 하였습니다. 콜로라도 주는 덴버시를 중심으로 서쪽으로는 산림지역(Rocky Mountains)이고 동쪽으로는 대평원(Great Plains)으로 이어집니다. 따라서 이 날 I-70 도로 상에서도 계속 지평선이 보이는 대평원을 운행했습니다. 이 평원은 캔자스 주의 주도인 토피카(Topeka) 시 부근까지 계속 600여 마일이나 이어졌습니다. 달리는 도중 5시 53분경, 차창의 왼편으로 지평선에서 솟아오르는 콜로라도의 붉은 태양을 잠을 막 깬 가족들과 함께 바라볼 수 있었습니다.

　캔자스 주의 경계에는 7시 20분, 2시간 20분 만에 180마일을 달려 도착했습니다. 아침은 어제 구입했던 음식으로 차 안에서 간단히 때웠습니다. 캔자스 주의 I-70 도로 35마일 지점에서 중앙표준시로 변경되어 7시 50분이 8시 50분으로 되었습니다. 지금까지의 콜로라도 주와는 달리 제한 속도가 75마일에서 70마일로 줄어들었지만 차량 통행이 거의 없었고 순찰차량도 눈에 띄지 않아 80마일 이상의 속도를 계속 유지하였습니다. 중간에 exit으로 나가 기름도 넣고 맥도널드에서 달러메뉴 햄버거로 다시 점심을 해결하였습니다. 물론 시간을 절약하기 위해 차 안에서 우물우물 음식을 먹으면서 운전해야만 했습니다. 오즈의 마법사(The Wizard of Oz)에 나오는 도로시(Dorothy)의 고향이기도 한 캔자스 평원에서, 회오리바람

(tornado)을 만날 수는 없었습니다.

주도인 토피카 근처에 가니 구릉이 다시 나타나고 통행량도 많아졌습니다. 여기서 캔자스 시까지는 Turn Parkway여서 $1.85의 통행료를 냈습니다. 주 이름으로도 사용되는 캔자스 시는 좀 야릇한 곳입니다. 캔자스 시는 캔자스 주와 미주리 주에 걸쳐져 있으며 오히려 중심부를 포함하여 3/4 정도의 지역이 캔자스 주가 아닌 미주리 주에 있습니다. 심지어 AAA의 투어 북에 도시의 안내조차도 캔자스 주에는 없고 미주리 주에 있을 정도입니다. 우리는 여기서 I-70도로 exit 241B를 통해 비교적 최근에 생긴 지름길 고속도로인 I-670으로 분기하여 캔자스 강(바로 위에서 미주리 강과 합류됩니다)을 건너 급하게 도심 옆을 빠져나갔습니다. 여기서 바라다 보이는 건물들이 매우 아름답습니다. 주 동쪽 경계인 캔자스 시까지 430마일을 주유, 음식 구입 등 휴식시간을 포함하여 6시간만인 13시 20분(현지 시각 14시 20분)에 통과하였습니다.

다시 I-70도로를 만나 동쪽으로 계속 진행했습니다. 미주리 주의 제한속도 역시 캔자스 주와 같이 70마일이었습니다. 그렇지만 동부지역과 같이 도로에 차량이 가득하였습니다. 휴식과 주유를 한 번씩 더 하고 미주리 주 동쪽 끝에 있는 세인트루이스(미주리 강을 건너 시내 전에 있는 공항지역, exit 236)까지 240여 마일을 더 달려 16시 40분(현지 시각 17시 40분), 숙소인 힐튼 호텔(St. Louis Airport Hilton)에 도착했습니다. 호텔은 주말이어서인지 다른 곳과 달리 무척 붐볐으며 주로 가족을 동반한 관광객 차림이 많았습니다. 주차료는 $7로 표시되어 있었지만 앞쪽 넓은 주차장에 주차하면 따로 요금을 받는 것 같지는 않았습니다.

조금 휴식한 후에 남은 햄버거 등으로 저녁을 해결하고 18시(현지 시각 19시) 호텔을 출발하여 시내 관광에 나섰습니다. 15마일 정도 동남쪽으로 진행한 뒤 Riverfront 쪽으로 방향을 잡았는데 잘못하여 미시시피

(Mississippi) 강을 건너 일리노이 주까지 갔으며 돌아오는 데 좀 헤맸습니다. 천주교 성당으로 미시피 강 서부지구에서 가장 오래된 교회라는 Old Cathedral 주차장에 주차를 했습니다. 성당은 1764년 통나무 건물로 세워졌으며 현재 건물은 1834년에 만들어진 것이라고 합니다.

차에서 내려 옆의 제퍼슨국립익스팬션기념지(Jefferson National Expansion Memorial) 안에 있는 유명한 게이트웨이아치(Gateway Arch)에 올랐습니다. 제퍼슨국립익스팬션기념지는 미국의 3대 대통령인 토머스 제퍼슨(Jefferson)이 광활한 중부지역을 프랑스로부터 구입(Louisiana Purchase)하여 당시 미국 면적을 2배로 넓힌 것을 기리는 국립기념지입니다. 특히 게이트웨이아치는 '서부로 가는 길목'을 상징하는 스테인레스(Stainless) 아치이며 세인트루이스의 대표적 관광명물입니다. 아치의 높이는 630ft(192m)루 워싱턴 D.C.에 있는 워싱턴 기념탑(Washington Monument, 555.5ft)보다 높다고 합니다. 현지 시각으로 19시 35분에 트램(tram) 티켓을 구입했는데 20시 25분까지 기다려야 했습니다. 그래서 비지터 센터 안에 있는 서부 개척 역사를 보여주는 서부 개척 박물관(Museum of Westward Expansion)을 둘러보기도 하고(무료), 기념품 가게에도 얼쩡거렸습니다. 트램을 탑승하려면 성인 $8, 학생(13~17살) $5, 어린이(3~12살) $3의 입장료

를 내야 하는데 어른의 경우 국립공원 연간회원권을 이용하면 $5로 할인 받을 수 있습니다. 우리는 성인 2명(연간회원권 사용으로 $6 할인), 학생(아들)과 어린이(딸) 각 1명으로 처리하여 $18를 지불하였습니다. 현지 시각 20시 25분이 되어서도 미국에서의 대부분 입장이 그렇듯이 줄을 서서 여기저기에서 몇 번 더 기다린 다음, 간단한 비디오를 보고 트램에 올랐습니다.

   트램은 5명이 좁게 탑승할 수 있는 원형 캡슐로 8량이 서로 연결되어 있습니다. 아치의 남쪽과 북쪽에서 10분 간격으로 각각 오를 수 있는데 오르는데 아치를 따라 곡선을 그리며 3분 정도 소요됩니다. 아치 꼭대기도 생각보다 비좁아서 양쪽으로 난 작은 창문들을 통해 사람들이 관람을 할 경우, 가운데 안쪽 통로로는 겨우 두 명이 비껴갈 수 있는 정도였습니다. 전체 면적에는 100여 명 정도가 동시에 함께 할 수 있을 것 같았습니다. 위에서 내려다보니 동쪽으로는 워터프런트(Waterfront)가, 서쪽으로는 옛 법원청

사(Old Courthouse) 등 세인트루이스의 시가지가 밤의 조명을 받으며 한눈에 내려다보여 매우 멋있었습니다. 안내하는 국립공원 관리원(ranger)에게 부탁하여 가족의 기념사진을 찍었습니다. 낮이나 석양에 시간 여유가 있으면 증기선 모습의 관광선을 타고 미시시피 강을 유람해 보는 것도 좋을 듯 합니다. 21시(현지 시각 22시), 3시간 동안의 시내 관광을 마치고 호텔에 돌아와 휴식을 취했습니다.

7월 19일(금), 당일 운행거리는 모두 885마일(1,424km)로 누적 거리는 7,675마일(12,349km)이 되었습니다. 사용경비는 호텔숙박비($45.28), 아침의 호텔 팁($2), 주유(2회, $35.01), 통행료($1.85), 햄버거($9.63), 트램 탑승요금($18) 등 모두 $111.77였습니다.

### 16일차: 덴버, CO → 세인트루이스, MO

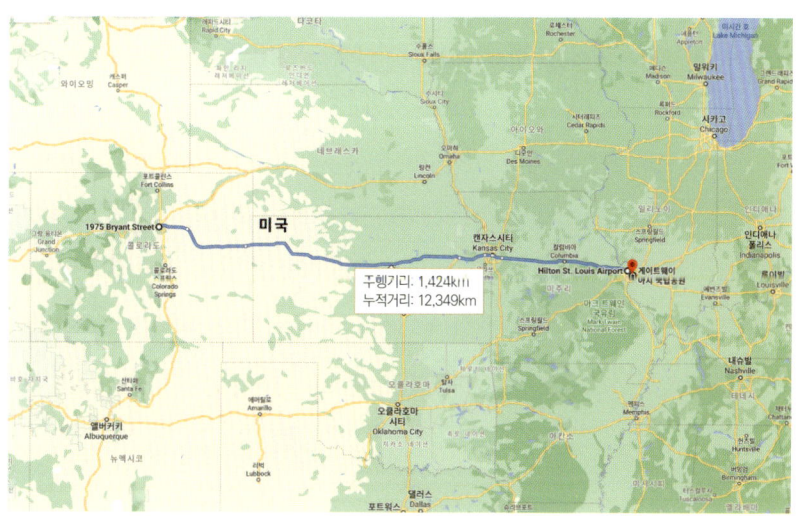

1,424km 주행은 내가 미국에 와서 하루 최장거리 기록입니다. 게이트웨이 아치를 통해 서부를 빠져 나갑니다.

### 17. 6개 주를 스쳐 도착한 피츠버그

2002년 7월 20일(토) 여행 열이레째, 당일 미주리 주의 세인트루이스 시에서 펜실베이니아 주의 피츠버그까지 가야 했지만 600마일 정도에 불과하고 도중에 들를 곳이 특별히 없었기 때문에 좀 늦게 6시 30분경 기상하여 샤워를 하고 쿠키와 바나나 등으로 요기를 한 뒤 7시 30분 출발하였습니다. 세인트루이스 시가지를 지나면서 곧 일리노이 주에 접어들었습니다. I-70 도로상의 이곳은 옥수수 밭 등 넓은 경작지가 많았으나 곳곳에 숲도 많아 아침에 달리기 쾌적했습니다. 다만 제한속도가 65마일로 줄었고, 간혹 순찰차량이 있어 빨리 달리기는 곤란하였습니다.

어제의 숙박지인 세인트루이스 공항의 힐튼 호텔에서 일리노이 주를 가로 질러 180여 마일을 달려 인디애나 주의 경계에 있는 웰컴센터에 10시에 도착해서 10분 정도 휴식하였습니다. 인디애나 주에서는 대략 서쪽에서 60마일 지점부터 뉴저지 주와 같은 동부표준시가 적용되어 1시간 빨라집니다. 인디애나 주의 I-70 도로 옆에도 간혹 경작지들이 눈에 띄었지만 이미 동부와 같은 느낌을 받았습니다. 인디애나 주부터는 트럭을 비롯해 차량의 통행이 대폭 증가하였는데 1차선에서 잘 양보해 주지도 않았습니다. 또 도중에 주도인 인디애나폴리스(Indianapolis) 시를 지나면서 도로공사 등으로 계속 지체가 되었습니다. 게다가 도로의 exit 104에 있는 그린필드(Greenfield) 시로 주유를 위해 빠져나가, 월마트에 들러 통닭, 샐러드, 파이, 빵, 상추, 햄, 과일 등 음식을 보충하고 주차장에서 점심식사를 하면서 50여분 소모하였기 때문에 인디애나 주를 가로 질러 오하이오 주 웰컴센터까지 163마일은 3시간 20분이나 경과한 13시 20분(현지 시각 14시 20분)에 도착했습니다.

인디애나폴리스 시를 지나면서 중순양함 인디애나폴리스 호에 대한 이야기를 초등학교 때인가 라디오 방송을 통해 들은 생각이 났습니다. 태평양전쟁에 대한 다큐멘터리 방송으로 인디애나폴리스 호가 히로시마에 최초로 투하되었던 원폭 리틀보이(Little Boy)의 우라늄 내장재를 싣고 목적지까지 무사히 운반한 뒤에, 일본의 잠수함에 걸려 야간에 피습되고 많은 승무원들이 바다에 빠져 상어의 습격을 받는 그런 내용이었습니다.

USS 인디애나폴리스(CA-35)는 고농축 우라늄을 샌프란시스코에서 태평양 티니안 섬까지 운반하는 극비작전을 성공적으로 수행한 뒤에도, 구축함 등 대잠 호위함의 지원없이 필리핀 레이테 섬까지 단독으로 이동하게 됩니다. 일본군 잠수함 I-58이 발사한 어뢰가 명중하여 격침되는데, 구조신호까지 무시되어 며칠 후에나 1196명의 승조원 중 316명만 살아남는 미 해군 역사상 최악의 참사로 기록되게 됩니다. 1975년 영화 '죠스(Jaws)'에서 상어 사냥꾼 퀸트(로버트 쇼)가 거대한 백상어와의 마지막 혈투를 앞두고 배에서 술을 마시면서, 이 사건의 생존자로 담담하게 회상하는 장면이 나옵니다. 죠스 영화를 좋아한 헌터 스콧이란 한 소년의 헌신적 노력을 시작으로 55년이 지난 2000년에 와서야 맥베이 함장 등 승조원들의 명예가 회복되었고, 2016년 'USS 인디애나폴리스' 영화로 제작되어 개봉되었습니다. 함체는 2017년 8월, 5500m 해저에서 발견되었다고 합니다.

다시 10분을 휴식하고 오하이오 주의 I-70 도로를 달렸습니다. 주도인 콜럼버스(Columbus) 시를 지나 웨스트버지니아 주 경계인 Wheeling까지 트럭들 때문에 길이 계속 막혀, 165마일을 3시간에 달려 16시 35분(현지 시각 17시 35분)에 도착했습니다. 10분 후에는 웨스트버지니아 주를 스쳐 펜실베이니아 주 경계의 웰컴센터에 들렀습니다. 나중에 사용하지는 않았지만 우리는 여기서 피츠버그 시와 랭카스터(Lancaster) 시 등의 정보를 얻었습니다. 펜실베이니아 주 I-70 도로의 exit 18에서 I-79 도로로 변경하고, I-79 도로 exit 59B에서 다시 30번 도로 west로 변경하여, 드디어 17시

40분(현지 시각 18시 40분) 공항 근처에 있는 크라운 플라자 호텔(Crowne Plaza Pittsburgh Airport)에 도착했습니다. 시설이 좋은 호텔이었고 넓은 주차장이 있었는데 따로 주차비를 받지는 않았습니다. 호텔에 도착하여 먼저 다음날 미사 봉헌을 위해 프런트에서 근처에 있는 성당의 주소와 전화번호 및 위치를 확인해 두었습니다. 중간에 보충한 음식으로 저녁도 해결하였습니다. 더 움직이는데 가족 모두 힘들어해서 시내 관광은 포기했습니다.

> 7월 20일(토), 629마일(1,012km)을 달려 여정거리 누계는 8,304마일(13,361km)이 되었으며 호텔비($45.51), 아침 호텔 팁($2), 주유(1회, $16.5), 식품 보충($20.56) 등 모두 $84.57이 지출되었습니다.

17일차: 세인트루이스, MO → 피츠버그, PA

여유를 가지고 아침 7시 30분 출발, 10시간 정도 지나 펜실베이니아 주 피츠버그에 도착했습니다.

## 18. 그리운 나의 집

　2002년 7월 21일(일) 여정의 마지막 날, 집까지 그렇게 멀지 않았고, 또 일요일이어서 미사에 참예해야 했기 때문에 전날처럼 6시 30분경 기상하였습니다. 전날 구입하여 남은 음식과 커피로 간단히 요기를 하고 7시 30분에 체크아웃을 한 뒤 성당을 찾았습니다. 다행히 St. Margaret Mary Church 성당은 호텔에서 멀지 않은 곳에 있어 10분도 채 걸리지 않았고 우리는 8시 미사를 봉헌하였습니다. 둥근 원통형으로 생각보다는 큰 성당이었고 시간이 되면서 신자들도 400~500명 정도 참석하였습니다. 9시에 미사를 마치고 집을 향해 출발했습니다.

　먼저 30번 도로 east로 공항 지역을 빠져나온 다음 I-279 north를 타고 포트 피트 브리지(Fort Pitt Bridge)를 건너 피츠버그 시가지로 들어갔습니다. 시간 여유가 없는 것은 아니었지만 마지막 날, 가급적 집에 일찍 가서 쉬고 싶었기 때문에 카네기 과학센터(Carnegie Science Center), 카네기 미술관(Carnegie Museum of Art) 등 많은 볼거리(attraction)들과 유명한 건물들을 뒤로 한 채 오른쪽으로 I-376 east 도로를 타고 Monongahela 강을 옆에 낀 채 시내를 빠져 나왔습니다. 다시 I-76 east 도로로 합류하여 펜실베이니아 주도인 해리스버그(Harrisburg)쪽으로 방향을 잡았는데 여기서 I-76 도로는 Turn Parkway로 통행료를 내야 했고, 또 기름도 보충해야 했기 때문에 곧 같이 붙어 가는 30번 지방도로를 타고 나갔습니다. 이 도로 주변은 조그마한 마을이 이어지면서 사이사이 숲이었기 때문에 달리기는 상쾌했습니다. 그러나 편도 1차선이어서 50마일 이상 속도를 내기 어려웠습니다. 더군다나 다시 만나는 I-76 도로를 무시하고 I-81도로와 만나는 곳까지 계속 30번 도로를 타고 갔는데 이 지역은 구릉이 많아 3~40마일의 속도밖에 내지 못했으며 거리도 40마일 정도나 길어졌기 때문에 전체적으로는 1시간 이상 시간적인 손실이 생겼습니다. I-81 도로부터는 예전 플로리다를 다녀올 때 지났던 길입니다. 또 해리스버그부터는 예전에 뉴저지 집에서 게티스버그(Gettysburg)를 다녀올 때 지났던 길로 I-78 east, I-287 north를 통해 15시 30분, 드디어 집에 도착했습니다.

7월 21일(일), 여정거리는 390마일(628km)로 이번 18일간 여행의 총 거리가 8,694마일(13,989km)이 되었습니다. 실제 현지 관광에 소요한 6일 986마일을 제외하면 12일에 7,708마일을 운행하여 하루 평균 642.3마일(1,033km)씩 장거리를 운행한 셈입니다. 미사 봉헌 예물을 제외하고 아침 호텔 팁($2), 주유(2회, $30.66), 통행료(50¢) 등 이날 경비는 $33.16였습니다. 여행 후에 덴버(Denver)에서의 과태료를 수표로 지불했는데 교차로 신호 위반에 대한 과태료($70)는 7월 18일 경비에 포함시켰습니다. 또 이와 별도로 여행 후의 경비로 12통의 필름 현상 및 인화료($45), 오일 재 교환 비용 ($15.79)이 추가되어 $60.79가 소요되었습니다. 이로써 이번 횡단 여행에서의 총 사용 경비는 $2,403.6로 정리되었습니다.

### 18일차: 피츠버그, PA → 랜돌프, NJ

동쪽으로 가는 길, 동부의 뉴저지 집에 안전하게 도착했으며 18일간 총 주행거리는 13,989km가 되었습니다.

호텔 숙박의 경우 대체적으로 양호했습니다. 특히 프라이스라인닷컴(priceline.com)의 경우, 'Name Your Own Price'라는 가격 제시 방식의 비딩(bidding)으로 대도시의 3-star 호텔에 1박 기준 $35~$40(수수료 $5.95와 세금별도) 정도로 투숙할 수 있었습니다. 다만 시카고, 샌프란시스코, 세인트루이스 등에서는 공항 근처 대신 비용을 약간 더 투자해서라도 다운타운에 묵어 보았을 것을 하는 아쉬움이 남았습니다. 대도시를 제외하고 특히 국립공원 지역 호텔을 예약했던 익스피디아(expedia.com)의 경우 그렇게 썩 훌륭하지 않았습니다. 단순 예약 기능만으로(라스베이거스의 경우는 제외) 실질적인 할인 혜택도 많지 않았던 것 같았습니다(AAA 등과 연계 할인은 가능). 1-star 또는 2-star 정도의 호텔에 1박 기준 세금별도 $50.7~$80.99 정도로 비싸게 투숙하였으며 전반적인 호텔 시설도 미흡하였습니다. 물론 돈을 많이 들이면 좋은 호텔의 예약도 가능하겠지요. 라스베이거스의 경우도 3-star로 표현되고 가격(Energy Charge 등 $4 포함 $31.82)은 매우 만족스러웠지만 실제 묵는 장소가 별도의 코트야드(courtyard) 지역으로 3-star와는 거리가 멀었습니다. 오히려 유타 주 글렌데일에 있었던 스미스 호텔(Smith B&B)의 경우, 시설 자체는 좋지 않았지만 침대도 편안하고 가정집과 같은 좋은 분위기에서 지낼 수 있어 기념이 될 만했습니다. 국립공원 지역의 경우 공원 내의 숙박시설(lodge) 등을 미리 예약해 보는 것도 바람직할 것으로 생각되었습니다. 호텔 관련 비용은 호텔비 $842.77, 호텔 주차료 $79, 팁 $22 등 모두 $943.77였는데 주차료와 팁을 생각하지 못해 예산액인 $850을 초과했습니다.

식사의 경우 비용 절감을 위해 대부분 숙소에서 밥을 해 가지고 다니며 먹거나, 쌀이 떨어졌을 때 햄버거 또는 대형 식품점에서 식품을 구입해서 먹었습니다. 냄새가 배지 않도록 김치는 가급적 점심에만 밖에서 먹었고 아침, 저녁은 인스턴트 국을 끓여 냄새가 덜한 밑반찬들과 먹었습니다. 햄버

거의 경우도 비용이 많이 드는 일반 메뉴 대신, 거의 99¢(LA에서는 39¢)의 달러 메뉴를 이용하였습니다. 전체 여행에서 특식을 4회 먹었고(샌프란시스코에서의 테이크아웃 1회 포함) 이때의 비용은 4인 가족 저녁 외식 기준, $25.24(라스베이거스에서의 스테이크)~$81.65(LA에서의 던저니스 크랩 등 해산물) 정도였습니다. 경비 문제로 그 이상을 충당하지 못했는데 좀 아쉽습니다. 예산액인 $400이내로 $357.66이 소요되었습니다.

차량의 경우, 기름 값과 엔진오일 교체비용 정도만 책정하였는데 LA에서 Front Wheel Axel Shaft를 교체(엔진오일 교환 포함 $320)하였기 때문에 계획비용을 초과하였습니다. 전체 여행거리도 예상을 1,194마일이나 초과하였고 또 갤런(gallon)당 기름 값을 뉴저지 주 비용을 감안하여 $1.3로 잡았는데 서부가 훨씬 비싸 평균 $1.5 정도가 된 것 같습니다. 다만 갤런당 마일리지가 예상치 20마일을 훨씬 넘어 약 30마일 정도였기 때문에 기름 값은 오히려 예산액($490)보다 적은 $416.02에 그쳤습니다. 이런저런 정비비용 $351.58, 과태료 $70, 통행료 $33.3, 주차 및 세차 $32 등 차량 관련 전체 경비는 $902.9로 예산액 $550를 훨씬 초과하였습니다.

입장료나 기념품 구입비는 예상보다 적게 지출하였습니다. 특히 미국 국립공원 연간회원권(1년 회원가입비 $50)의 덕을 참 많이 보았습니다. 전체 아홉 군데(옐로우스톤과 그랜드 티탄은 1곳으로 고려)의 국립공원에서 $125, 국립기념지나 국립기념물 3곳(이 중 Mt. Rushmore는 무료)에서 $14 등 총 $139의 혜택을 보았습니다. 입장료 총액은 $56.78에 불과하여(Sears Tower 및 Gateway Arch 관람 트램 비용) 예산액 $200에 훨씬 못 미쳤습니다. 기념품 구입($65.18로 기념품에는 선물용 성수병 7개 포함)의 경우도 $100의 예산액보다는 적었지만 세탁, 필름 구입, 현상 및 인화, 신발 구입 등 기타 총액을 포함해 모두 $142.49가 되었습니다.

라스베이거스의 아울렛에서 구입한 물품 소요 비용이 $191.91여서 이상의 경비 총계는 $2,595.51가 되었습니다. 그러나 아울렛 구입 물품은 이번 여행과 직접적인 관련이 없으므로 순수 여행경비는 $2,403.6가 되었고 예비비를 포함한 예산액 $2,300를 약간 상회하였습니다. 순수 여행경비 중 credit 카드의 사용 금액은 $1,545.35로 사용 경비 대비 64.3%였습니다.

우리가 사는 뉴저지(NJ) 주를 비롯하여 이번 대륙 횡단 여행 과정에서 머무르거나 지나친 주는 펜실베이니아(PA), 오하이오(OH), 인디애나(IN), 일리노이(IL), 위스콘신(WI), 미네소타(MN.), 사우스다코타(SD), 와이오밍(WY), 몬태나(MT), 아이다호(ID), 유타(UT), 네바다(NV), 캘리포니아(CA), 애리조나(AZ), 콜로라도(CO), 캔자스(KS), 미주리(MO), 웨스트버지니아(WV) 등 모두 19개 주가 되었습니다. 또 예전 크리스마스 휴가에 플로리다에 갔을 때 델라웨어, 메릴랜드, 버지니아, 사우스캐롤라이나, 노스캐롤라이나, 조지아, 플로리다를 거쳤고(중복 제외), 부활절 휴가로 캐나다에 갔을 때 뉴욕, 메인, 뉴햄프셔, 매사추세츠, 코네티컷을 거쳤으며 이외에 로드아일랜드를 거쳐, 미국 체류 기간 1년 동안 모두 32개 주의 일부를 가보거나 지나쳤습니다. 이외에 워싱턴 D.C. 여행이 2회 있었습니다.

어쨌든 이번 서부로의 대륙 횡단은 우리 가족 구성원 모두의 가슴에 미국의 자연을 가득히 담아 놓는 좋은 추억을 만들게 해 주었습니다. 좋은 날씨를 주시고 여행을 무사히 그리고 건강하게 마칠 수 있도록 도와두신 하느님께 감사와 찬미를 드립니다. 가족 구성원 모두에게 가장으로서 감사를 드립니다. 또 누구보다도 주인을 잘못 만나 힘든 여행에도 불구하고 묵묵히 좋은 동반자가 된 나의 1993년산 소나타급 애마에도 감사합니다. 사실 대륙 횡단 여행기는 작성하지 않으려고 했습니다. 자연의 광활함, 풍요로움, 황폐함, 그리고 그 경이로움을 나 같은 공학도가 어떻게 몇 줄의 글로 표현할 수 있겠습니까? '백문이 불여일견! 한번 가 보시기 바랍니다.' 이 한마디만 쓰고 싶었습니다.

# 두 번째 미국 대륙 횡단

2016. 7. 31~8. 25(25박 26일)

hotwire-hot rate
3 Kahler Inn & Suite $78.7

hotwire-hot rate
3 Quality Inn $82.04

9600 Milestone Way

시카고
캔자스시티
Kansas City
인디애나폴리스
Indianapolis
내슈빌
Nashville
샬럿
Charlotte
애틀랜타
Atlanta

hotwire-hot rate
3.5 Marriott $78.62

댈러스
Dallas
잭슨빌
Jacksonville
올랜도
Orlando
휴스턴
Houston
뉴올리언스
New Orleans
탬파
Tampa

hotwire-hot rate
4 Crowne Plaza $78.04+47.14

퀘벡
Québec
몬트리올
Montreal
토론토
Toronto
보스턴
가족방문

# 두 번째 미국 대륙횡단

2016년 7월 31일(일)부터 8월 25일(목)까지 25박 26일 동안 메릴랜드 주 칼리지파크(College Park) 시에서 출발하여 미국 대륙 아래쪽으로 가서 동서로 횡단하고 서부에서 북상하여 다시 위쪽으로 가서 서부에서 동부로 돌아오는 여정을 계획했습니다. 나의 생애에서 두 번째 미국 대륙 횡단입니다. 예전 2002년 7월 4일(목)부터 7월 21일(일)까지 17박 18일 동안의 대륙 횡단은 주로 I-80/I-90 주간(interstate) 고속도로를 이용한 동서횡단과 I-70 주간 고속도로를 이용한 귀환으로 미국 중앙부의 횡단이었다면, 이번 25박 26일 횡단은 I-95/I-85 → I-10 → I-5 → I-90 → I-95 주간 고속도로들로 이어지는 미국 대륙의 최 외곽 횡단으로 볼 수 있습니다.

근무 기관 연구연가를 통한 방문 연구원으로서의 1년 체류기간 중 '미국 대륙 횡단을 다시 한 번 해 볼 수 있을까?' 하는 생각을 미국에 오기 전에 해본 적이 있습니다. 그렇지만 이는 막연한 생각일 뿐이었습니다. 사실 또 다시 실행하기에는 엄두가 나지 않는 일이었고, 구체화하고 실행에 옮기는 것은 완전히 다른 문제였는데 여하튼 그 꿈이 다시 이루어 진 것입니다.

우선 메릴랜드 주 칼리지파크에서의 아파트 거주 계약이 11개월만 이루어져 1개월의 거주 공백이 생긴 것이 여행의 큰 동기 중 하나가 되었습니다. 아파트는 처음 미국에 도착했을 때 당연히 1년 12개월 제시된 것으로 알고 계약을 체결하려고 했습니다. 그런데 우리 부부보다 몇 달 전 미국에 와서 같은 아파트에 살고 있던 동료 박사의 도움으로, 계약 서류가 이곳에서

### Road Trip & 호텔 예매(2016. 7.31~8.25(25박 26일) Google Map 활용 18,317km)

○◎③: 숙박 일 수, priceline express: 예약사이트 및 방법, 1,2,3,4: 호텔등급, Marriott: 호텔이름, $00+00: 숙박요금+부가비용/1박당

의 통상적인 15개월 기준으로 작성된 것을 알게 되어, 월세 비용을 조금 더 내기로 하고 12개월 계약으로 변경 요청하였습니다. 하지만 아파트 관리소 측은 12개월 계약은 안 되고 11개월 또는 13개월 등 홀수로 이루어져야 한다고 해서, 우리의 경우 13개월을 계약할 수는 없었기 때문에 또 다시 비용을 조금 더 추가하기로 하고 11개월을 계약한 것입니다. 그래서 마지막 한 달의 거주 공간이 애매하게 되었고 연수 기관 슈퍼바이저의 양해 아래, 휴가를 마지막 달로 모두 모으고 미리 업무 수행을 마쳐서(논문 2편 발표), 거의 한 달 가까이(실제 휴가 일수로는 19일) 말미를 받아 대륙 횡단을 시도하게 되었습니다. 물론 휴가를 모으느라고 크리스마스, 부활절 등 보통 미국 사람들이 휴가를 가는 기간에는 파견 기관에서 열심히 근무하였습니다.

또 하나는 마침 처제와 조카 딸아이 2명 등 세 사람이 우리의 체류 마지막 기간에 미국에 와서 우리 아파트에 같이 지내게 되어 그 식구들에게 미국 대륙을 보여주고 싶은 마음도 있었습니다. 그래서 처제 식구의 비행기

표를 인천공항 출 도착, 워싱턴 D.C.(실제로는 뉴욕) in - 샌프란시스코 out 의 오픈죠(open-jaw) 여정으로 끊어 오도록 했습니다. 그럼에도 불구하고 가장 큰 동기는 미국 대륙 두 번째 횡단에 대한 은연중 나 자신의 개인적 관심과 열망이었을 것입니다. 그래도 예전의 대륙 횡단은 우리 가족만의 여행으로 40대 중반 나이였지만, 이제는 만 60살이 된 나이에 처제네 식구와 횡단하는 것이고 또 돌아올 때는 아내와 둘만 돌아오는 것이어서 내심 걱정이 많이 되었습니다.

예전의 대륙 횡단에 비해 이번 대륙 횡단에서 내가 특별히 관심을 가졌던 곳은 아무래도 가보지 못했고 가보고 싶던 곳들로 뉴올리언스(New Orleans), 엔텔로프 캐니언(Antelope Canyon), 그랜드 캐니언(Grand Canyon)의 노스림(North Rim), 요세미티(Yosemite) 국립공원의 티오가 패스(Tioga Pass), 크레이터 레이크(Crater Lake) 국립공원 그리고 글레이셔(Glacier) 국립공원 등이었습니다. 그래서 이런 곳들을 이번 일정에 추가하였습니다. 25박 26일의 대장정은 7월 31일(일) 메릴랜드 칼리지파크 시의 아파트 출발 → 조지아 애틀랜타(Atlanta) → 루이지애나 뉴올리언스(New Orleans) → 텍사스 샌안토니오(San Antonio) → 텍사스 엘패소(El Paso) → 애리조나 플래그스태프(Flagstaff, 2박) → 유타 라버킨(La Verkin, 2박) → 네바다 라스베이거스(Las Vegas, 2박) → 캘리포니아 비숍(Bishop) → 캘리포니아 샌머테이오(San Mateo(샌프란시스코), 2박) → 캘리포니아 크레센트 시티(Crescent City) → 오리건 스프링필드(Springfield) → 워싱턴 터코마(Tacoma, 2박) → 몬태나 칼리스펠(Kalispell) → 몬태나 보즈먼(Bozeman, 3박) → 사우스다코타 래피드시티(Rapid City) → 미네소타 로체스터(Rochester) → 펜실베이니아 이리(Erie) → 매사추세츠 보스턴(Boston, 딸네 집) → 메릴랜드 실버스프링(Silver Spring, 귀국 때까지 며칠 신세를 지기로 한 슈퍼바이저 집)에 8월 25일(목) 도착하는 일정이었습니다. 보스턴의 딸네 집에 들르는 것은 출발할 때까지는 반반이었습니다. 사실 처음에는 너무 돌아오는 것 같아 미네소타 주에서 일리노이 주의 시카고를 경유하여 메릴랜드 주로 직접 방향을 잡으려고 했습니다. 계속 오픈 상태였다가 여행 막바지에 그래도 딸아이와 외손녀를 만나고 가기로 확정하여 보스턴을 경유하게 되었습니다.

숙박 예약은 3~4주 전인 2016년 7월 6일(수)부터 시작하였습니다. 주로 프라이스라인닷컴의 익스프레스딜(express deals)과 핫와이어닷컴(hotwire.com)의 핫레이트(hot rate)를 활용하여 예약했습니다. 첫 번째 횡단 시인 14년 전보다 숙박비용이 전반적으로 많이 상승하였고, 그때 자주 활용했던 프라이스라인닷컴의 가격 제시 경매 방식인 비딩(bidding)은 제시 가격의 밀고 당김으로 예약 체결까지 시간이 많이 걸리고 점차 어려워져서 이번에는 이용하지 않아, 호텔비용이 많이 증가되었습니다. 2가지 예약 사이트로 잘 예약이 되지 않았던 캘리포니아 크레센트 시티 숙소는 호텔스닷컴(hotels.com)을 이용했고 옐로우스톤 국립공원 지역 몬태나 보즈먼의 햄프턴 인(Hampton Inn)은 가지고 있던 힐튼(Hilton) 호텔의 Hhonors 90,000포인트로 3박을 예약하였습니다. 7월 31일 출발 전까지 캘리포니아 크레센트 시티, 오리건 스프링필드, 워싱턴 터코마, 미네소타 로체스터, 펜실베이니아 이리 등 일부 지역의 호텔은 예약이 완료되지 않은 상태로 출발하여 여행하면서 도중에 계속 예약을 진행해야 했습니다.

이번에는 내가 노트북을 가지고 있었고 아내까지 모두 미국 스마트폰이 있어 편했습니다. 그래서 스마트폰 구글맵 내비게이션을 사용해서 별도의 종이 지도들 없이도 길을 잘 찾을 수 있었습니다. 구글맵 내비게이션 기능은 온라인으로 교통 상황을 잘 묘사해 정체 정도를 실시간에 잘 알 수 있었지만, 산악 지형이나 외진 곳에서 간혹 작동하지 않는 단점이 있어, 당일 여정을 개략적으로라도 미리 머릿속에 잘 담아놓는 지혜가 필요했습니다.

차량의 경우, 비교적 최신형의 2014년산 소나타급 승용차여서 특별한 사전점검 없이 엔진오일만 미리 교체하였습니다. 전체 여정 거리는 대략 10,000마일 정도로 추정하였고 음식물 준비는 쌀과 전기밥솥 외에 집에 남아 있던 밑반찬들을 총동원하였으며 나머지는 현지에서 그때그때 조달하기로 하였습니다. 여행 자체에 대해서는 예전보다 마음적으로 여유가 생겨 첫 번째 대륙 횡단 시에 비해서는 준비를 철저하게 하지 않았습니다.

나는 미국의 여러 은행(BoA, CHASE, US Bank), AMEX, SPG, 호텔과 백화점의 신용카드들을 10장 만들어 가지고 있어서 실제 여행에는 선별해서 몇 장만 지참했습니다. 모두 연회비가 없거나 초년도 연회비가 면제되는 신용카드들이었습니다. 2015년~2016년 1년 기한의 두 번째 미국 체류 시 신용카드들은 마일모아닷컴(milemoa.com) 등 여러 인터넷 사이트를 참고하여 항공 마일리지나 호텔 숙박권, 포인트 등 미국 신용카드의 특징인 사인 업(sign-up) 보너스를 얻기 위해서 단기간에 많이 만들었습니다. 나는 두 번째 미국 체류 기간 중 일부 기간에 단지 1,500만 원 내외의 미국 신용카드 구매 사용과 친구 소개인 리퍼럴(referral)만으로 국내 유수 항공사로 전환하여 12만 마일리지, 미국 항공사의 6만 마일리지, 힐튼과 IHG 호텔의 수만 포인트들과 일부 비용 캐시백을 받았습니다. 두 번째 대륙 횡단에서 몬태나 주 보즈먼 시의 힐튼 계열 햄프턴 인(Hampton Inn) 숙박도 신용카드로 사인 업 포인트를 얻어 3박을 무료로 숙박하게 된 것입니다.

미국 국립공원 연간회원권은 내가 살던 곳 인근에 거주하던 지인 가족들이 귀국하면서 나에게 남겨준 것들을 활용하였습니다. 회원권 카드 뒷면에 두 명이 서명하여 사용하는데 빈칸 한 곳에 내가 서명하여 사용했습니다. 2016년 7월과 8월까지 유효한 연간회원권들이었고, 국립공원 등에 입장 시 차량 1대와 동승 인원의 출입이 가능합니다.

## 1. 나이를 생각했어야지! 후회가 밀려오는 애틀랜타(Atlanta)

    2016년 7월 31일(일) 5시 30분에 기상했습니다. 메릴랜드 주 칼리지파크 시 아파트에서의 체류 마지막 날입니다. 아내와 처제네 식구 3명 등 출발 인원은 총 성인 5명으로, 사실 가지고 있던 소나타 급의 일반 승용차 1대로는 뒷좌석이 좁고 차량 트렁크에 짐도 많이 실을 수 없는 형편이었습니다. 그래서 우리의 귀국 짐 대부분은 나중에 며칠 신세를 지게 될 나의 슈퍼바이저 집에 미리 이동시켜 놓았습니다. 또 부근 미국 성당에 가서 전날 토요일 특전 미사를 봉헌했습니다.

    어쨌든 세수를 하고 짐을 싣는 등 출발 준비를 마쳤습니다. 주변에서 얻어 잘 사용했던 1인용 매트리스 3개는 쓰레기 분리 하치장에 버리고, 메이시스(Macys) 백화점에서 구입했던 퀸 사이즈 매트리스와 식기류, 반납해야 하는 집 열쇠 등은 같은 아파트에 사는 연수 기관 동료 박사에게 인계하였습니다. 새벽 공기를 가르며 아침 7시에 출발, 많은 차량들과 휩싸여 I-95 S 고속도로를 타고 버지니아 주 리치먼드(Richmond)에 도착해서 I-85 S 고속도로로 연계하여 이동을 했고, 노스캐롤라이나(NC) 주 웰컴센터까지 250여 마일을 달려 오전 10시에 도착했습니다. 미리 준비해 온 밥으로 간단히 아침식사를 했습니다. 여기서 주유도 하였습니다.

    지루한 달리기가 본격적으로 시작되었습니다. 중간 휴게소에서 간단히 준비한 간식 등을 먹으며 다시 달리고 달려 애틀랜타(Atlanta) 시 북동쪽에 있는 3.5성급 메리어트 호텔(Atlanta Marriott-Norcross)에는 오후 17시에 도착했습니다. 호텔 방 1개당 가격은 세금포함 $78.62로 핫와이어닷컴에서 미리 예약을 했었습니다. 전기밥솥에 밥을 지어 우리 부부 호텔 방에서 저녁식사를 했습니다. 처제네 식구들이 감기 기운이 있어 혼자 호텔 옆 월그린(Walgreen)에 가서 감기약을 사고 또 아래쪽 퍼블릭스(Publix) 슈퍼

 마켓에 가서 베이글 빵과 감자 칩 등을 샀는데 갑자기 비가 세차게 쏟아져 차를 내리고 탈 때 비를 흠뻑 맞으며 고생을 많이 했습니다.
 애틀랜타 시는 미국 남동부 조지아 주의 주도입니다. 1861년 미국 남북 전쟁 발발 후 남군의 중요한 보급기지 역할을 하다가 1864년에 북군에게 점령되었고 윌리엄 셔먼 장군에게 파괴되었습니다. 현재는 상공업이 활발한 도시로 애틀랜타 다운타운은 그 면적이 크지 않지만, 동일 생활권 내의 인근 카운티들을 포함하면 미국 남동부 최대의 도시로 미국에서 아홉 번째로 큰 도시권이라고 합니다. 또한 조지아 주에 위치한 기아차 공장과 앨라배마 주에 위치한 현대자동차 공장으로 인해 북아메리카에서 세 번째로 큰 한인 거주지역이라고 합니다.
 애틀랜타 시에는 CNN 방송사와 코카콜라 본사가 있어 볼거리도 꽤 많이 있다고 하지만 이번 여정에서는 그냥 지나치는 도시가 되었습니다. 우리가 숙박한 노르크로스(Norcross)는 애틀랜타의 약간 북동쪽 지역으로 큰 한국 식료품점이나 한국 식당들이 많은 둘루스(Duluth)와 인접한 곳입니다. 나는 예전에 여러 차례 애틀랜타를 지나쳤지만 그저 경유하기만 해서 시내 곳곳을 잘 알지 못합니다.

첫날 9시간 넘게 달리기만 했는데 '이게 아닌데?' 하는 생각이 번쩍 들었습니다. 사실 예전 같지 않게 종일 운전이 많이 힘들었습니다. 그리고 '내가 왜 이런 미친 짓을 시작했지?', '첫째 날 벌써 힘든데, 25박 26일 여정이 가능할까?' 하는 후회가 밀려왔습니다. 또 나의 대륙 횡단에 대한 집착 때문에 같이 동행하게 된 아내와 처제 식구들은 좁디좁은 차 안에서 얼마나 힘들고 무료했을까 하는 걱정도 되었습니다. 그래도 이젠 늦어버려 엎질러진 물이 되었습니다. 돌아갈 거처도 없습니다. 오직 전진만 있을 뿐입니다.

첫날 7월 31일(일) 9시간 28분 운전을 해서 642.7마일(1,034km)을 주행했습니다. 주행 간 평균 연비는 갤런당 34.7마일이었고 평균 시속은 68마일이었습니다.

## 1일차: 칼리지파크, MD → 애틀랜타, GA

나이 60에 갑자기 하루 1,000km를 운전하고 나니 서부 횡단을 제대로 할 수 있을까 겁이 더럭 났습니다.

## 2. 내가 가보고 싶었던 프랑스풍의 뉴올리언스(New Orleans)

　2016년 8월 1일(월) 아침 5시 30분에 기상했습니다. 아침밥을 지어 호텔 방에서 식사를 한 후 짐을 싣고, 7시에 출발했습니다. I-295 N 고속도로로 애틀랜타를 북쪽으로 우회한 뒤 다시 I-85 S 고속도로로 연계하여 남서 방향으로 앨라배마(AL) 주의 몽고메리(Montgomery) 시까지 이동했습니다. 애틀랜타 북쪽으로 우회할 때 비가 계속 세차게 내려 운전에 많은 지장을 주었습니다. 앨라배마 주에 들어서면서 시간이 동부표준시(EST)에서 중부표준시(CST)로 변경되어 1시간 이익을 보았습니다. 이익 본 시간은 나중 서부에서 동부로 돌아올 때 모두 반납을 해야 합니다.
　앨라배마 주의 몽고메리 시 경유 직전, 오늘 운전을 시작한 지 180여마일 지점에서 주유를 하고 몽고메리 시를 지나면서는 I-65 S 고속도로로 변경하여 휴게소에서 휴식을 취했습니다. 전체 7시간 정도 운전에 1시간 휴식으로 오늘 숙소에는 15시 도착 예정이었으나 1시간 이익으로 시간이 남게 되었습니다. 앨라배마 주의 남서쪽 끝단에 있는 모빌(Mobile) 시를 지나면서 I-10 W 고속도로로 변경하였고 앞으로 계속 이 도로를 타게 됩니다.
　미시시피(MS) 주에 들어서 웰컴센터에서 전날 애틀랜타 식료품점에서 준비해 두었던 베이글 빵과 크림치즈, 잼 등으로 간단히 점심식사를 하였습니다. 날씨가 더워서 야외 그늘막에 오래 있지는 못하고 곧 차에 올랐습니다. 이동 중 늪지에 길게 조성된 수로 변 자동차 도로들이 참 멋있고 계속 끝없이 이어졌습니다. '어떻게 저런 도로를 개설했지?' 하고 생각할 지경이었습니다.
　루이지애나(LA) 주로 이동하여 웰컴센터에 들러 안내 책자를 받고 무료 커피를 마시면서 30분 정도 휴식을 취했습니다. 레이크 폰차트레인 코즈웨이(Lake Pontchartrain Causeway)로 폰차트레인 호수를 가로질러 뉴올

리언스(New Orleans) 시에 들어섰습니다. 핫와이어닷컴으로 예약한 크라운 플라자 호텔(Astor Crowne Plaza New Orleans French Quarter)은 4성급으로 시내 한복판 프렌치 쿼터(French Quarter) 서쪽의 Canal St.와 Bourbon St.에 위치하여 관광의 최적지에 있었습니다. 처제네 식구를 포함하여 방 2개에 할인을 조금 받아 세금 포함 $156.08를 지불해서, 방 1개당 비용은 $78.04로 4성급 치고는 매우 저렴하였습니다. 반면에 도착해서 차량의 발레 파킹 요금이 $42+tax로 $47.14나 추가되었습니다. 중부표준시로 14시 20분 도착해서 각 방에 짐을 정리하고 14시 40분부터 프렌치 쿼터 지역을 관광했습니다.

  뉴올리언스 시는 1718년에 프랑스의 미시시피 회사에 의해 도시가 설립되었으며, 도시 이름은 당시 프랑스 부르봉 왕가의 나이 어린 루이 15세의 섭정이었던 오를레앙 공작 필립 2세의 오를레앙을 따서 명명되었다고 합니다. 1722년에 프랑스령 루이지애나 식민지의 수도가 되었다가, 1762년 프

랑스 왕 루이 15세가 자기의 사촌인 스페인의 카를로스 3세에게 루이지애나를 넘겨줍니다. 이후 프랑스의 나폴레옹 보나파르트가 프랑스의 정권을 장악하고 1801년에 스페인을 합병하자, 자연히 스페인의 영토였던 루이지애나를 도로 프랑스가 가지게 되었습니다. 나폴레옹은 카리브 해의 아이티에서 일어난 반란을 진압하느라 막대한 군비를 지출하고 있어, 국고에 돈이 없자 뉴올리언스를 포함한 루이지애나 영토 전체를 1803년에 미국 3대 대통령인 토머스 제퍼슨(Thomas Jefferson)이 주도한 미국에 단돈 1500만 달러에 팔았습니다. 당시의 루이지애나는 현재 미국의 루이지애나 주를 의미하는 것이 아니고 북부의 몬태나 주까지 이어지는 한반도의 10배나 되는 거대한 땅으로, 그 면적이 212만km$^2$에 달했습니다. 이 루이지애나 매입(Louisiana Purchase)으로 당시 미국의 영토는 하루아침에 두 배로 늘어났고 본격적인 서부 개척의 역사가 시작되었습니다.

뉴올리언스는 2005년 8월, 허리케인 카트리나에 의해 많은 희생과 피해가 발생하기도 했습니다. 수백 명의 사람들이 사망하고, 뉴올리언스 시의 80%가 물에 잠기었다고 합니다. 그럼에도 불구하고 뉴올리언스 시는 멕시코 만과 미시시피 강을 끼고 있는 항구 도시로 남미와의 무역 중심지이며, 남부 최대의 상공업 및 금융의 중심도시입니다. 또 멕시코 만의 석유 산업은 뉴올리언스의 주요 산업입니다. 어쨌든 재즈의 본고장이며 프랑스풍 거리 등으로 영화의 배경 도시로도 많이 나왔던 뉴올리언스는 내가 아주 오래 전부터 막연하나마 꼭 한 번 와 보고 싶었던 도시였습니다.

우리는 프랑스풍 거리인 Royal St., Conti St. 및 Chartres St.로 이동하여 먼저 St. Louis Cathedral을 방문하였습니다. 성당에 들어가 조용히 자리에 앉아 이번 여정이 순조롭기를 기도하며 주모경을 바쳤습니다. 예쁜 프랑스풍 정원 같은 잭슨 스퀘어(Jackson Square)를 구경하고 Decatur St.를 건너 미시시피(Mississippi) 강가로 나갔습니다. 강가의 Moon Walk를 거닐며 프렌치 쿼터의 동남쪽에 있는 프렌치

마켓까지 이동하여 구경하고 Decatur St. 도로를 타고 다시 이동했습니다.

잭슨 스퀘어와 St. Peter St.가 만나는 모퉁이에 있는 코너 오이스터 바 (Corner Oyster Bar)에서 저녁식사를 했습니다. 굴과 새우 튀긴 것, 샐러드, 잠발라야(Jambalaya)와 코너 클럽(Corner Club) 샌드위치 등을 주문했습니다. 잠발라야는 미국 루이지애나를 중심으로 한 쌀밥 요리로 카리브 제도에서 유래되었으며, 스페인 요리와 프랑스 요리의 영향을 받았다고 합니다. 보통 닭고기와 수시지 등과 함께 양파와 마늘, 고추, 샐러리 등의 채소와 토마토, 해산물을 냄비에 넣고 볶다가 쌀과 육수를 붓고 오래 끓여냅니다. 또 토마토를 넣지 않고 고기와 케이준 스파이스 향신료를 넣기도 한답니다. 5명이 20% 팁을 포함해서 저녁식사 비용으로 $99 지불했는데, 양이 많아 남은 음식은 싸 가지고 왔습니다.

이른 시간 중부표준시로 17시경에 Canal St.를 통해 호텔로 돌아왔고

샤워를 한 뒤 푹 쉬었습니다. 계속되는 장거리 운전으로, 그리고 나를 제외하고 동반자들이 모두 여성이어서 야간에 다시 나가지는 않았습니다. 언제 다시 와 볼 기회가 된다면 라이브 재즈 바 같은 곳에서 술 한 잔 해보고 싶습니다. 오늘 기온은 94°F(34℃) 정도로 더웠습니다. 그래도 여정의 둘째 날이 되어 조금 익숙해 졌습니다. 또 내가 와 보고 싶었던 뉴올리언스의 구시가지인 프렌치 쿼터 지역을 즐겁게 방문하게 되어 대륙 횡단에 대한 전날의 걱정이 많이 해소되었고, 새로운 여정들에 대한 기대감도 생겼습니다.

둘째 날 8월 1일(월) 모두 7시간을 운전해서 492.1마일(792km)을 주행했습니다. 이날 평균 연비는 갤런당 33.9마일이었고, 평균 시속은 70마일이었습니다. 둘째 날까지 누적 주행 거리는 1,134.8마일(1.826km)이 되었습니다.

2일차: 애틀랜타, GA → 뉴올리언스, LA

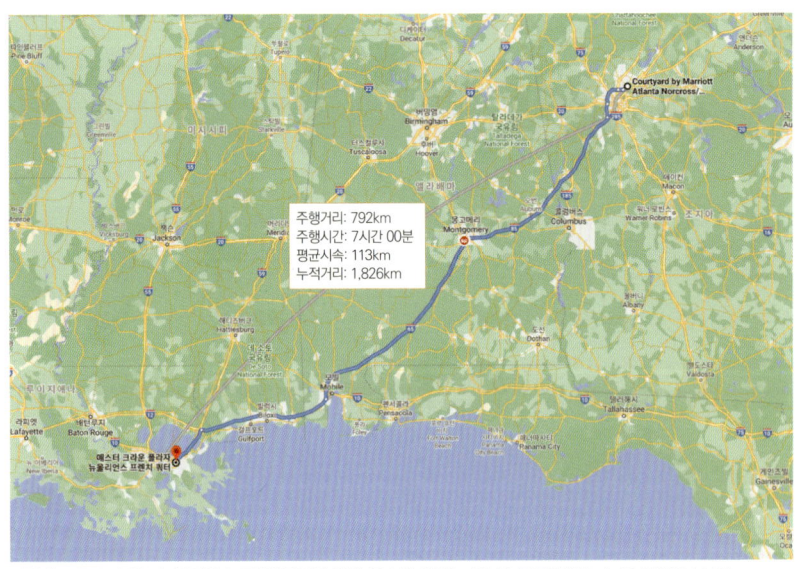

영화에도 종종 나오는 뉴올리언스 프렌치쿼터의 예쁜 모습과 맛있는 음식으로 걱정이 눈 녹듯 사라졌습니다.

## 3. 아내에게 보여주고 싶었던 예쁜 운하 도시 샌안토니오

2016년 8월 2일(화) 5시 30분에 기상했습니다. 준비한 컵라면으로 아침식사를 간단히 한 후 짐을 싣고, 7시 호텔을 출발했습니다. 호텔에서 나올 때 $47.14 발레 파킹 비용을 지불하였고, 차량을 인도해 준 발레 파킹 운전자에게 별도로 간단한 팁도 주었습니다. I-10 W 주간 고속도로로 배턴루지(Baton Rouge) 부근에서 미시시피 강을 건너 줄곧 서쪽으로 이동했습니다. 루이지애나 주 레이크찰스(Lake Charles) 부근에서는 주유도 하고, 맥도널드에서 햄버거를 구입했다가 고속도로 상에서 텍사스 관광안내소를 만나 옆에서 이른 점심식사를 했습니다. 텍사스 남부 I-10 W 고속도로를 타고 휴스턴(Houston) 시를 가로질러 계속 가다가 고속도로 휴게소에서 한 번 더 휴식을 하고 샌안토니오(San Antonio)의 인디고 호텔(Hotel Indigo San Antonio-Riverwalk)에 15시 40분에 도착, 체크인하였습니다. 이 호텔은 프라이스라인닷컴의 익스프레스딜로 예약한 3성급 호텔이며 방 1개의 가격은 세금 포함하여 $66.83이었습니다. 차량 1대에 대한 호텔 주차비 $16.24는 별도로 지불해야 했습니다.

서부 개척 시대의 정착지인 샌안토니오는 텍사스 주의 4대 도시이자, 미국의 유명 관광지입니다. 텍사스 주의 주도인 오스틴 시에서 남서쪽으로 약 80여마일 정도 떨어진 샌안토니오는 특히 텍사스 주의 대표적인 역사 도시로 알려져 있습니다. 18세기, 스페인이 텍사스를 지배하던 시절에 세워진 이 도시는 당시 텍사스의 수도로 그때 세운 수도원들이 아직 도시 곳곳에 남아있어 스페인의 자취를 느낄 수 있습니다.

우리는 잠시 휴식 후 16시 30분 호텔에서 걸어서 출발했고 먼저 역사적으로 알라모 전투로 유명한 알라모(Alamo) 요새로 향했습니다. 1835년 12월 텍사스 독립전쟁 초기, 텍사스 의용군 부대는 샌안토니오에서 멕시코 군대를 몰아내고 알라모 요새를 점령했습니다. 샘 휴스턴을 포함한 몇몇 텍사스 지도자들은 소규모의 군대를 가지고 샌안토니오를 방어하는 것이 불가능할 것으로 판단하고 샌안토니오를 포기하기로 결정했으나, 알라모의 의용군들은 배치된 위치에서 후퇴하기를 거부했습니다.

1836년 2월 23일 안토니오 로페스 데 산타 안나 장군이 이끄는 멕시코 군대는 리오그란데 강의 남쪽에서 접근하여 즉각적으로 알라모에 대한 포위공격을 시작했는데, 소수의 미국 수비대에는 증원군이 약간 보강되었을 뿐이었습니다. 이들을 지휘한 사람은 제임스 보이 대령과 윌리엄 B. 트래비스 대령이었고, 유명한 데이비드 크로켓도 이 수비대의 일원이었습니다. 13일 동안 알라모의 수비대는 저항했으나, 3월 6일 아침 6,000여 명의 멕시코 군이 외벽의 무너진 틈을 통해 물밀듯 들어와 텍사스 인들을 덮쳐버렸습니다. 부녀자와 아이들 약 15명 정도만 살아남고 183명이 사살되었습니다. 멕시코 군대도 엄청난 사상자(600~1,600여 명)를 냈다고 합니다. 이처럼 엄청난 사상자를 낸 데다, 알라모를 점령하는 데 오랜 시간이 걸렸기 때문에 멕시코 군의 작전은 엉망이 되어버렸고, 그 덕분에 휴스턴은 텍사스를 방어하기 위한 완벽한 계획을 세울 수 있었다고 합니다. 텍사스 주의 독립운동으로 멕시코에서 독립한 샌안토니오는 1845년에 미국령으로 편입되었습니다.

나는 미국인들의 관점에서 만들었지만 존 웨인(John Wayne)이 주연을 한 1960년도 영화 〈알라모(The Alamo)〉를 재미있게 본 기억이 있습니다. 알라모 텍사스군 부대의 용기와 그들의 희생은 "Remember the Alamo(알라모를 기억하라)"라는 슬로건이 되었고, 나중에 영웅적 저항의 상징으로 텍사스 혁명 전투에 이용되었습니다. 이러한 역사적 배경과 함께 멕시코와 지리적으로 가까운 샌안토니오에는 2016년 기준 인구 150여만 명 중 멕시코 계 주민이 상당수 차지하고 있는데 한인들도 약 6~7천여 명

거주하고 있다고 합니다. 나는 알라모 요새 및 알라모 전투에 비교적 관심이 높아 전에도 한 번 와 보았지만, 이번 여정의 우리 일행은 나를 제외하고 모두 여성들로 크게 관심이 없었습니다.

한편 샌안토니오에서 절대로 빼놓을 수 없는 곳이 바로 '샌안토니오 리버 워크(San Antonio River Walk)'입니다. 이곳은 스페인어로 '파세오 델 리오(Paseo del Rio)'라고 부르는데, 도심 사이로 흐르는 샌안토니오 강을 따라 이어진 산책 코스입니다. 샌안토니오 시는 20세기 초부터 우기 때마다 발생하는 수해로 골머리를 앓고 있었습니다. 급기야 1921년도에는 상류지역에 내린 집중호우로, 도심을 관통하는 강이 범람해 50여 명이 목숨을 잃는 샌안토니오 역사상 최악의 재해가 발생했습니다. 반복적으로 홍수피해가 발생한 이유는 바로 도심을 관통하는 강이 심하게 활처럼 휘어져 있기 때문이었는데, 해마다 반복되는 비 피해에 샌안토니오 시민들은 보다 근본적인 대책을 요구했고 이에 따라 나온 것이 강의 구조를 개선하고 상류에 댐(the Olmos Dam)을 건설하는 치수사업이었다고 합니다. 상류에 거대한 수

문을 설치해 도심에 흐르는 강의 수량을 조절할 수 있게 되었고 유지수를 흘려보낼 수 있어 강물의 오염 문제 또한 해결하게 되었다는데, 도심을 벗어난 곳으로 우회 물줄기가 뚫리면서 도심의 물길은 오늘날 운하로 사용되고 있습니다.

24km 이상 이어진 리버 워크의 그늘진 산책로를 따라 하얏트(Hyatt), 메리어트(Marriott), 힐튼(Hilton) 등의 고급 호텔과 컨벤션 센터, 리버 워크 쇼핑몰, 카페, 레스토랑들이 이어져 있습니다. 또 소형 크루즈 보트를 통해 운하 관광도 가능합니다. 운하 강변의 리버 워크 곳곳에는 선명한 색깔의 파라솔들이 줄지어 펼쳐져 관광객들을 기다립니다. 운하를 따라 걸으면서 다운타운 구경도 더욱 쉽게 할 수 있습니다.

우리는 알라모 요새에서 멀지 않은, 아름답게 물과 화초들로 장식된 하얏트 호텔을 통해 리버 워크에 도착했습니다. 리버 워크 산책로를 거닐다가 미리 인터넷 검색을 통해 알아본, 운하의 안쪽 산책로에 있는 부드로(Boudro's Texas Bistro on the Riverwalk) 식당에서 저녁식사를 하였습니다. 부드로(boudro)라는 말은 루이지애나 주, 텍사스 주와 그 주변 지역에서 친구라는 뜻으로 사용되는 속어(slang)라고 합니다. 아보카도와 토마토 등으로 나초 소스를 즉석에서 만들어 주는 과카몰(Guacamole), 새우튀김, 스테이크 등으로 품위 있게 맛있는 식사를 했습니다. 좌석 바로 옆에서 직접 만들어 주는 과카몰은 나도 처음 보고 맛보는 것이었는데 참 신선하고 맛도 좋았습니다. 종업원 아가씨에게 양해를 구하고 만드는 과정을 사진으로 찍기도 하였습니다. 다섯 명의 식사비용으로 팁을 포함하여 총 $171.97를 지불했습니다.

식사 후 리버 워크를 걷다가 '리오 샌안토니오 크루즈(Rio San Antonio Cruises)' 보트에 승선했습니다. 비용은 1인당 $10, 아내는 만 60세 이상으로 $7입니다. 35분 정도 운하를 배로 이동하면서 주변을 안내, 관광합니다. 내릴 때 안내자 겸 선장에게 통상 성인 1인당 $1 정도 팁으로 줍니다. 호텔까지 리버 워크로 연결되어 산책로를 타고 20시에 돌아왔습니다. 이날 기온은 96°F(35℃)로 역시 더웠습니다.

> 셋째 날 7시간 39분 운전하여 545.7마일(878km)을 주행했습니다. 자동차의 평균 연비는 갤런당 33.4마일, 평균 시속은 71마일이었고 셋째 날까지의 누적 주행 거리는 1,680.5마일(2,704km)이었습니다.

### 3일차: 뉴올리언스, LA → 샌안토니오, TX

샌안토니오 리버워크는 다정한 연인, 사랑스런 가족 분들이 함께 하면 좋은 곳입니다.

## 4. 멕시코와의 국경이 보이는 삭막한 엘패소(El Paso)

2016년 8월 3일(수) 5시에 일어났습니다. 전기밥솥에 밥을 지어서 6시에 아침식사를 한 후 짐을 싣고, 7시에 출발했습니다. 호텔에서 나와 I-10 W 고속도로로 다시 줄곧 서쪽으로 이동했습니다. 텍사스 주의 넓게 이어지는 지평선을 따라 작은 관목들이 끝없이 펼쳐지는 구릉을 계속 지나갔습니다. 그러다가 작은 관목들은 점차 덤불로 변하고 이어서는 마치 외계 세계 같은 황량한 산등성이들을 보여주었습니다. 미국은 참 넓은 나라입니다. 같은 주 내에서도 주변 환경이 계속 바뀝니다. 차량 제한속도가 시속 65마일에서 70마일로, 70마일에서 75마일로, 75마일에서 80마일(130km 정도)로 계속 늘어서, 나중에는 통상 시속 85마일(140km 정도) 수준으로 조신하게 운전을 했습니다.

점심은 맥도널드에서 햄버거로 때웠습니다. 텍사스 주 I-10 W 고속도로의 exit 120 정도에서 지금까지의 중앙표준시가 산악표준시(MST)로 변화되어 1시간 또 이득을 보게 되었습니다. 진작 시간의 이득을 생각했더라면 고속도로 남쪽으로 내려가 멕시코와의 국경에 자리 잡은 빅벤드 국립공원(Big Bend National Park)에라도 들렀다 왔을 것 하는 아쉬움을 뒤로하고 산악표준시로 이른 14시에 엘패소(El Paso) 동쪽 외곽에 있는 호텔에 체크인 했습니다. 2.5성급의 라마다 호텔(Ramada Suites El Paso)로 방마다 2개의 침대와 별도로 소파베드까지 있어 비교적 넓었지만 썩 마음에 드는 호텔은 아니었습니다. 그래도 숙박비용은 세금 포함 방 1개에 $52.75로 저렴해서 좋았습니다.

텍사스 주의 서남쪽 끝, 그리고 멕시코와 국경을 이루는 리오그란데(Rio Grande) 강 연안에 있는 엘패소(El Paso)는 서부 영화 등이 연상되어 공연히 미국의 기병대를 생각나게 하는 도시입니다. 리오그란데란 스

페인어로 큰 강이라는 뜻입니다. 스페인 선교 기지를 따라가 보는 미션 트레일(Mission Trail), 엘패소 미술관 및 국립국경박물관(Boarder Patrol Museum) 등 여러 박물관들이 있지만 특별히 관심 가는 곳은 없어 호텔에서 휴식을 취했습니다. 동반자인 처제네 식구들이 대부분 미술관 관람을 좋아한다는데 나는 미처 알지 못했고 여행이 끝나고서야 나중에 알았습니다. 미리 알았더라면 여정 중에 몇 군데 방문할 것을 그랬습니다. 오히려 나는 서부 영화에도 종종 나오는 리오그란데 강가에 나가보고 싶었는데, 이런 관심은 또 나 혼자뿐이어서 그렇게 하지도 않았습니다.

호텔에서 휴식을 취하다가 17시에 근처 월마트(Walmart)에서 간단히 장을 보고, 멕시코와의 국경을 이루는 Loop 375 Express 도로를 차량이 가득 대기 중인 국경 관문을 바라보면서 시계 방향으로 한 바퀴 돌아보았습니다. 엘패소(El Paso)는 스페인어로 'the pass(통로)'라는 의미라고 합니다. 리오그란데 강 상류 표고 1,140m의 고지대에 위치하는 엘패소 주변은 치와와 사막 지대로, 기후는 매우 건조한데 이날은 기온이 90°F(32℃)로 더웠습니다. 엘패소는 일부 멕시코 국민들이 밀입국을 자주 시도하는 지역인데다, 리오그란데 강 국경 너머 바로 남쪽의 멕시코 도시인 시우다드 후아레스(Ciudad Juárez)는 마약 카르텔들로 인해 치안공백이 매우 심각한 도시라고 합니다. 그래서 엘패소 지역에는 미국의 어떤 국경도시들보다 많은 경찰들이 배치되어 있으며, 미군이 상주하고 있을 정도로 국경지역의 경비가 삼엄하다고 합니다. 이런 결과로 오히려 역설적이게도 엘패소는 미국 내에서 치안이 가장 뛰어나고 안전한 도시 중 하나라고 합니다. 호텔로 돌아와 밥을 지어 저녁식사를 한 후 휴식을 취했습니다. 차량 에어컨 탓인지 모두들 목감기로 고생하고 있습니다.

> 넷째 날 모두 7시간 38분 운전을 해서 555.3마일(894km) 주행했습니다. 자동차의 평균 연비는 갤런당 29.9마일이었고, 평균 시속은 73마일이었으며 누적 주행 거리는 2,235.9마일(3,598km)이 되었습니다.

## 4일차: 샌안토니오, TX → 엘패소, TX

리오그란데강으로 멕시코와 국경이 나뉘는 엘패소까지 달려갑니다. 미술관이 유명하다고 합니다.

## 5. 기(氣)가 넘쳐흐르는 신비한 붉은 땅, 애리조나 세도나(Sedona)

    2016년 8월 4일(목) 닷새째 여정, 5시 50분에 기상했습니다. 6시 30분에 호텔 식당으로 가서 무료로 제공되는 간단한 유럽식 아침식사를 했습니다. 빵 2개와 삶은 달걀 1개, 커피로 아침식사를 마친 후, 짐을 싣고, 7시 30분 호텔에서 나와 근처 주유소를 찾아 주유를 한 뒤 I-10 W 고속도로로 다시 줄곧 서쪽으로 이동했습니다. 텍사스 주에서 뉴멕시코 주로 넘어 가면서 도로상에서 검문이 있었습니다. 시티즌(citizen)이냐고 물어 방문연구원으로 워싱턴 D.C. 지역에서 근무한다고 말하고 운전면허증을 제시했습니다. 다른 탑승자들이 모두 패스포트를 가지고 있냐고 물어 그렇다고 답변하니 동양인이어서인지 별 다른 확인 없이 통과시켜 주었습니다.

    뉴멕시코 주와 애리조나 주의 대평원을 차로 지났습니다. 멀리 산들을 배경으로 두고 끝없는 지평선을 보고 달렸습니다. 텍사스 주에서는 가끔 보이던 조슈아 트리(Joshua Tree)들이 종종 보이면서 더 커졌으며, 애리조나 주의 구릉지대에 접어들면서 TV로만 보던 커다란 사와로(Saguaro) 선인장 숲으로 바뀌었습니다. 사와로 선인장의 수명은 150년 이상이고, 보통 75년 정도 지나서 가지가 자라기 시작한다고 합니다. 애리조나 주의 대도시인 투손(Tucson)과 피닉스(Phoenix)를 지났습니다. 피닉스를 지나면서 I-17 N 주간 고속도로로 변경했습니다.

    예전 2002년의 대륙 횡단 때는 AAA에 회원 가입을 해서 AAA가 무료로 무제한 제공하는 지도와 트립틱(TripTik)을 이용하여 찾아다녔으나 이제는 휴대폰에 연결된 구글맵을 이용하여 매우 편리했습니다. 그렇지만 미국 동부의 일부 산악지역에서와 같이, 서부에서는 구글맵이 연결되지 않는 지역이 많아 주의해야 하며 미리 지도로도 대략 확인해 두어야 합니다. I-17 N 고속도로를 달리는 중간에 갑자기 호우 경보가 스마트폰으로 들어

왔습니다. 스마트폰에서 굉음이 나고 또 메시지가 떴습니다. 그리고는 무지막지한 폭우가 내렸으나 다행히 오래 지속되지는 않았습니다.

 I-17 N 고속도로에서 조금 벗어나 관광안내소에 들러 세도나(Sedona)와 그랜드 캐니언(Grand Canyon) 관련 자료를 확보했습니다. 관광안내소의 아저씨가 내가 근무하고 있는 미국 농무부 농업연구소인 메릴랜드 벨츠빌의 ARS Beltsville(BARC)에서 예전에 근무한 적이 있다고 하면서 매우 반가워했습니다. I-17N 고속도로 exit 298에서 AZ-179 N 도로로 나와 세도나에 들어섰습니다.

 나는 2006년 직장 동료들과 유럽(네덜란드, 프랑스)과 미국 서부지역(로스앤젤리스, 산타바버라)에 출장을 간 적이 있었습니다. 마침 유럽에서 금요일에 일을 마치고 비행기로 미국 서부인 로스앤젤리스로 이동하여 주말을 보냈습니다. 그때 나는 기(氣, Ki)에도 관심이 있어 지구에서 가장 강한 기(氣) 발생 지역이라는 애리조나 주의 세도나에 가보기를 희망했으나 동료 2명

　모두 다른 곳을 희망하여 세도나에 가지 못했던 아쉬움 때문인지 이번 세도나 첫 방문은 꽤나 기대가 컸습니다.

　엘패소에서 8시간 동안 운전하여 벨 록(Bell Rock)이 잘 보이는 첫 번째 비스타 포인트(vista point)에 주차했는데, 비가 계속 와서 차 안에서 5분 정도 그치기를 기다려 보다가 그냥 이동했습니다. 그런데 붉은 빛깔의 벨 록이 뒤로 보이는 두 번째 비스타 포인트에서 비가 점점 그쳤습니다. 그래서 차에서 내려 사진을 찍고 거꾸로 벨 록이 잘 보이는 첫 번째 비스타 포인트로 돌아가 다시 경관을 관람했습니다. 특별히 벨 록은 기 에너지라고 할 수 있는 보텍스(Vortex)가 지구상에서 가장 많이 나오는 곳 중 하나라고 합니다. 세 번째 비스타 포인트에서는 멀리 보이는 캐시드럴 록(Cathedral Rock)을 구경하고 이어서 채플 로드(Chapel Road)를 통해 홀리 크로스 채플(Chapel of the Holy Cross) 예배당으로 갔습니다. 작은 산길로 굽이굽이 올라, 운 좋게 꼭대기 맨 마지막 주차구간에 주차를 하고 걸어서 올라갔습

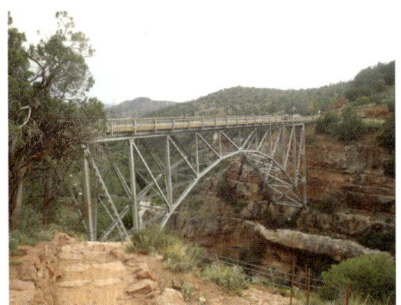

니다. 조그마한 예배당은 세도나의 대표적 관광 명소중 하나로, 안팎에서 정말 멋진 경관을 내려다볼 수 있습니다. 위키피디아(Wikipedia) 등 자료들을 보면 로만 가톨릭 즉, 천주교 성당이라고 하는데, 확실히는 잘 모르겠습니다.

　다시 AZ-197 N 도로를 타고 올라가 AZ-89A W 도로 교차 로터리에 못 미쳐 있는 Schnebly Hill Rd.로 비스타 포인트에 가서 스누피 록(Snoopy Rock)과 메리 고 라운드 록(Merry Go Round Rock)을 보았습니다. 다시 AZ-89A W 도로를 통해 Andante Dr. 도로의 끝까지 이동해서 침니 록(Chimney Rock), 선더 마운틴(Mt. Thunder), 커피포트 록(Coffee Pot Rock) 등을 관람하고 돌아 나왔습니다. AZ-89A E 도로를 타고 계속 북상하면서는 6000ft를 훨씬 넘는 고도 2,000m 고개를 넘는데 양 옆으로 큰 소나무 숲이 우거져 보기 좋았습니다. 세도나는 대부분이 붉은 사암으로 이루어져 있고 웅장한 바위들이 도시를 둘러싸고 있어 꼭 기(氣)나 보텍스와 관계없이도 바라보는 경치가 참 좋았습니다.

　현지 시간 17시 10분에 애리조나 주 플래그스태프(Flagstaff)의 그린 트리 인(Green Tree Inn Flagstaff) 호텔에 도착했습니다. 2.5성급으로 핫와이어닷컴의 핫레이트로 예약한 호텔은 그런대로 괜찮았습니다. 방 2개 이틀 숙박에 방 1개의 하루당 숙박요금은 $72.0로 세금 포함해서는 $86.05 였는데 무슨 명목인지 방 2개 이틀 숙박에 $16.0를 더 요구했습니다. 관광지 호텔에서는 리조트 요금(resort fee), 시티 텍스(city tax) 등의 명목으로 현지에서 추가 요금을 요구하는 경우가 꽤 있습니다. 바로 도로 건너 월마트(Walmart)에서 야채와 식품을 구입한 뒤 돌아와서 저녁을 지어 식사를 했습니다. 나도 감기 기운이 조금 있어 아내와 함께 식사 후 감기약을 먹고 취침했습니다.

애리조나 주의 세도나를 관통한 다섯째 날 모두 9시간 20분 운전으로 597.5마일(961km)을 주행했습니다. 자동차 주행의 평균 연비는 갤런당 32.4마일이었고, 평균 시속은 64마일이었으며 누적 주행 거리는 2,833.5마일(4,559km)이 되었습니다.

### 5일차: 엘패소, TX → 플래그스태프, AZ

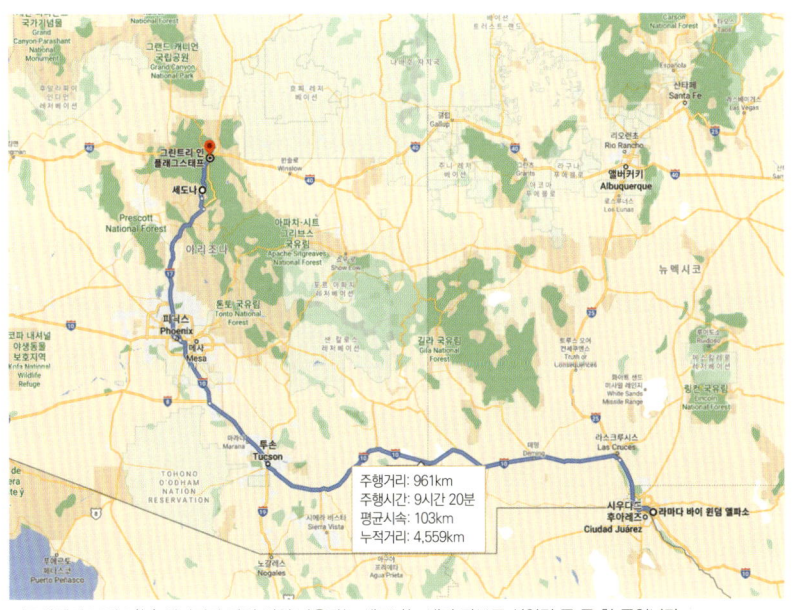

지구상에서 보텍스(氣) 에너지가 가장 많이 나온다는 세도나는 내가 가보고 싶었던 곳 중 한 곳입니다.

## 6. 그랜드 캐니언 사우스림(Grand Canyon South Rim) 세 번째 방문

2016년 8월 5일(금) 플래그스태프의 숙소에서 4시 30분에 일어났습니다. 6시 30분에 호텔 식당에서 무료로 달걀, 소시지, 빵과 주스로 아침식사를 했습니다. 아메리칸 스타일(hot breakfast)로 제공되어 따뜻한 음식들이 있었습니다. 아침식사 후 7시 30분 호텔에서 나와 바로 옆 I-40 E 도로를 타고 5~6마일 이동하다가 exit 201에서 US-89 N 도로를 타고 북상, 다시 AZ-64 W 도로로 전체 85마일을 달려 그랜드 캐니언 동쪽 출입구(Grand Canyon East Entrance)에 1시간 20분 정도 소요되어 도착했습니다. 나는 세 번째 그랜드 캐니언 사우스림(Grand Canyon South Rim) 방문이고 아내는 두 번째이며 처제 식구들은 첫 방문입니다.

그랜드 캐니언 국립공원(Grand Canyon National Park)은 미국 애리조나 주에 있는 국립공원입니다. 미국의 국립공원 중에서 가장 규모가 크고 웅장하고 깊은 계곡이 있는 세계적인 공원입니다. 최근 한 해에 이 공원을 찾아온 방문자 수는 무려 600만 명에 이른다고 합니다(2016년 기준). 1,600m의 깊은 계곡 아래로 흐르는 콜로라도 강을 사이에 두고 남쪽과 북쪽 양쪽으로 공원이 나뉘는데 북쪽 지역을 노스림(North Rim)이라고 부르고 남쪽 지역을 사우스림이라 부릅니다. 대부분의 관광객은 사우스림 지역을 찾습니다. 사우스림의 양 옆으로 이스트림(East Rim)과 웨스트림(West Rim)이 연결되어 있습니다. 그랜드 캐니언은 뒤늦게 1908년에 와서야 미국의 국립기념물로 지정되었고, 11년이 지난 1919년에 우드로 윌슨 대통령 재임 중 마침내 국립공원으로 승격되었습니다. 또 그랜드 캐니언 국립공원은 1979년에 유네스코 세계유산으로 지정되었습니다.

지질학적으로 볼 때 그랜드 캐니언에 노출된 지층의 연령은 상당히 넓은 폭을 가진다고 합니다. 제일 높은 곳 표면의 지층은 가장 젊은 연령에

속하는 반면 협곡의 바닥 쪽으로 내려 갈수록 오래된 노령의 지층이 된다고 합니다. 계곡 북쪽 가장자리의 카이밥 지층(Kaibab Formation)은 가장 젊은 지층으로 석회암으로 되어 있는데 이 지층은 2억 7천만 년 전에 형성되었고 암석 색깔은 크림색깔 또는 회색입니다. 약간 낮은 지대인 남쪽 가장자리는 코코니노 지층(Coconino Formation)으로 모래 색깔의 사암(Sandstone) 암석으로 5백만 년 정도 더 오래된 지층이라고 하며, 그랜드 캐니언 내부 협곡 가장 낮은 곳은 가장 오래된 지층으로 18억 4천만 년 전에 형성되었다고 합니다.

  우리는 그랜드 캐니언에서 하루를 보내기로 하여, 먼저 이스트림 맨 동쪽에 있는 Desert View Point를 관람하고 차량을 이용해서 순서대로 모든 포인트에 들렀습니다. Navaho Point, Lipan Point, Moran Point, Grand View Point에 모두 들렀다가 Yaki Point로 가고자 하였는데 입구를 막

아 놓아 근처 Pipe Creek Vista에 길거리 주차를 하고 South Kaibab Trailhead까지 1.6마일을 걸어갔습니다. Yaki Point는 승용차 통행을 제한하고 셔틀 버스로만 입장이 가능하였습니다. South Kaibab Trailhead

에서 Yaki Point로는 셔틀 버스가 운행되는데 막 버스가 떠난 뒤에 알게 되었습니다. 버스는 10~15분 간격으로 있었는데 우리는 30분 간격으로 잘못 오해하여 그냥 다시 차가 있는 곳까지 걸어 나오고 말았습니다.

그랜드 캐니언 비지터 센터에 도착, 주차 공간은 많은데 차가 너무 많아 뺑뺑 돌다가 겨우 주차하고 매더 포인트(Mather Point)와 사우스림의 대표적 명소라 할 수 있는 Yavapai Point까지 서서히 트레일을 하였습니다. 비지터 센터로 돌아와 아침에 호텔 식당에서 미리 준비해 온 베이글과 사과 등으로 요기를 하였습니다. 13시 35분 다시 Yaki Point에 가기 위해 셔틀 버스를 기다리는데 비가 엄청 내렸습니다. 20분 정도 비를 피하고 비가 잦아들었을 때 Orange Route 셔틀 버스로 Yaki Point를 방문하였습니다. 다음에는 다시 주차장으로 돌아와 차를 몰고 Bright Angel Lodge로 이동하여 로지(lodge) 공간에 주차하고 Lookout Studio와 주변을 감상하였습니다.

15시경 웨스트림으로 가기 위해 Bright Angel Trailhead에서 Red Route 셔틀 버스를 타려는데 줄이 엄청 길어 30분 정도 기다렸습니다. 웨스트림에서는 서쪽으로 갈 때 Pima Point 전망대에 먼저 들르고, 서쪽 끝 Hermit's Rest에서 돌아오면서 Mohave Point와 Powell Point 전망대에 각각 들렀습니다.

예전 두 번의 방문에서 나는 '협곡들이 참 멋있지만 이곳저곳이 모두 비슷비슷하네?' 하고 각 지역에서의 차이점을 잘 느끼지 못했었습니다. 이번에 보니 각 포인트마다 보이는 풍광이 제각각 다른 특색이 있어 '과연 그랜드 캐니언이구나! 와 보길 참 잘 했네.'라는 생각이 들었습니다. 시간대마다, 계절마다 며칠씩 묵으면서 하나하나의 포인트와 트레일 코스를 음미하며 여유롭게 경관을 즐겨보면 좋을 것 같았습니다. 오후에 비가 오락가락 했는데 관람 때에는 그래도 잘 그쳐 주어 문제가 없었습니다. 다시 Bright

Angel Trailhead에서 사우스림을 타고 걸어서 이동하여 Kolb Studio에 들렀다가 로지에 있는 아이스크림 가게에서 아이스크림을 사 먹었습니다.

   그랜드 캐니언 사우스림을 17시 45분에 출발하여, 이번에는 AZ-64 W 도로로 Valle를 거쳐 AZ-180 E 도로로 이동하였고, 고도 8,000ft나 되는 고갯길을 통과하며 소나무가 가득한 산림지대를 거쳐 플래그스태프 시에 1시간 30분 만에 도착했습니다. 주유를 하고 호텔 길 건너 작은 몰(mall)에 있는 PHO 음식점에서 따끈한 베트남 쌀국수로 맛있는 저녁식사를 한 후 20시 15분 호텔방에 들어왔습니다.

> 여정의 엿새째, 4시간 29분 운전하여 199.7마일(321km)을 주행했고 그랜드 캐니언 사우스림을 방문하였습니다. 주행 간 평균 연비는 갤런당 35.4마일이었고, 평균 시속은 44.4마일이었으며 누적 주행 거리는 3,033.2마일(4,880km)이 되었습니다.

### 6일차: 플래그스태프, AZ ↔ 그랜드캐니언

그랜드캐니언의 이스트림 출입구로 들어가 하루 온 종일 사우스림과 웨스트림 협곡들을 방문했습니다.

## 7. 빛과 암석의 향연, 엔텔로프 캐니언(Antelope Canyon)

   2016년 8월 6일(토), 여정 이레째 나는 4시 30분에 기상했습니다. 원래 가보고 싶었던 엔텔로프 캐니언 투어(Antelope Canyon Tour, upper canyon)가 이 날 15시에 미리 예약되어 있었습니다. 예약 사이트 몇 군데 중 한 곳에 미리 날짜와 시간 예약을 해 두었고, 비용이 지불되지는 않았습니다. 침대에서 이 생각, 저 생각으로 빈둥대다가 7시 30분에 호텔 식당에서 hot breakfast로 달걀, 소시지, 빵과 주스로 아침식사를 한 후 갑작스럽게 9시에 호텔에서 짐을 싣고 출발하였습니다. 원래 계획에는 없었던 모뉴먼트 밸리(Monument Valley)를 엔텔로프 캐니언 투어 이전에 찾아가 보기로 한 것입니다. 서부영화에 감초같이 등장하는 그곳, 또한 내 마음 한 구석에 언젠가 꼭 가보고 싶었던 그곳이었습니다. 별 생각 없이 또 사전 계획도 없이 아침 빈둥대는 와중에 내가 갑자기 가 보기로 결정해 동반자들이 많이 당황했습니다. 전날과 같이 I-40 E exit 201에서 US-89 N 도로를 타고 북상, Cameron 다리를 건너 조금 가다가 US-160 E → US-163 N로 2시간 40분이 지나 유타 주로 접어들면서 웅장하게 우뚝우뚝 솟아오른 바위들을 볼 수 있었습니다.

   이 지역은 콜로라도 고원(Colorado Plateau)의 일부로 해발 5~6,000feet (1,500~1,800m) 높이에 위치하고 있다고 합니다. 밸리의 바닥은 흐르는 강들이 만들어낸 실트암(siltstone)으로 이루어져 있으며, 밸리의 붉은 색은 풍화된 실트암내에 노출된 철분 산화물들 때문이라고 하고, 어두운 청회색 바위들은 망간의 산화물들 때문이라고 합니다. 나바호(Navajo) 부족의 부족공원으로 우리는 Oljato-Monument Valley Park 입구에 도착했습니다. 그런데 입장하려고 차량을 타고 길게 줄을 서서 기다리는 도중 이곳 유타 주의 시간이 어제보다 1시간이 빨라 11시 40분이 아니라 12시 40분

이라는 것을 알게 되었습니다.

  엔텔로프 캐니언 투어는 15시에 예약되어, 14시까지 도착토록 권고하고 있었습니다. 또 14시 30분까지 현장 결제를 하지 않으면 예약이 취소된다고 경고되어 있어, 우리는 당황해서 공원 입구에서 멀리 우뚝우뚝 솟구쳐 보이는 독특한 붉은 바위산과 바위기둥들을 배경으로 사진만 몇 장 찍고, 차를 돌려 황급히 돌아 나왔습니다. US-163 S → US-160 W → AZ-98 W 도로를 통해 시속 80~90마일로 2시간 이상 거리를 30분 정도 단축시켜 14시 35분에 AZ-98 exit 300 조금 지나 있는 나바호 투어센터(Navajo Tour Center)에 허겁지겁 도착했습니다. 그런데 도착해보니 이곳 투어센터가 있는 애리조나 페이지(Page)의 현지 시간은 13시 35분이었습니다. 유타 주의 시간과 애리조나 주의 시간은 원래 산악표준시로 같습니다. 그런데 1시간 왔다 갔다 해서 혼란스러웠습니다. 미국의 경우, 애리조나 주와 하와이 주는 서머타임 실시하지 않는다고 합니다. 서머타임을 실시하지 않아도 일조량이 워낙 많고 상대적으로 저위도에 위치해 있어서 서머타임의 필요성이 없기 때문이라고 하지요. 그래서 한여름인 8월, 유타 주와 애리조나 주의 시간이 1시간 차이가 있었던 것 같고 내가 이것을 간과했던 것 같습니다. 애리조나 주에서도 북동쪽의 나바호 부족 거주 지역은 또 서머타임을

실시한다고 하지요. 그래서 이래저래 많이 헷갈린 것 같습니다.

  투어센터 출입구에서 나바호 부족공원 입장료(Navajo Nation Park Permit)를 1인당 $8씩 현금으로 별도로 지불하였고, 투어 비용은 안으로 들어가 주차를 한 뒤 1인당 $40씩 카드 결제를 하였습니다. 15시의 엔텔로프 캐니언 투어 시작까지는 이제 오히려 1시간 이상 기다려야 했습니다. 기다리는 동안 우리는 가지고 있던 음식물과 아침 호텔에서 가지고 나온 빵 등으로 간단히 점심식사를 하였습니다.

  우리 투어는 14시 50분에 트럭을 개조한 전용 차량을 단체로 타고 출발하여 사막과 같은 모랫길을 15분 정도 이동했습니다. 어퍼 엔텔로프 캐니언 투어(Upper Antelope Canyon Tour)는 대략 50분 정도 걸어서 위에서 빛이 들어오는 암석 동굴 같은 곳을 이동하면서 관람하는 것이었고 관람 후에 다시 차량으로 15분 이동하여 돌아옵니다. 돌아왔을 때는 1인당 또는 가족당 안내자에게 조그만 성의를 보이기도 합니다. 사실 TV나 멋진 사진들을 통해 보아 왔던 것과는 차이가 있어 조금 실망스럽기도 하였지만 암석들의 오묘한 굴곡 사이사이로 태양빛이 들어와 굉장한 조화를 이루는 향연은 한 번 볼만한 가치가 충분히 있는 것이었습니다. 또 안내자가 이것저것 설명도 하고 사진도 찍어 주기도 하여 나중에 내릴 때 우리 가족을

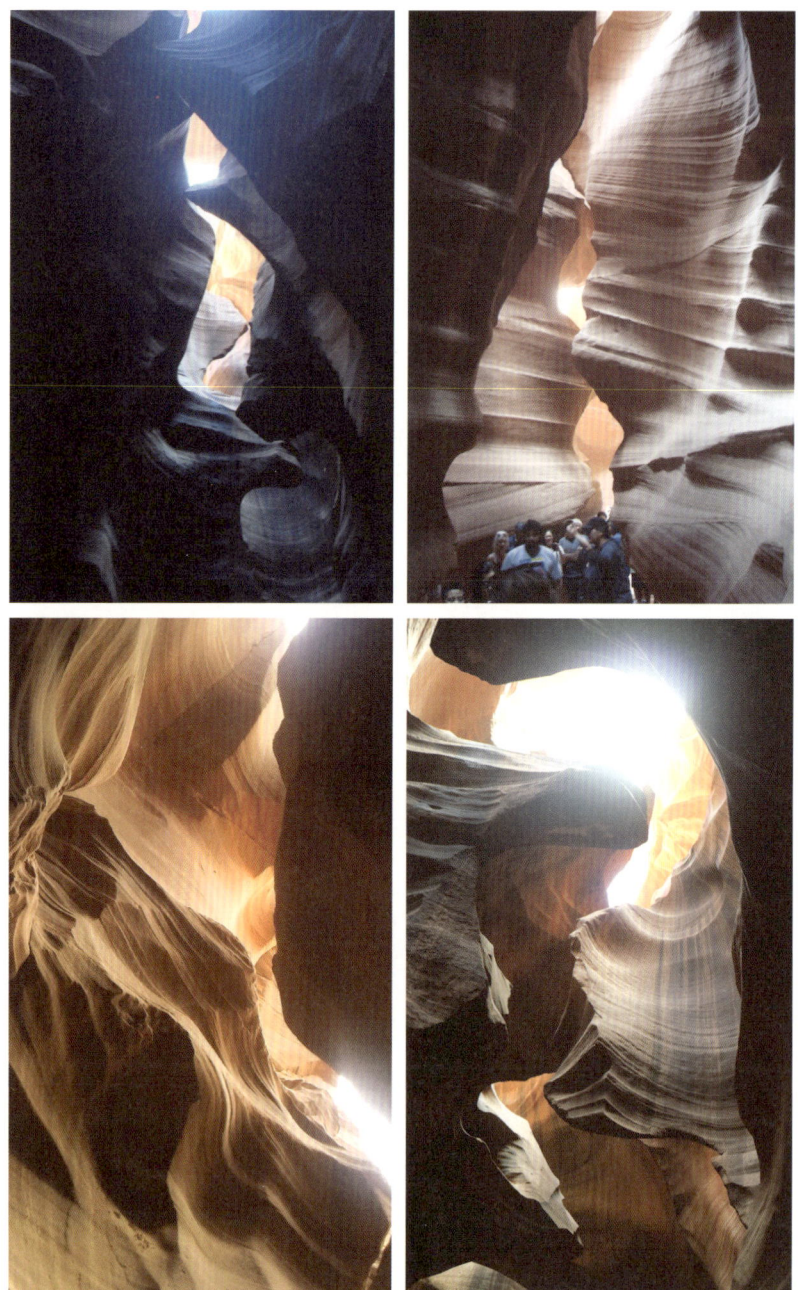

대표하여 $5를 팁으로 쥐어주었습니다.

  16시 10분에 어퍼 엔텔로프 캐니언 투어를 종료하고 AZ-98 W → US-89 S 도로로 근처 10분 정도 거리에 위치한 호스슈 벤드(Horseshoe Bend)를 방문하였습니다. 이쪽에 오게 되면 통상 들러 보는 곳인데 나를 포함한 우리는 모두 첫 방문이었습니다. 짙푸른 녹색 물길이 말발굽처럼 굽이지어 돌아가는 모습이 독특합니다. 한국의 물돌이동(하회) 같은 곳인데 우리네의 예천 회룡포나 안동 하회마을같이 강물이 금빛 모래사장을 너르게 휘돌아 나가는 곳이 아니고, 말발굽 형태로 좁고 깊게 암벽을 파고 나가는 곳입니다. 아주 가까이 가야 말발굽 모양으로 휘돌아 나가는 물길을 잘 볼 수 있는데, 깊이 패여 있는데다 별도 난간도 없어 좀 무섭기까지 합니다. 주차를 시키고 걸어서 호스슈 벤드로 이동하여 사진들을 찍고 되돌아 나와 17시에 출발하였습니다. 이동하는 산책로가 모래여서 걷기가 쉽지 않았고 시간도 많이 걸렸습니다.

  다시 US-89 N 도로로 페이지를 스쳐 글랜 캐니언 댐(Glen Canyon Dam)을 지나고 파월 호수(Lake Powell)를 옆으로 끼고 달렸습니다. 유타주로 접어들어 캐나브(Kanab)에서 US-89A S → AZ-389 W → UT-59 N 도로로 2시간 20분 만인 19시 20분에 라 버킨(La Verkin)에 있는 베스트

웨스턴 호텔(Best Western Plus Zion West Hotel)에 도착하였는데 유타 주 시간으로는 20시 20분이었습니다. 이날 여정에서 애리조나 주와 유타 주는 산악표준시로 동일시간대이지만 서로 다른 시각 체계 즉, 서머타임 실시 여부로 시간이 1시간 차이가 발생해 주 경계를 넘나들면서 많이 헷갈렸습니다. 호텔은 미리 프라이스라인닷컴으로 2박 2실을 예약한 2.5성급 호텔인 데 마치 3성급 정도로 훌륭했습니다. 1실 1박 당의 숙박 요금은 세금 포함 $89.8이었습니다.

> 여정 이레째 모두 6시간 59분을 운전하여 444.5마일(715km)을 주행했고, 이날 평균 연비는 갤런당 37.2마일, 평균 시속은 64마일이었습니다. 누적된 주행 거리는 3,477.7마일(5,595km)이 되었습니다.

## 7일차: 플래그스태프, AZ → 라버킨, UT

암석의 굴곡과 빛이 아우러져 조화를 이루는 엔텔로프캐니언과 호스슈 밴드를 거쳤습니다.

## 8. 언제 보아도 아름답고 멋진 자이언과 브라이스 캐니언

2016년 8월 7일(일) 호텔에서 6시 30분 기상했습니다. 오늘은 주일이어서 나와 아내는 성당 미사에 참례해야 했기 때문에, 7시 30분경 호텔 식당에서 간단히 무료 아침식사를 하고 조금 휴식을 취했습니다. 아내와 함께 둘이서 자동차로 8시 20분에 호텔 출발, I-15 S 도로를 통해 22마일 떨어져 있는 성 조지 천주교회(St. George Catholic Church) 9시 미사에 참례하였습니다. 미사 10분 전에 도착한 성당은 멕시코 풍의 건물 같았습니다. 제대 앞 천장에 예수님이 처절하게 매달리신 십자고상이 설치되어 있고, 제대 뒤는 성령(The Holy Spirit)을 중심으로 과달루페의 성모마리아, 성 조지(St. George), 미카엘 천사, 아시시의 성 프란치스코 등의 성상으로 장식되어 있었습니다.

미사 봉헌 후 호텔로 돌아와 우리 일행 모두는 10시 30분 자이언 국립공원(Zion National Park)으로 출발했습니다. 호텔 바로 앞에 있는 UT-9 E 도로로 21마일을 30분 정도에 달려 입구를 지나 11시경 비지터 센터 주차장에 도착했습니다. 공원 입장료는 차량당 $30인데 우리는 가지고 있던 국립공원 연간 회원권으로 무료입장했지만, 주차장의 주차 공간이 모두 차 있어서 다시 공원 출입구 밖으로 나와 근처 상점가인 자이언 캐니언 아웃피터(Zion Canyon Outfitter) 앞 주차 공간에 별도로 $10를 내고 주차한 뒤에 다시 걸어서 공원으로 입장했습니다.

비지터 센터 앞에서 줄을 서서 기다리다가 12시경 셔틀 버스에 올랐습니다. 자이언 캐니언(Zion Canyon)은 이곳 공원 내부 로지에서 숙박을 하는 경우가 아니면, 개인 차량 운행이 제한되고 셔틀 버스를 이용해야 합니다. 셔틀 버스를 타고 가면서 협곡 위로 올려다 보이는 광경들이 압권입니다. 40분 정도 가서 맨 마지막 정류장인 '템플 오브 시나와바(Temple of

Sinawava)'에 도착했습니다. 원래는 여기서 The Narrows via Riverside Walk 9.4마일(15.1km)을 왕복 8시간 정도 걸려 하이킹 해 보는 것이 가장 핵심 중 하나이지만, The Narrows 하이킹을 위해서는 신발, 바지 등 준비해야 할 것도 많고 시간도 많이 걸려 Riverside Walk 2.2마일(3.5km) 중 초입 0.5마일(800m) 정도를 슬슬 걸어갔다 오는 것으로 마무리했습니다. 이렇게 간단히 산책을 하는 것도 퍽 좋았습니다. 20~30분 정도 하이킹을 하고 템플 오브 시나와바에서 비지터 센터로 셔틀버스를 타고 나왔습니다.

점심식사는 자이언 캐니언 아웃피터 주차장에 붙어 있는 Zion Canyon Brew Pub에서 간단히 햄버거 등으로 해결했습니다. 나는 돼지고기 슈니첼(Pork Schnitzel)을 선택했습니다. 독일식 포크커틀릿으로 약간 돼지 누린내가 나는 듯했지만 맛이 구수하고 좋았습니다. 14시 40분경 주차장에서 출발했는데, 순간적으로 이곳이 자이언 캐니언의 막다른 곳으로 착각하여 오던 길 반대 방향으로 UT-9 W를 타고 10마일 전진했다가 실수한

것으로 판단하고 다시 되돌아왔습니다. 먼저 이야기 했지만 이런 산악 지역에서는 스마트폰의 구글 맵 정보를 활용할 수 없습니다.

   UT-9 E 도로는 실제 자이언 캐니언 입구를 통과하여 캐니언 일부 지역을 지나는 길입니다. 이럴 때 단순히 통과만 하는 경우도 공원 입장료를 내야 하는 것인지는 명확하지 않습니다. 사실 이 길은 예전 2002년에 글렌데일(Glendale)의 숙수였던 스미스 호텔(Smith B&B)에서 한 번 들어왔던 길로 계속 언덕과 굴을 지나 Mt. Carmel Junction으로 나가는 것인데, 나가는 길 자체가 국립공원입니다. UT-9 E → US-89 N → UT-12 E → UT-63 S로 85마일을 2시간 정도에 달려 17시에 브라이스 캐니언(Bryce Canyon) 비지터 센터에 도착했습니다.

   용변을 해결하고 먼저 가장 멋있는 곳 중 하나인 브라이스 포인트(Bryce

Point)로 향했으나 무슨 일인지 들어가는 입구를 막아 놓고 있었습니다. 그래서 옆의 Inspiration Point(8,100ft/2469m)에 주차하고 30여분 동안 Upper Inspiration View Point까지 올라갔습니다. 브라이스 캐니언은 언제, 어디를 보아도 참 아기자기하고 아름답습니다. 수천, 수만의 후두(Hoodoos)들이 병마용처럼 장엄하게 온 산 언덕을 호위하며 수놓고 있었습니다. 이곳에서 1.3마일 거리에 가장 멋있는 브라이스 포인트가 있으나 옆에서 가는 그 트레일 길도 막아놓아(closed) 들어갈 수는 없었습니다. 다시 이곳에서 9마일 거리에 있는 내추럴 브릿지(Natural Bridge)를 구경하고 6마일을 더 진행하여 공원 가장 끝에 있는 Yovimpa Point와 백두산급 높이로 가장 높은 곳에 있는 레인보우 포인트(Rainbow Point, 9115ft/2778m)에 각각 주차하고 주변을 둘러보았습니다. 가는 길은 언제

인지 모를 산불로 일부 산림이 황폐화되어 있었습니다. 돌아오면서 블랙 버치 캐니언(Black Birch Canyon), 폰데로사 캐니언(Ponderosa Canyon), 아구아 캐니언(Agua Canyon), 파뷰 포인트(Farview Point), 스왐프 캐니언(Swamp Canyon) 등 overview에 각각 잠깐씩 들러 구경하면서 내려왔습니다. 선셋 포인트(Sunset Point, 8,000ft/2438m)에서는 비어있는 주차 공간이 없어 조금 기다렸다가 주차를 하고 예전에도 한 번 걸어보았던 나바호 루프 트레일(Navajo Loop Trail)을 내려가며 30여 분 정도 걸었습니다. 마지막으로 선라이즈 포인트(Sunrise Point)에 들렀다가 3시간의 방문을 마치고 20시에 국립공원을 출발하였습니다.

  너무 늦어 UT-63 N를 통해 UT-12 W로 빠져나오는 도중에 있는 Bryce Canyon Pines 레스토랑에서 저녁식사를 하였습니다. 이 근처에서 유명한지 손님들로 가득하였습니다. 에피타이저로 조금씩 여러 음식들이 나오는 샘플러(Sampler)를 시키고 또 각자 메인 음식을 시켰는데 나는 8oz 뉴욕 스테이크($15.95)를 시켰습니다. 다섯 명의 저녁식사 총 비용은 $86.35였습니다. 훌륭한 저녁식사였으나 미리 예약을 하지 않아 40여분 정도 기다렸다가 21시에나 식탁에 앉을 수 있었고 21시 50분에 다시 출발할 수 있었습니다. UT-12 N → US-89 N → UT-20 W → I-15 S → UT-17 S 도로를 통해 호텔에는 23시 40분에 도착했습니다. 녹초가 되어 샤워를 하고 침대에 쓰러졌습니다.

여정 여드레째, 7시간 33분 운전을 하여 334.2마일(538km) 주행했습니다. 주행 간 자동차의 평균 연비는 갤런당 34.0마일이었고, 평균 시속은 44마일이었습니다. 여정 여드레까지의 누적 주행 거리는 3,811.9마일(6,133km)이 되었습니다.

## 8일차: 라버킨, UT ↔ 자이언/브라이스캐니언

자이언 국립공원과 브라이스캐니언 국립공원은 언제나 들러도 환상적으로 멋진 곳입니다.

## 9. 그랜드 캐니언 노스림(Grand Canyon North Rim) 첫 번째 방문

 2016년 8월 8일(월) 여행 아흐레째 되는 날입니다. 아침 6시 기상, 이것저것 정리를 하고 7시 30분경 호텔 식당에서 식사를 했습니다. 8시 30분부터 짐 정리하고 9시에 그랜드 캐니언 노스림(Grand Canyon North Rim)으로 출발했습니다. 이 부근에서 모뉴먼트 밸리(Monument Valley), 엔텔로프 캐니언(Antelope Canyon)과 더불어 내가 언젠가 꼭 가보고 싶었던 곳들 중 하나였습니다. 그랜드 캐니언의 사우스림은 연중 방문이 가능하지만 노스림은 통상 5월 중순부터 11월까지만 차량으로 접근이 가능합니다. 노스림으로 들어가는 유일한 AZ-67 도로는 공식적으로 보통 매년 5월 15일에 오픈을 해서 12월 1일에 폐쇄가 됩니다. 12월 1일이 되기 전에 큰 눈이 내릴 경우 제설작업을 포기하고 일찍 도로를 막아버리기도 한답니다. 게다가 내부의 로지와 비지터 센터 등의 여러 시설은 10월 중순부터 말 사이에 서서히 문을 닫는다고 하니 실상은 10월 중순까지 방문하는 것이 좋겠지요. 대신 방문객이 많지 않아 상대적으로 조용하고, 개발이 덜 되어 있어 보다 대자연의 느낌을 훨씬 더 온전히 전달 받을 수 있습니다.

 호텔에서 UT-9 W → UT-59 E/S → AZ-389 E → US-89A S → AZ-67 S 도로로 131마일을 2시간 30분에 달려 11시 30분 그랜드 캐니언 노스림의 비지터 센터에 도착했습니다. 노스림 출입구에서 비지터 센터까지도 20마일 정도로 한참을 달려야 했습니다. 주변은 소나무, 가문비나무, 자작나무 군락으로 이루어져 보기 좋았습니다. 특히 가문비나무 숲은 2014년 5월에 방문했었던 캐나다 로키 산맥을 연상시켰습니다. 가장 환상적이라는 Bright Angel Point를 먼저 트레일 했습니다. 양 옆으로 천길 벼랑이 길게 이어져 있는 Bright Angel Point까지의 트레일 코스는 노스림 로지에서 1/4마일 정도의 거리로 주차장에서 걸어서도 20분 정도밖에 걸리지 않

습니다. 그 다음에는 1928년 지어졌다는 노스림 로지에서 휴식했습니다. 미리 예약하여 머물 수 있는 통나무 로지들이 많이 있어 사실 미국에 살고 있고 여유만 있다면 이런 로지에서 며칠 머무는 것도 참 좋을 것 같습니다.

그랜드 캐니언의 애리조나 주 여름철 시간은 유타 주 시간보다 1시간 늦고 나중에 방문하는 네바다 주 시간과는 동일했습니다. 이는 전에 여러 번 표현했던 바와 같이 애리조나 주와 유타 주 모두 산악표준시를 사용하지만, 애리조나 주의 대부분 지역에서 서머타임(DST; Daylight Saving Time)을 실시하지 않기 때문에 서머타임 기간 중 두 주 사이에 시간 차이가 발생하는 것입니다. 유타 시간 12시 40분(그랜드 캐니언 시간 11시 40분)에 동쪽 끝 아래에 있는 Cape Royal로 향했습니다. 굽이굽이 산길 도로를 따라 35마일을 이동했는데, 급하게 운전하여 일부 탑승자들이 멀미를 했기

때문에 나만 걸어서 Angel Window를 지나 Cape Royal까지 갔다가 돌아왔습니다. 주차 공간 옆에 있는 피크닉 지역(Picnic Area)에서 아침에 호텔에서 준비한 빵과 과일로 간단히 점심식사를 했습니다. 돌아 나가면서 Imperial Point에 들렀는데, 모두 피곤하여 잠이 들고 나만 나가서 구경을 했습니다. 근처 소나무 숲은 최근(2016년인 듯)의 산불로 많이 황폐화 되어 있었습니다. 그랜드 캐니언 노스림은 꼭 가보고 싶었던 곳으로 나에게는 충분히 만족스러운 곳이었습니다.

  총 3시간 30분 동안 머물다가 유타 시간 15시(그랜드 캐니언 시간 14시)에 Imperial Point에서 출발했고, 노스림 출입구에는 15시 20분에 도착했습니다. 다시 출발하여 거꾸로 AZ-67 N → US-89A S → AZ-389 W → UT-59 W/N 도로를 타고 허리케인(Hurricane) 시까지 되돌아와서 UT-9 W → I-15 S 도로로 유타 주와 애리조나 주, 그리고 네바다 주를 달렸습니다. 특히 애리조나 주 23마일 구간은 굴곡이 심한 내리막길이었습니다. 네바다 주 시간으로 18시 20분(유타 주 시간 19시 20분) 라스베이거스(Las Vegas) 스트립(The Strip) 거리에 있는 링크 호텔(The LINQ Hotel & Casino)에 도착했으나 주차장 입구를 찾지 못해 빙빙 돌다가 18시 30분경 야외 주차를 완료했습니다.

투숙객들로 만원인 호텔 숙박 등록 데스크에서 한참을 기다려 체크인, 방에 들어와서 정리하니 19시 40분이 되어 그때 저녁밥을 지어서 20시 30분경 식사를 했습니다. 호텔은 라스베이거스에서도 제일 화려한 스트립 거리에 있는 4성급 호텔로 핫와이어닷컴을 통해 방 2개에 2박씩 예약된 것인데, 숙박 인원수에 따라 2박에 1건(3인 숙박)은 세금 포함 $101.34가, 다른 1건(2인 숙박)은 세금 포함 $74.60가 미리 지불되었습니다. 그리고 체크인 시 호텔에서 리조트 비용 명목으로 2실 2박에 $129.92나 추가 지출되었습니다. 리조트 비용은 통상 수영장, 피트니스 센터나 비즈니스 센터 등 부대시설이 있는 호텔에서 부과시키는 추가 이용료입니다. 주요 도시나 관광지의 호텔들이 현장에서 별도로 부과하는 것인데 다른 시설들을 별로 이용하지 않는 우리들에게는 사실상의 추가 요금이나 마찬가지입니다. 그래서 결과적으로는 2실 2박에 $305.86가 지불되었고 이는 객실 1일당 평균적으로 $76.5 정도가 지출된 것입니다. 21시 30분부터 근처 유명한 벨라지오(Bellagio), 시저스 팰리스(Caesar's Palace), 미라지(Mirage), 베네치안(Venetian) 호텔들을 돌아다녔습니다. 벨라지오 호텔의 분수 쇼 등 야간에 2시간 동안 라스베이거스의 스트립 거리를 따라 걸으며 구경했습니다. 베네치안 호텔에서는 더워서 아이스크림도 사 먹었습니다.

여정의 아흐레째 되는 날, 2회 주유를 하고 총 8시간 14분 운전을 해서 그랜드 캐니언 노스림을 포함해서 447.3마일(720km)을 주행했습니다. 자동차의 주행 간 평균 연비는 갤런당 34.3마일, 평균 시속은 54마일이었습니다. 아흐레까지의 누적 주행 거리는 4,259.3마일(6,853km)이 되었습니다.

## 9일차: 라버킨, UT → 라스베이거스, NV

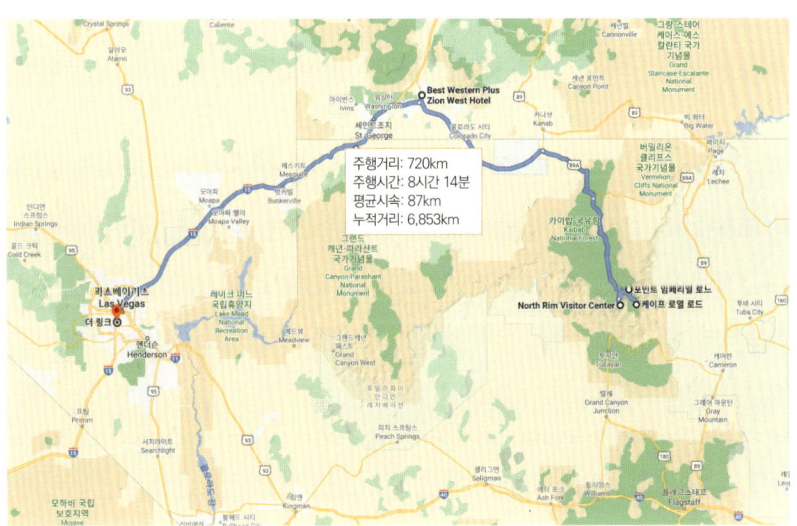

따뜻한 계절에만 오픈되는 그랜드캐니언의 노스림은 이번 여정에서 나에게는 빼 놓을 수 없는 곳입니다.

## 10. 화려함으로 대표되는 도시, 황홀한 라스베이거스(Las Vegas)

　2016년 8월 9일(화) 열흘째 일정, 아침 5시 30분 라스베이거스 스트립 거리에 있는 4성급 링크(LINQ) 호텔에서 기상했습니다. 빈둥거리다가 9시경 우측 옆에 있는 하라스 호텔(Harah's Hotel) 뷔페 식당인 Flavors에서 1인당 $19.99(세금 별도)에 아침식사를 했습니다. 좌측 옆의 플라밍고(Flamingo) 호텔 뷔페식당인 Paradise Garden 식당도 있었으나 인터넷을 검색해서 평판이 조금 더 나은 곳으로 갔습니다. 놀랄 만큼의 다양한 음식은 없었지만 쇠고기 스테이크, 소시지, 훈제 연어, 오믈렛 등으로 맛있게 식사를 했습니다. 음료는 자몽 주스와 커피를, 후식은 과일과 아이스크림으로 전부 1시간 정도 식사를 하고 호텔에 와서 양치하고 휴식을 했습니다.
　라스베이거스는 미국 남서부 네바다주의 남부 모하비 사막지대 가운데에 있는 도시입니다. 세계적으로 잘 알려진 카지노가 많은 관광과 도박의 도시이며, 결혼과 이혼 수속이 간단한 곳으로도 잘 알려져 있습니다. 전력은 후버 댐에서 공급받으며 상수도 물은 콜로라도 강에서 얻고 있답니다. 라스베이거스는 1905년 5월 15일 사막 위에 세워졌고, 6년 뒤에 도시로 정식 등록되었습니다. 1931년에 주 정부가 카지노 도박업을 합법화하면서 빠르게 성장하게 되었고, 같은 해에 후버 댐을 건설하기 시작하여 댐은 1935년에 완공되었습니다. 1946년에는 첫 대형 카지노가 열렸고, 이후 카지노의 손님들을 끌어들이기 위하여 호텔들은 사치스러운 오락 시설들을 제공하였으며 라스베이거스를 미국에서 가장 큰 관광도시들 중의 하나로 만들었다고 합니다. 매년 관광객이 4천여만 명씩 방문하고 있고, 소득세와 법인세가 없어 경제적으로 매우 풍요롭고, 미국에서 동부의 애틀랜틱시티와 함께 도박이 허용된 대표적인 도시입니다. 나는 갬블링을 좋아하지 않고 잘 할 줄도 모릅니다.

특별히 할 일도 없어 11시경 호텔에서 매캐런 국제공항(McCarran International Airport) 아래 15분 정도 거리에 있는 라스베이거스 사우스 프리미엄 아울렛(Las Vegas South Premium Outlet)에 가서 2시간 30분 정도 쇼핑을 했습니다. 예전 2002년의 대륙 횡단 때에 한 번 들렀던 곳이기도 합니다. 다만 그때에는 프리미엄 아울렛이 아닌 벨즈 팩토리 아울렛 월드(Belz Factory Outlet World)였습니다. 쇼핑을 마치고 라스베이거스대로(Las

Vegas Blvd)를 통해 스트립 거리의 호텔로 돌아왔습니다. 14시부터 18시까지 호텔에서 빈둥거리며 휴식하다가, 18시에 저녁밥을 지어 먹고 19시 조금 지나 옆의 플라밍고 호텔, 패리스(Paris Las Vegas) 호텔, 플래닛 할리우드 리조트(Planet Hollywood Resort) 등을 구경하며 돌아다녔습니다. 그리고 또 다시 벨라지오 호텔 분수 쇼를 구경하고 시저스 팰리스 호텔의 판도라(Pandora) 매장에서 선물로 처조카들에게 반지를 사주고, 20시 30분경 숙소인 링크 호텔로 돌아 왔습니다. 호텔에서 처조카가 슬롯머신을 했는데 몇 달러 땄습니다.

열흘째 여정은 라스베이거스에서 아울렛만 다녀와서 39분 운전, 11.8마일(19km) 주행에 그쳤습니다. 이날 평균 연비는 갤런당 21.4마일, 평균 시속은 18마일로 열흘 동안의 누적 주행 거리는 4,271.1마일(6,872km)이 되었습니다.

## 10일차: 라스베이거스 시내 관광 및 쇼핑

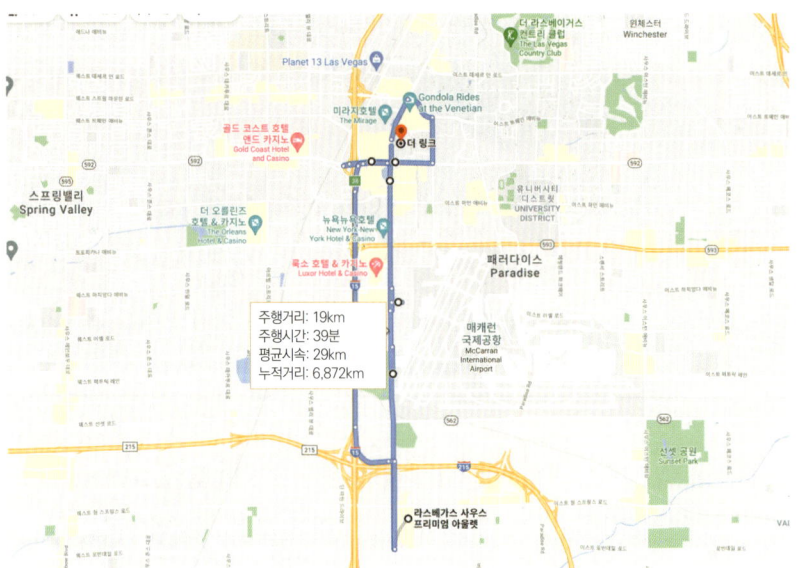

하루 정도는 운전을 거의 하지 않고 푹 쉬게 되네요. 라스베이거스는 밤 문화가 훨씬 풍성합니다.

## 11. 당황스런 죽음의 계곡 데스밸리(Death Valley)

   2016년 8월 10일(수) 여행 열하루째 날입니다. 전날 밤에 23시 넘어 잠에 들었는데 아침 새벽에는 3시 30분경 기상했습니다. 5시경 샤워를 하고 짐 정리하여 호텔에서 새벽 6시에 출발했습니다. 이날은 데스밸리 국립공원(Death Valley National Park)을 거쳐 캘리포니아 요세미티 국립공원의 동쪽 아래 자락에 있는 비숍(Bishop) 시까지 이동하는 여정이었습니다.

   먼저 라스베이거스 스트립 거리의 링크(LINQ) 호텔에서 I-15 S → NV-160 W 도로로 패럼프(Pahrump) 시까지 이동해서 자동차에 주유를 했습니다. 패럼프 시의 Bell Vista Ave. W 도로로 캘리포니아 주 경계까지 이동, 캘리포니아 주 경계에서 CA-190 W 도로를 타고 2시간 10분 만에 데스밸리 국립공원 입구로 진입했습니다.

   데스밸리 국립공원은 1933년도에 국립기념물로 지정되었다가 1994년도에 주변지역을 확장하고 국립공원이 되었습니다. 알래스카를 제외하고, 미국 본토 최대 넓이의 국립공원으로 총 면적이 13,000$km^2$에 이르는데, 광활한 사막 산악 지형으로 웬만한 산 크기의 모래언덕들, 해수면보다 낮은 소금 사막, 병풍처럼 둘러친 높은 봉우리들과 다채로운 사암 협곡들이 늘어서 있습니다.

   예전에 한 번 올라갔었던 단테스 뷰(Dante's View, 5475ft/ 1669m) 진입로 입구를 놓치고 계속 진행하여 자브리스키 포인트(Zabriskie Point)까지 가서 먼저 구경했습니다. 나중에 생각하면 내가 왜 그랬는지 이해가 잘 되지 않지만, 왔던 좋은 길로 되돌아가지 않고 부득불 옆으로 난 비포장도로를 통해 되돌아가서 단테스 뷰로 올라갔습니다. 비포장도로는 생각보다 험했고 꽤나 멀었습니다. 단테스 뷰 주변을 하이킹 하였습니다. 단테스 뷰는 데스밸리 전체를 조망해 볼 수 있는 아주 멋진 곳입니다.

단테스 뷰에서 내려오는 길에 운전석 뒤편 바퀴의 압력이 현저하게 떨어져 경고가 들어왔습니다. 자동차를 이용한 로드 트립(road trip)에서 두 번째로 중요한 자동차에 문제가 생긴 것입니다. 길거리에 차를 세우고 확인한 결과 계기상으로는 25psi인데 실제로 그렇지는 않고 괜찮은 것 같아 그 상태로 서서히 데스밸리 국립공원의 중앙부, 삼거리에 있는 퍼니스 크리크(Furnace Creek)까지 이동하여 주유소에서 사정을 하고 바퀴에 40psi로 바람을 채웠습니다. 바람을 채운 이후에도 계기는 33psi 정도의 압력을 나타내, 운전하는 나를 계속 당황하게 했습니다.

먼저 배드워터 분지(Badwater Basin, 해수면 -282ft/-85.5m, 최대온도 114°F/45.6℃)까지 구경을 하고 되돌아 나와 퍼니스 크리크 농장(Furnace Creek Ranch) 안에 있는 식당에서 아침 겸 점심식사를 했습니다. 배드워터

분지는 해수면보다 낮은 곳으로, 2억 년 전에는 바다였던 곳이랍니다. 융기와 지각 변동으로 땅이 솟아났고 수분이 뜨거운 바람에 의해 모두 증발되어 소금이 엉겨 붙은 흔적을 남기게 되었습니다. 주변에 광활하게 널려 있는 소금밭을 천천히 걸어 보면서 죽음의 계곡을 체험해 볼 수 있습니다.

  되돌아 나와 퍼니스 크리크 농장에는 11시에 도착하였으나, 식당은 11시 30분부터 영업을 해서 30분 간 앞의 잡학점을 구경하였습니다. 11시 30분 햄버거나 샌드위치 등으로 식사를 했는데, 성인 다섯 명의 전체 식사비용은 $70.55였습니다. 식사 후에 12시 30분경 퍼니스 크리크 지역을 출발했습니다.

  CA-190 W → CA-130 W 도로로 론 파인(Lone Pine) 시까지 이동하고 다시 US-395 N 도로로 비숍 시에 있는 트레블로지 호텔(Travelodge

Bishop)에 15시 20분에 도착했습니다. 시골 산간 지역 작은 도시로 그렇게 훌륭하지 않은 2성급 호텔이며, 프라이스라인닷컴의 익스프레스딜로 예약을 했는데 퀸 베드 하나의 방은 $113.63, 퀸 베드 두 개의 방은 $135.9로 매우 비쌌습니다. 방을 배정 받아 휴식을 취한 뒤 18시에 컵라면과 아침 새벽에 지어온 밥으로 저녁식사를 했습니다. 저녁식사 후에 비숍 시내를 잠시 배회하였으나 특별한 것이 없어 맥도널드에서 간단한 간식을 사가지고 돌아와 휴식하고 다음 일정 숙소 예약 등 여러 준비를 하였습니다.

여정 열하루째 조금씩 주유를 2차례 하였으며 전체 6시간 58분을 운전하여 352.8마일(579km)을 주행했습니다. 이날 여정의 평균 연비는 갤런당 34.8마일이었고, 평균 시속은 51마일이었습니다. 이날까지 누적 주행 거리는 4,630.7마일(7,451km)이었습니다.

### 11일차: 라스베이거스, NV → 비숍, CA

데스밸리에서 자동차 뒤 타이어에 문제가 생겼습니다. 그럼에도 불구하고 가 보실 것을 꼭 권해 드립니다.

## 12. 넘고 싶었던 요세미티 국립공원의 티오가 패스

    2016년 8월 11일(목), 여정 열이틀째입니다. 아침식사를 7시 30분경에 했습니다. 트레블로지(Travelodge)의 무료 아침은 기대도 하지 않았지만 사실 먹을 것도 별로 없었습니다. 그래도 공짜로 주는 것이니 오렌지 주스 1잔, 빵 몇 조각에 요구르트로 아침을 때웠습니다. 8시 20분경 비숍(Bishop) 시의 호텔에서 출발, 1시간 정도 US-395 N 도로를 달려 리 바이닝(Lee Vining) 시의 초입에서 CA-120 W 도로로 변경하였습니다. CA-120 W 도로는 티오가 패스(Tioga pass)를 지나게 됩니다.

    티오가 패스는 1890년도에 미국의 국립공원으로 승격된 요세미티 국립공원(Yosemite National Park)의 동쪽 관문으로 백두산보다 더 높은 고개를 넘는, 미국 캘리포니아에서 가장 높은 해발 고도에 있는 도로라고 합니다. 통상 10월 말부터 해빙이 되는 5월 초순까지는 폐쇄되는 도로입니다. 나는 티오가 패스를 잘 모르고 있었는데 미국에 체류하면서 간혹 참고로 하던 인터넷 사이트인 마일모아닷컴(milemoa.com)의 게시판을 들여다 보다가 몇몇 분들의 여행기를 읽게 되었습니다. 이곳의 경치가 꽤나 좋은데 일반적으로 많이 다니게 되는 샌프란시스코나 프레즈노(Fresno) 등, 요세미티 국립공원의 서쪽 편에서는 넘어 보기 쉽지 않다고 알게 되어 이번 여정의 루트에 일부러 이곳을 통과하도록 설정하였습니다.

    산악 지역으로 주변 산들(Tioga Peak:11,526ft/3,513m, Mount Dana:13,057ft/3,979m, Mount Conness:12,590ft/3,837m)에는 8월 중순인데도 아직도 잔설이 남아 있었습니다. 티오가 호수(Tioga lake)를 지나 도로의 맨 꼭대기 부분에 요세미티 국립공원의 티오가 패스 출입구(Tioga Pass Entrance, 9945ft/3031m)가 있습니다. 우리는 국립공원 연간회원권으로 무료 통과하였습니다. 그런데 단순하게 국립공원 입장이 아니고 도로

만 통과 시에도 공원 입장료를 내야 하는지는 명확하지 않았습니다. 도로 옆으로 계속 호수들이 이어졌습니다. 그 중에서 Tenaya lake가 가장 크고 예뻤습니다. 운전하면서 '조금 쉬었다 갈까?' 하고 순간적으로 생각했었는데 길 건너편 호수 진입로를 지나쳐버려 쉬지 않고 그냥 진행하였습니다. 아름드리 소나무 군락이 이어지고 가문비나무들이 군데군데 자리를 잡고 있었습니다. 우리는 자동차 안에서 사진만 찍으면서 계속 달렸습니다.

    CA-120 도로 분기점에서 요세미티 계곡(Yosemite Valley) 방향으로 내려갔습니다. 내처 자그마한 굴을 3개나 지나서 조금 더 내려가니 유명한 900m 높이의 수직 암벽인 엘캐피탄(El Capitan)을 조망할 수 있는 지점이 나왔습니다. 다른 관광객들과 마찬가지로 길거리 공간에 차를 정차하고 잠시 내려 노란 꽃들이 만발한 꽃밭을 거닐어 보며 엘캐피탄을 조망하였습니다. 다시 차를 타고 더 내려가 비지터 센터 주차장 조금 못 미쳐 길거리 공간에 주차하였습니다. 차량들이 많아 공식적인 주차 공간 이외에도 일부 길거리 주차를 허용하고 있었고 그곳마저도 주차된 차량들로 빽빽하였습니다.

    11시 40분에 비지터 센터 앞까지 걸어가서, 셔틀버스 정류장 5번에서 버스에 탑승하여 6번 요세미티 폭포(Yosemite Falls) 정류장까지 갔습니다.

　버스에서 내려, 걸어서 아래 폭포(Lower Fall) 초입까지 들어갔는데 캘리포니아 가뭄의 영향인지 폭포들이 거의 말라 있었습니다. 위 폭포(Upper Fall)의 물줄기는 흔적만 남아 있고 아래 폭포는 가는 물줄기만 처량하게 흘러내리고 있어서 조금 실망스러웠습니다. 다시 셔틀 정류장 6번에서 13b번까지 버스로 이동했습니다. 13b번 정류장은 하프 돔 계곡(Half Dome Valley) 정류장으로, 정류장 14번(Valley 정류장)까지 걸어서 이동한 뒤 그곳 주차장 부근에서 멀리 하프 돔 조망이 가능합니다. 나는 예전에 샌프란시스코를 방문했다가 요세미티 국립공원에 잠깐 들른 적이 있습니다. 이때는 국립공원 남쪽 배스 레이크(Bass Lake)에 접해 있는 더 파인스 리조트(The Pines Resort & Conference Center)의 통나무 샬레에 저녁 늦게 도착하여 하루 묵고 북쪽으로 올라가면서 위쪽 비교적 가까운 거리에서 하프 돔을 조망했었습니다.
　정류장 14번의 카페에서 BBQ, 햄버거 등으로 간단히 점심식사를 하였습니다. 점심식사 비용은 5인 $25.06이었습니다. 다시 13b번 정류장으로 걸

어가 셔틀 버스에 승차했는데, 사람과 차량이 매우 많아 복잡하게 얽혀 있었습니다. 정류장 20번(사실 정류장 14번의 맞은편에 있어 그곳에서 직접 승차하면 되었는데 마침 공원지도를 가지고 있지 않아 잘 몰라 어렵게 이동했습니다)을 거쳐 2번 셔틀 정류장에서 내려서 용변을 해결하고 주차된 자동차까지 걸어가 14시 30분에 공원에서 출발하였습니다. 국립공원에서 너무 짧게 체류해서 아쉬움이 남았습니다. 특히 티오가 패스를 지나면서 Tenaya 호수에서 정차하여 충분히 휴식을 취했을 것을 하는 미련도 남았습니다.

 4시간 동안 CA-120 W → I-5 S → I-205 W → I-580 W → I-238 W → I-880 W 도로를 운전하여 사위가 살고 있는 샌프란시스코 만의 동쪽 지역 뉴어크(Newark)로 이동하였고, 사위를 18시 20분에 만나 근처 니조 캐슬(Nijo Castle)이라는 일식집에서 초밥과 알밥 등으로 저녁식사를 하였습니다. 사위는 미시간 대학교에서 포스트 닥터를 마치고 막 이곳 실리콘 밸리 지역에 직장을 구해 혼자 와 있습니다. 딸은 보스턴의 하버드 메디컬 스쿨에서 포스트 닥터를 하고 있으며, 손녀와 같이 지내고 있습니다. 저녁식사 비용은 6인 $191.72였고 내가 계산하였습니다. 샌머테이오 다리(San Mateo Bridge, 통행료 $5)를 건너 메리어트 호텔(San Mateo Marriott San Francisco Airport)에 체크인하고 들어와 짐을 다 옮기니 21시가 되었습니다. 프라이스라인닷컴으로 2박 2실을 예약한 4성급 호텔이며 숙박비용은 1박 1실 당 세금 포함하여 $127.15로, 샌프란시스코 부근임을 감안할 때 크게 비싼 것은 아니지만 그렇게 싼 것도 아니었습니다. 샌프란시스코 지역 호텔은 샌프란시스코의 도심을 포함하여 여러 곳 예약을 시도해 보았으나 가격 대비 적당한 호텔을 찾을 수 없었습니다.

여정 열이틀째, 모두 8시간 1분 동안 운전하여 352.7마일(567km)을 주행하였습니다. 이날 주행 간 평균 연비는 갤런당 35.8마일이었고, 평균 시속은 44마일이었으며 이날까지의 누적 주행 거리는 4,983.5마일(8,018km)이었습니다.

## 12일차: 비숍, CA → 샌프란시스코, CA

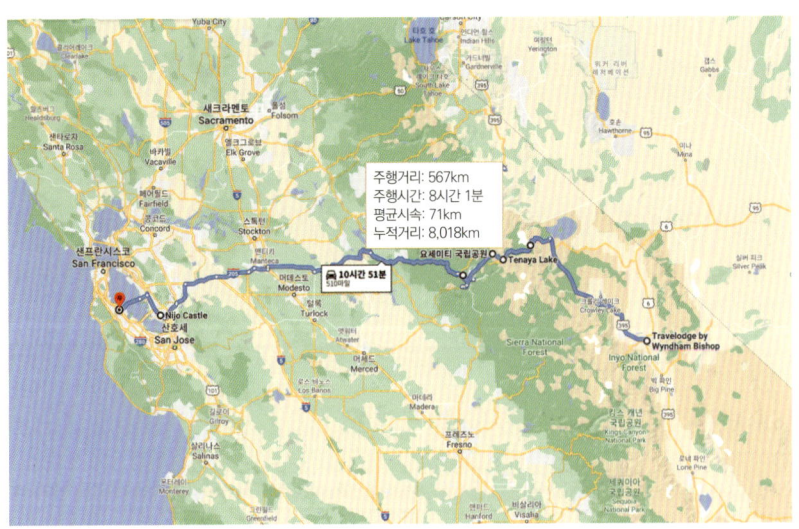

나만 잘 모르고 있던 유명한 요세미티 국립공원의 동쪽 관문, CA에서 가장 높은 도로인 티오가 패스를 넘어봅니다.

## 13. San Francisco, Summertime will be a love-in there

2016년 8월 12일(금), 열사흘째 여정이 계속됩니다. 아침 6시 30분에 일찍 메리어트 호텔을 출발, 샌프란시스코의 러시아워를 피해 금문교(Golden Gate Bridge)로 향했습니다. 금문교까지 45분 정도 소요되어 도착했는데 물안개가 가득하여 제대로 볼 수가 없었습니다. 그래서 우리는 먼저 금문교 건너 뮤어우즈 국립기념물(Muir Woods National Monument)로 향했습니다.

아침 8시에나 업무를 개시(open)하는데 너무 일찍 도착하여 10분 정도 길거리 옆 주차 공간에 잠시 차를 세우고, 가지고 있던 베이글 등으로 차 안에서 간단히 아침식사를 한 뒤, 8시에 뮤어우즈 국립기념물의 주차장에 주차하였습니다. 관리소는 아직 영업을 하지 않았고, 우리는 어쨌든 국립공원 연간회원권을 갖고 있었기 때문에 Redwood Creek Trail로 그냥 직접 걸어 들어갔습니다. 이곳은 한여름인데도 실제 아침 날씨가 13℃ 정도로 무척 쌀쌀하여 반팔에 반바지 차림이었던 나는 처음에 몹시 추웠습니다. 레드우드(Redwood) 나무들의 보고로 산책에 아주 좋은 코스였습니다. Founders Grove, Cathedral Grove를 거쳐 Fern Creek Trail을 걸었습니다. 간단한 줄 알았는데 크리크(creek)를 지나서 산을 돌아 나오는 코스가 되어 Fern Creek Trail에만 1시간 정도 소요되었습니다. Bridge 4까지 갔다가 되돌아 나오면서 Bridge 3부터는 Bohemian Grove Trail로 걸어 나왔습니다. 중간중간에 30여m 이상 되는 큰 나무들이 벼락을 맞아 몸통과 뿌리가 검게 탄 채로 푸른 잎들을 자랑하고 있었습니다. 관리소 쪽으로 나와서 정문 바로 옆에 있는 카페에서 커피와 핫 초코로 추운 몸을 달랬습니다.

10시 20분경 출발하여 근처 맑고 화창한 태양이 언제나 비친다는 소살

리토(Sausalito) 시에 들렀습니다. 도시 이름은 스페인어로 '작은 버드나무(little willow)'라는 의미에서 유래되었다고 합니다. 소살리토 언덕길을 차로 빙빙 돌면서 주택들과 도시 전망을 보다가 내려와 요트 선착장에 2시간 주차를 하였습니다. 주차 요금은 1시간당 $1이며 하루 종일은 $5이었습니다. 우리는 모두 요트 계류장을 거닐다가 요트 계류장의 주차장 지역에 있는 Seafood Peddler Restaurant에서 이탈리아식으로 점심식사를 했습니다. 맛보기로 싱싱한 굴 6개(half dozen)와 각자 랍스터 리소토(Lobster Risotto), 랍스터 샌드위치 등으로 식사를 했는데 맛이 훌륭했습니다. 다섯 명의 식사비용은 팁 15% 포함하여 $115정도 지출되었습니다.

12시 20분경 소살리토를 떠나 금문교를 건너기 전, West Vista Point쪽으로 올라가 주차 공간에 잠시 주차를 했습니다. 주차 공간들이 협소했는

데 마침 나가는 차량을 만나 다행이었습니다. 멀리 금문교와 샌프란시스코 만 쪽을 배경으로 기분 좋은 조망을 해 보며 사진도 찍었습니다. 다시 차를 타고 금문교를 건너서 바로 나오는 팰리스 오브 파인아트(the Palace of Fine Arts)에 들러 앞에서 사진만 찍고, 다시 이동해서 Pier 39에 도착했습니다. 금문교를 돌아 나올 때 통행료는 $7.5로 여행 후에 청구되어 8월 말에 인터넷을 통해 신용카드로 처리하였습니다. 주차 공간이 마땅치 않아 빙빙 돌다가 13시 15분에 Bay St. 길거리에 30분 주차를 하고 차를 세웠습니다. $1에 30분 주차가 가능해서, $1.25 이상 €25짜리 쿼터 동전들을 계속 집어넣는데 30분 이상은 미터기가 올라가지 않고 동전만 집어먹었습니다. 30분밖에 여유가 없어 거의 뛰다시피 걸어서 Pier 39의 끝까지 갔다 돌아왔습니다. 13시 45분 Bay St.를 출발하여 Gough St.로 좌회전하고

다시 롬바드 거리(Lombard St.)로 좌회전하여 유명한 구불구불 일방통행의 꽃길을 차량으로 내려왔습니다. 부근에 주차하고 롬바드 거리를 걸어보려고 했지만 주차가 여의치 않아 예전같이 걸어보지는 못했습니다. 내려오면서 레번워스 거리(Leavenworth St.)로 우회전하면서 샌프란시스코를 벗어나 호텔이 있는 샌머테이오(San Mateo) 지역으로 내려왔습니다.

차량 타이어 공기압에 대한 경고가 계속 들어와 인터넷을 검색해 호텔 근처 Norfork Auto Service에 갔으나 문을 닫아 정비를 할 수 없었습니다. 다행히 그쪽에서 안내해 준 Premium Auto Service로 15시 정도에 이동하여 왼쪽 뒷바퀴에 박혀있던 못을 빼내고 때우는 등의 수리를 하고 엔진오일도 교환했습니다. 자동차 정비 비용으로 엔진오일 교환을 포함해서 총 $88.84가 소요되었습니다. 한국에서 자동차보험으로 현장 출동하여 5분여 만에 타이어를 무료로 때워 주던 친절한 서비스가 생각났고 아쉬웠습니다. 아마도 데스밸리(Death Valley)에서 비포장도로를 달릴 때 못이 박히지 않았나 유추해 보았지만 확실한 것은 아닙니다. 어쨌든 타이어 문제를 해결할 수 있어 다행이었습니다. 그런데 이후 여정에서도 운전 중 계속 타이어 공기압 경고 신호를 받아 중간중간 정비소에 들러 공기를 충전하는 등 타이어는 남은 여행 내내 나를 곤혹스럽게 하였습니다.

샌머테이오의 메리어트 호텔에는 16시에 돌아왔습니다. 사위와 식사를 함께 하기로 약속을 해 두어 호텔에서 15분 거리의 Stella Alpina Osteria 이탈리안 식당에 17시 30분에 가서 만났습니다. 음식은 참 맛있었는데 가격은 비싸 우리 일행 다섯 명과 사위까지 여섯 명이 먹었는데 $250 정도가 나왔습니다. 이 식사비용은 사위가 계산하였습니다. 식사 후 부근 필즈커피(Philz Coffee) 집에서 민트 모히토 아이스커피(Mint Mojito Ice Coffee)를 마셨습니다. 저녁식사를 마치고 근처 편의점 세이프웨이(Safeway)에서 간단히 과자 등을 사가지고 20시 30분 호텔로 돌아왔습니다.

열사흘째 여정은 4시간 49분 운전해서 106마일(171km)을 주행했으며, 이날 평균 연비는 갤런당 24.6마일이었고, 평균 시속은 주로 시내 지역을 주행해서 22마일이었습니다. 전체 25박 26일간 일정의 절반을 달린 13일째 여정까지의 누적 주행 거리는 5,089.5마일(8,189km)이었습니다.

## 13일차: 샌프란시스코 지역 관광, 자동차수리

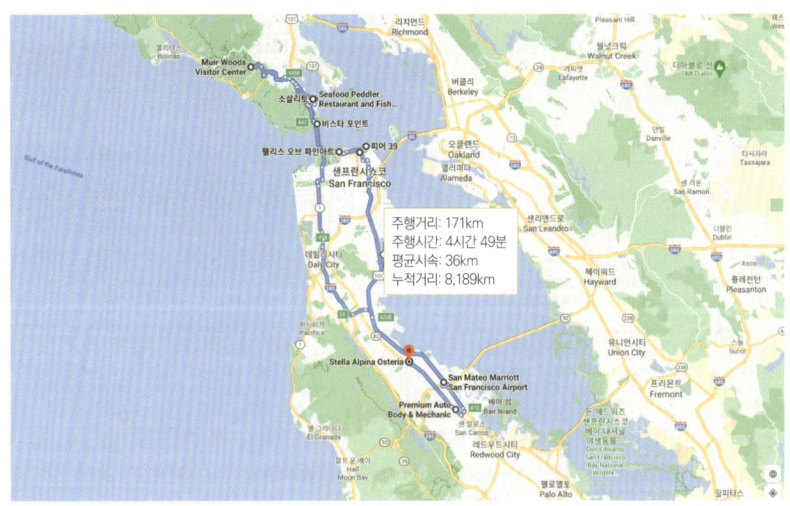

자연과 산림 보호에 앞장선 존 뮤어를 기념하는 뮤어우즈 국립기념물과 햇살 가득한 소살리토를 방문했습니다.

## 14. 처제 식구들과 헤어지고 레드우드 국립공원 방문

2016년 8월 13일(토) 여행 열나흘째, 아침 4시 50분에 일어나 그 뒤로 잠을 이루지 못했습니다. 8시 50분까지 4시간 동안 샤워도 하고 베이글도 반개 먹고, 인터넷 서핑을 하면서 시간을 죽였습니다. 오늘 처제네 식구 3명은 한국으로 돌아가고 나와 아내만 남은 여정을 이어가게 됩니다. 9시에 처제와 처조카들의 정리된 짐을 싣고 샌프란시스코 공항 인터내셔널 터미널에 데려다주고 헤어져 호텔로 다시 돌아왔습니다. 처제와 처조카들은 익숙하지 않은 이모부의 무지막지한 운전과 자동차 뒷좌석이 좁음으로 많이 힘들었을 것입니다. 그래도 비록 one way이었지만 미국 대륙 횡단을 언제 누구와 또 다시 시도해 보겠습니까? 그리고 여행 도중의 여러 아름다운 자연 풍광을 가슴 깊이 담았을 것으로 생각하며 위안을 삼습니다.

나와 아내는 9시 50분 짐을 정리하여 차에 싣고 체크아웃 후에 호텔을 출발했습니다. 오늘 여정은 레드우드 국립공원(Redwood National Park)을 방문하고 북쪽에 있는 크레센트 시티(Crescent City)의 숙소까지 이동하는 것입니다. 샌프란시스코 시내에 차량이 정체 되는지 구글맵이 US-101 N → I-80 E → I-580 W → US-101 N 도로로 우회 안내를 하였습니다. 그래서 I-80 E를 통해 베이 브리지(Bay Bridge)를 건넜습니다. 14년 전 여름에 유타의 솔트레이크 시티(Salt Lake City)에서 네바다와 캘리포니아의 새크라멘토(Sacramento)를 거쳐 바로 이 베이 브리지를 서쪽으로 건너 샌프란시스코 공항 바로 아래 Millbrae Ave.에 있는 웨스틴(Westin) 호텔에 묵었던 생각이 났습니다.

유명한 대학이 있는 버클리로 들어서면서 I-580 W 도로로 변경하여 리치몬드-산라파엘 브리지(Richmond-San Rafael Bridge)를 건너(통행료 $5) 다시 US-101 N 도로로 우회하였습니다. US-101 N 도로로 계속 북상하면

되는데 차량 정체가 심한지 구글맵은 CA-37 N를 통해 Lakeville Rd.로 캘리포니아의 유명한 와인 산지인 소노마(Sonoma) 쪽으로 안내를 하였습니다. 주변에 포도원들이 산재해 있었는데 다시 US-101 N 도로로 복귀한 뒤에도 포도원들은 계속 이어져서 도로를 달리며 보기에 참 좋았습니다. 여유가 좀 있었으면 주변 한적한 와이너리(winery)를 방문해 볼 걸 하는 생각도 들었습니다. 윌리츠(Willits) 시내에서 13시 20분경 늦은 점심을 서브웨이(Subway)의 서브(sub)로 때웠는데, 배가 고파서인지 맛있게 먹었습니다. 이후 산등성이로 이어지는 US-101 N 도로는 레드우드(Redwood)들로 가득 차 있었습니다.

레드우드는 미국 삼나무인데 세쿼이아아과(Sequoioideae)에 속한다고 합니다. 세쿼이아아과에는 레드우드라고도 불리는 세쿼이아(Sequoia), 자이언트 세쿼이아로도 불리는 세쿼이아덴드론(Sequoia National Park에 많이 서식하고 있는 종입니다) 및 메타세쿼이아 등 모두 3종류가 있지만 각각의 세쿼이아는 '종'이 다른 게 아니라 '속'이 다르다고 합니다. 3종류 모두 물을 좋아하는데, 이들은 키가 너무 커서 물관이 꼭대기까지 도달 못 하기 때문에 50~70%의 수분을 안개 등에서 얻는다고 합니다. 그래서 메타세쿼이아가 살아남아 있는 쓰촨성 양쯔강 유역 발원지는 비가 자주 내리는 지역이고, 북미대륙에 있는 세쿼이아와 세쿼이아덴드론 서식 지역은 매일같이 안개비가 내리는 곳이라고 합니다. 레드우드는 보통 2,000년 이상 살 수 있으며 일반적으로 성숙한 나무의 나이는 500살에서 800살 정도라고 합니다.

유레카(Eureka) 시에 접어들면서 태평양의 습한 안개가 산등성이를 타고 올라오고, 90°F(32℃)가 넘던 주변 기온이 59°F(15℃)까지 떨어졌습니다. US-101 N 도로에서 레드우드 국립공원은 오릭(Orick) 시 부근의 쿠첼 비지터 센터(Thomas H. Kuchel Visitor Center)까지 올라가야 하는데, 구글맵이 트리니다드(Trinidad) 시를 북상하면서 나오는 빅 라군(Big Lagoon)

을 지나면서 엉뚱하게 우측 산길 비포장 임도로 안내하는 바람에 공연히 30분 이상 시간을 낭비하였습니다. 다행히 17시에 업무를 종료하는 쿠첼 비지터 센터에 16시 50분에 도착하여 겨우 안내를 받을 수 있었습니다. 자동차나 사람들이 들락거릴 수 있는 이 국립공원 레드우드 나무들 사진을 종종 볼 수 있어 그곳을 안내 받아 조금이라도 트레일을 해 보고 싶었지만 시간이 너무 촉박하여 그러지 못했습니다.

　레드우드 국립공원은 남북으로 길게 이어져 있는데, 거의 대부분 트레일 위주여서 우리는 공원 관리원(park ranger)에게 US-101 도로의 exit 753으로 이어지는 Newton B. Drury Scenic Pkwy의 도로 운행을 추천받아 그곳으로 차를 몰고 갔습니다. 실제 그 도로는 US-101 N와 평행으로 달려 나중에 다시 만나는 도로로, 도로 양 옆으로 거대한 레드우드 군락이 있는데 정말 거대했습니다. 전날 방문했던 뮤어우즈 국립기념물(Muir

Woods National Monument)의 레드우드와는 또 차원이 달랐습니다. 큰 나무들은 50여m 이상의 높이로 사람 팔의 수십 배는 되는 아름드리 밑동을 자랑하고 있었습니다. 아쉬움이 남아 Klamath Beach Rd.로 차를 몰고 가서 High Bluff Overlook까지 갔는데 바다에서 올라오는 심한 증기와 안개로 바다가 잘 보이지는 않았습니다. 주변 기온은 56℉(13℃)까지 더 떨어져 쌀쌀했습니다.

　클라마스(Klamath) 시에서 30분가량 더 운전하여 18시 30분 정도에 크레센트 시티의 숙소인 트레블로지 호텔(Crescent City Travelodge)에 도착했습니다. 이 지역 숙소는 클라마스나 크레센트 시티 모두 프라이스라인닷컴 또는 핫와이어닷컴으로 예약할 수가 없어서 샌프란시스코에 도착한 8월 11일에서야 호텔스닷컴으로 예약한 것으로 2성급 호텔인데 무려

$109.9를 지불하였습니다. 이번 여행 중 이날까지 가장 부실하고 가성비가 나쁜, 실망스러운 숙소였습니다.

여행 열나흘째, 이제부터는 돌아서 집으로 가는 여정입니다. 8시간 38분을 운전해서 424.4마일(683km)을 주행했습니다. 이날 주행 간 평균 연비는 갤런당 34.6마일이었고, 평균 시속은 49마일이었습니다. 이날까지의 누적 주행 거리는 5,513.9마일(8,872km)이었습니다.

### 14일차: 샌프란시스코, CA → 크레센트, CA

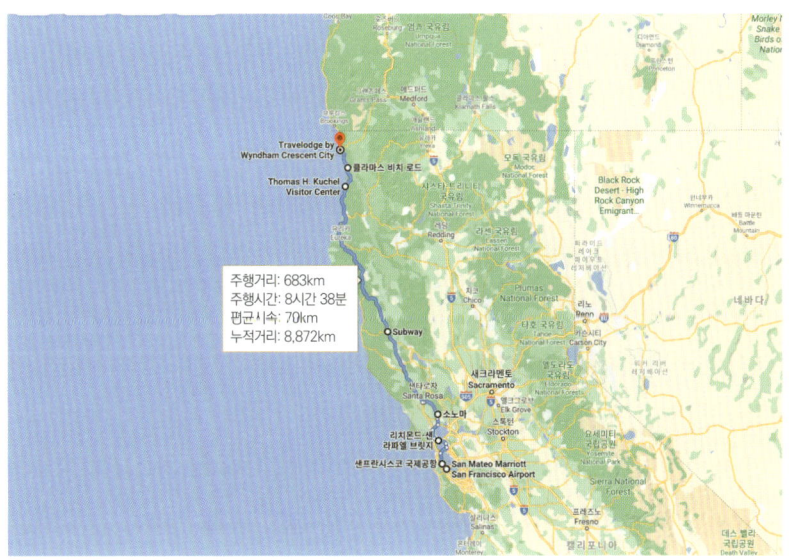

이제부터는 아내와 2인이 마무리 횡단을 합니다. 와인 산지 소노마와 레드우드 국립공원이 멋있습니다.

## 15. 맑고 짙푸른 산정호수, 크레이터 레이크 국립공원

2016년 8월 14일(일) 여행 열닷새째, 아침 6시 조금 지나 기상했습니다. 바깥 기온은 56℉(13℃) 수준이어서 계속 쌀쌀했습니다. 주일이어서 인터넷 주변 검색을 통해 인접 성당들의 미사 시간을 알아보았는데, 인접 성당의 미사 시간이 아침 일찍은 없고 10시와 12시여서 미사 봉헌 후에 이동을 시작하게 되면 전체 일정이 너무 늦어질 것 같았습니다. 그래서 오늘 주요 목적지인 크레이터 레이크 국립공원(Crater Lake National Park)에 가는 도중, 2시간 10분 정도 이동한 거리인 오리건 주의 메드퍼드(Medford) 시에 있는 Shepard of the Valley Catholic Church의 11시 미사에 참례하기로 하였습니다. 아침을 밥으로 지어 먹었는데 이젠 반찬이 볶은 고추장과 김 등 몇 가지밖에 없었습니다. 그래서 전날 저녁에 마트에서 사 가지고 온 야채와 함께 먹었습니다. 원래 반찬은 볶은 고추장, 볶은 김치, 잔멸치 볶음, 황태 조림, 고기 장조림, 명이나물 장아찌, 오징어 젓갈, 김 등으로 많았는데 이제는 거의 모두 동이 났습니다. 호텔에서 제공하는 너무 부실한 빵과 도넛, 바나나와 사과는 점심용으로 싸 가지고 8시 10분에 출발했습니다.

US-101 N → US-199 N로 연계하여 캘리포니아 주를 빠져 오리건(Oregon) 주로 나갔습니다. 처음에는 산길 도로에 계속 레드우드 나무들이 양옆으로 가득하더니 점차 소나무들로 바뀌었습니다. 오리건 주의 그랜츠 패스(Grants Pass)에서 I-5 S 도로로 변경하여 20여 마일을 내려가 exit 33으로 빠져 성당에 도착하니 너무 이른 10시 20분 정도여서 미사 시작 전에 40분 정도 성당에 앉아 기다렸습니다.

연중 제20주일 미사를 봉헌하고 12시에 다시 크레이터 레이크 국립공원으로 출발했습니다. 이때부터 구글 맵이 잘 동작을 하지 않아 근처 잭슨(Jackson) 공항 옆 메리어트 코트야드(Marriott Courtyard) 호텔까지 갔다

  가 호텔 프런트에서 길을 물어 OR-62 E 도로를 타고 나왔습니다. 거의 2시간 정도 가문비나무가 가득한 숲길을 차로 이동했습니다. 중간에 로스트 크리크 호수(Lost Creek Lake) 주변 주립공원에서 아침에 호텔에서 식사 대신 준비해온 빵과 과일로 점심 요기를 하였습니다. 크레이터 레이크 국립공원의 애니 스프링 출입구(Annie Spring Entrance Station)에는 14시에 도착했습니다. 입장료는 차량당 $15였는데, 우리는 국립공원 연간 회원권으로 무료입장하였습니다. 여기서 공원지도를 받아 먼저 림 빌리지(Rim Village)로 올라갔습니다. 이곳은 내가 꼭 한 번은 방문하고 싶었던 곳 중 하나로 이번 여정에 당연히 포함시켰던 곳입니다.

  크레이터 레이크 국립공원에는 깊고 맑은 호수, 600m를 넘는 깎아지른 듯한 절벽, 그리고 그림 같은 '마법사의 섬(Wizard Island)'이 있어 세계의 절경 중 하나로 손꼽힙니다. 최대 수심이 592m에 달하는 크레이터 호수(Crater Lake)는 세계에서 아홉 번째로 깊은 호수이며 미국에서는 가장 깊은 호수라고 합니다. 오리건 주 남서부 캐스케이드 산맥(Cascade Range)

의 마자마 산(Mt. Mazama)에 위치한 이 호수는 실제로 7,500년 전 분출한 화산이 무너지면서 만들어진 구멍에 물이 흘러들어 생성된 칼데라 호수입니다. 여름철 강우량은 대단치 않지만 11월부터 3월 사이 겨울철에 내리는 강설량이 연평균 50피트 정도나 되어 호수의 수량을 유지해주고 있다고 합니다.

 주차를 하고 몇 발자국 나아가니 드디어 거대한 호수가 눈앞에 펼쳐졌습니다. 짙푸른 코발트 색깔의 호수 물이 압권입니다. 1980년 5월에 있었던 워싱턴 주의 세인트 헬렌 화산(Mt. St. Helens) 폭발의 경우에 비해, 42

배나 큰 엄청난 규모의 화산 폭발로 만들어진 호수라고 합니다. 평균 고도 6173ft/1882m의 산정 호수 림(Rim)을 따라 둘레 길을 천천히 풍경을 음미하면서 100여m 정도 산책을 했습니다. 빌리지 샵(Village Shop)을 구경한 뒤, 차를 타고 웨스트림 드라이브(West Rim Drive) 도로를 따라 North Junction까지 이동하면서 여러 전망대에서 주차를 하고 차에서 내려 구경을 했습니다. 한 쪽 편으로 호수, 다른 쪽은 가문비나무 숲과 산으로 장관이었고 과연 와볼 만한 곳이었습니다. 북쪽 출입구(North Entrance Station)에는 15시 30분에 도착하여 아쉽지만 불과 1시간 30분 만에 그레이터 레이크 국립공원을 빠져 나갔습니다. 시간 여유가 있었다면 며칠 머무르며 트레킹을 해볼 만한 곳입니다.

OR-138 E → US-97 N → OR-58 W → I-5 N exit 195A로 빙 돌아 오늘의 목적지인 홀리데이인 호텔(Holiday Inn Eugene North-Springfield)에 17시 40분에 도착했습니다. 호텔 체크인을 하고 방에 들어와 저녁밥을 지

어 먹었습니다. 이 호텔은 3성급으로 프라이스라인닷컴을 통해 예약했으며 1일 숙박비용은 세금 포함하여 $79.13이었습니다. 근처 대형 마트인 타겟(Target)에 가서 물을 보충하고, 마침 호텔 안에 세탁실(Laundry)이 있어 그동안 필요할 때마다 조금씩 했던 손빨래 대신 전체적인 세탁을 하였습니다. 스프링필드(Springfield) 시의 이날 저녁 22시의 바깥 기온은 23℃ 수준이었습니다.

여행 열닷새째, 6시간 47분 동안 운전하여 329.5마일(530km)을 주행했습니다. 이날 자동차 주행 간 평균 연비는 갤런당 37.7마일이었고, 평균 시속은 49마일이었습니다. 여행 15일간의 누적 주행 거리는 5,843.4마일(9,402km)이 되었습니다.

15일차: 크레센트, CA → 스프링필드, OR

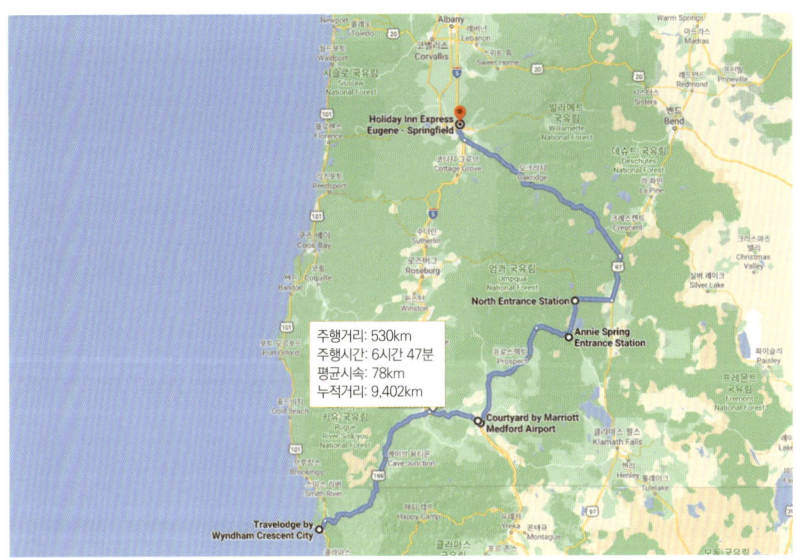

맑고 짙푸른 칼데라 산정 호수, 크레이터레이크 국립공원에 가 보시기를 권해 드립니다.

## 16. 달리랴 구경하랴, 경황없던 레이니어 산 국립공원

여행 열엿새째인 8월 15일(월)은 한국의 광복절이면서 천주교의 '성모 승천 대축일'이어서 아침에 일어나 성당에 갔습니다. 한국은 성모 마리아가 한국 천주교회의 수호성인으로 이날이 미사에 꼭 참석해야 하는 4대 의무 축일 중 하나인데, 미국은 의무 축일이 아니었습니다. 미리 스마트폰으로 오리건 주의 유진-스프링필드(Eugene-Springfield) 주변 성당을 검색해 두었고, 아침 6시에 기상해서 준비를 한 뒤, 자동차로 10여분 거리인 유진 시로 가서 St. Mary, Our Lady of the Presentation Catholic Church 성당의 7시도 아닌 6시 55분 미사에 참례를 하고 돌아왔습니다. 호텔에서 짐 정리를 하고 밥을 지어서 아침식사를 한 뒤에 8시 50분 출발했습니다.

이날은 오리건(Oregon) 주에서 가장 큰 도시인 포틀랜드(Portland) 시를 거쳐 워싱턴 주의 시애틀 아래 터코마(Tacoma) 시에 있는 클라리온(Clarion) 호텔까지 가면 되는 5시간 정도의 여정이었지만, 포틀랜드에서는 아내에게 내가 예전 포틀랜드에 출장을 왔을 때 한 번 가 보았던 멀트노마(Multnomah) 폭포를 보

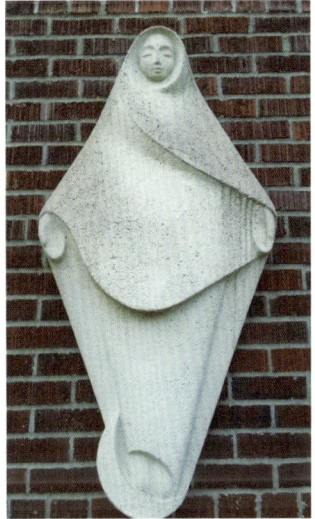

여주고 싶었고, 워싱턴 주 터코마 시로 가는 길에 레이니어 산 국립공원(Mt. Rainier National Park, 14,410ft/4,392m)에도 들러서 가기로 하여 7시간이 조금 넘는 운전 여정으로 일정을 짰습니다.

호텔에서 바로 I-5 N 고속도로를 타고 포틀랜드까지 간 뒤에 도도히 흐르는 컬럼비아(Columbia) 강을 타고, I-84 E 도로 exit 28로 나가 멀트노마 폭포로 갔습니다. 오리건 주의 오리건이라는 어원이 정확하지는 않지만 미국 원주민들이 이 컬럼비아 강을 지칭하던 말에서 유래되었다는 설이 있습니다. 주변에 차량이 가득하여 주차하기가 쉽지 않았는데 마침 바로 막 나가는 차량을 발견하여 운 좋게 11시 10분 폭포 주차장에 주차를 할 수 있었습니다. 멀트노마 폭포는 2단 폭포로 상단이 165m이고, 큰 못을 이루어 하단으로 내려가는데 3m, 그리고 하단 폭포가 21m로 전체 189m(620 ft)의 낙차를 갖는다고 합니다. 폭포의 폭은 대략 9m 정도로 거대하지는 않지만 미국 대륙에서 요세미티 폭포 다음의 두 번째로 낙차가 큰 폭포라고 합니다. 아래에서 2단 폭포를 구경하고 하단 폭포 위의 벤슨 다리까지 천천히 걸어 올라가 다시 상단의 폭포를 조망하고 내려왔습니다. 폭포는 높이를 자랑하면서 시원스런 물줄기를 흩날리고 있었습니다. 그렇지만 마침 햇살이 폭포 위에서 비추고 있어 사진을 찍기가 쉽지 않았습니다. 화려하거나 거대하지는 않았지만 아름다운 폭포를 바라볼 수 있어 좋았습니다.

30여 분 구경을 마치고 11시 40분 멀트노마 폭포를 출발, I-84 W → I-205 N 도로를 통해 바로 워싱턴 주에 진입한 뒤에 이어지는 I-5 N 도로로 계속 올라갔습니다. 점심은 I-5 N 도로 바로 옆으로 나가 맥도널드에서 햄버거로 해결했습니다. 레이니어 산 국립공원으로 가려면 I-5 N exit 68로 나가 US-12 E 도로를 타야 하는데 스마트폰 구글맵의 최종 목저지가 호텔로 잡혀져 있는지 모르고 지나쳐 계속 올라갔다가 exit 107에서야 뒤늦게 이를 알아차리고 되돌아와서 거의 왕복 80여마일, 1시간 10여 분 정도 손해를 보았습니다.

시간의 여유가 있었더라면 서서히 레이니어 산 국립공원의 남쪽 Henry M. Jackson Memorial Visitor Center 쪽으로 가서 Paradise 지역을 통과했겠지만 그러지 못하고 계속 동쪽으로 진행한 뒤 WA-123 N 도로

　로 진입하여 오하나페코시(Ohanapecosh) 방문자 센터에 16시에 도착했습니다. 이곳에서는 공원 입장료를 받지 않았고 밤에 캠핑하는 가족들에게만 $20씩 비용을 받고 있었습니다. 간단한 안내를 받은 뒤 우리는 WA-123 N → WA-410 W로 30여 분 진행하여 화이트 리버 출입구(White River Entrance)를 통해 선라이즈 비지터 센터(Sunrise Visitor Center, 6,400ft/1950m)까지 올라갔습니다.

　제주도 한라산 정상의 높이와 같은 여기서는 레이니어 산(Mt. Rainier, 4,392m)이 보다 가까이 손에 잡힐 듯 보입니다. 아래쪽에 가득한 가문비나

무 군락들도 참 보기가 좋습니다. 예전에 출장으로 오리건 주 포틀랜드에서 워싱턴 주의 시애틀까지 가는 비행기에서 아래 가득한 구름 위로 치솟은 3개의 산 봉우리를 본 적이 있었는데, 이들 봉우리가 오리건 주의 후드 산(Mt. Hood, 3,429m), 워싱턴 주의 레이니어 산과 세인트헬렌 산(Mt. St. Helen, 2,549m로 1980년 화산 폭발 이전에는 2,750m)이라고 비행기 승무원의 안내를 받은 적이 있습니다.

  화이트 리버 출입구에서 선라이즈 비지터 센터까지는 차로 25분 정도 걸렸는데 우리는 중간에 선라이즈 포인트(Sunrise Point)에서 사진을 찍으며 쉬기도 하고 비지터 센터 근처의 산책로(picnic area)를 거닐기도 해서 모두 1시간 25분 만인 18시 05분에 다시 화이트 리버 출입구로 빠져 나올 수 있었습니다.

  WA-410 W → WA-164 W → WA-18 W → I-5 N 도로로 워싱턴 주 터코마 시의 클라리온 호텔(Clarion Hotel)에 도착했는데 거의 편도 1차선 길

이 많아 호텔에는 19시 40분경에나 도착했습니다. 이 호텔은 3성급으로 프라이스라인닷컴을 통해 2박 예약을 했고 1박당 숙박비용은 세금 포함 $103.43이었습니다. 체크인을 하고 들어왔는데 3성급 치고는 조금 못한 것 같았습니다. 밥을 지어 저녁식사를 하고 샤워를 한 뒤 피곤하여 22시경 잠자리에 들었습니다.

여행 열엿새째인 2016년 8월 15일(월), 계획과 달리 실제로는 9시간 36분 동안 운전을 해서 508.6마일(818km)을 주행했습니다. 이날 자동차 주행 간 평균 연비는 갤런당 37.1마일, 평균 시속은 53마일이었습니다. 16일 동안의 누적 주행 거리는 6,352.0마일(10,220km)이 되었습니다.

### 16일차: 스프링필드, OR → 터코마, WA

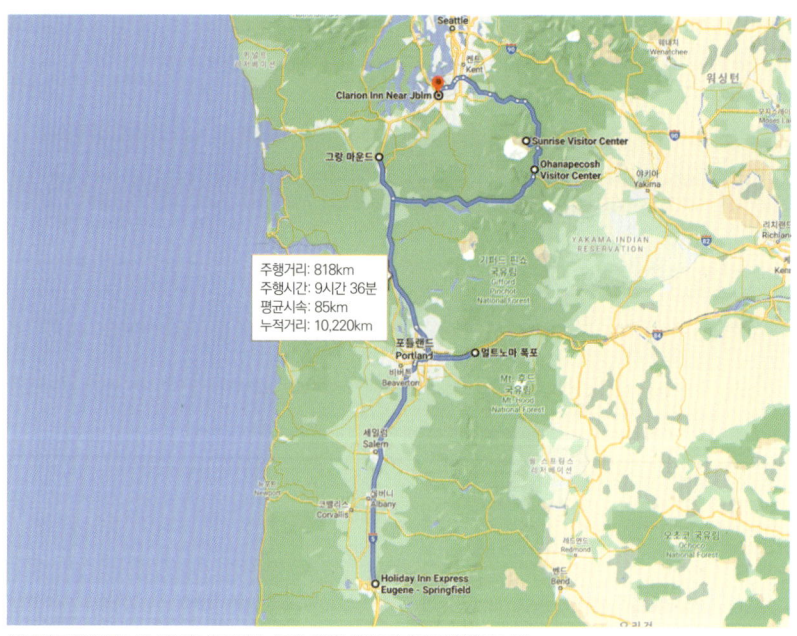

포틀랜드 옆 멀트노마 폭포와 하얗게 눈 덮인 레이니어산의 위용이 멋있습니다.

## 17. 시애틀(Seattle)의 잠 못 이루는 밤? 올림픽 국립공원

2016년 8월 16일(화) 여행 열이레째, 새벽 4시 30분경 잠이 깨어 빈둥거렸습니다. 아내가 등과 허리에 통증이 있다고 하여 잠을 깨울 수 없어, 일어나기를 기다려 7시 30분경 호텔 식당으로 무료 아침을 먹으러 내려갔습니다. 아침은 스크램블드에그, 햄, 소시지 등 따뜻한 음식이 포함되어 있었습니다. 과일로는 바나나와 오렌지가 준비되어 있어 나는 햄, 스크램블드에그, 빵 1쪽, 바나나, 요구르트, 주스 1잔을 마셨습니다. 식사 후에 준비를 하고 차량에 주유도 한 뒤에 8시 30분 출발하였습니다.

이날은 시애틀의 서쪽에 있는 올림픽 국립공원(Olympic National Park)을 방문하고 이어서 시애틀 다운타운에 있는 파이크 플레이스 마켓(Pike Place Market)을 다녀오는 것으로 일정을 잡았습니다. 올림픽 국립공원

은 자연환경과 주변의 동식물들을 보호하기 위해서 1938년도에 미국의 국립공원으로 지정되었다고 합니다. 이 공원은 매우 넓고 들어가 볼 수 있는 곳도 많이 있지만 우리는 대표적인 곳으로 허리케인 릿지 비지터 센터(Hurricane Ridge Visitor Center)만 방문키로 하였습니다. 실제로 호텔이 있는 터코마(Tacoma) 시 쪽에서 갈 때 I-5 S → WA-16 W → WA-3 N → WA-104 W → US-101 N/W로 빙 돌아 들어가기 때문에 시간이 많이 걸려, 허리케인 릿지 비지터 센터 방면 초입에 있는 올림픽 국립공원 비지터 센터에는 2시간 20분이 지난 10시 50분에나 도착할 수 있었습니다. 여기서 10여 분 휴식하고 지도를 얻은 뒤, 다시 국립공원 출입구를 거쳐 안으로 들어갔습니다. 출입구에 차량들로 줄이 무척 길어 한참을 기다렸는데 나중에 연간회원권 소지자는 옆줄로 무료 통과하였습니다. 자동차로 계속 올라 허리케인 릿지 비지터 센터에 도착하니 11시 40분이 되었습니다.

여기에서 제우스 신 등 그리스 신들이 머물고 있음직한 올림퍼스 산(Mt. Olympus, 7,965ft/2,428m) 등 준령 들을 조망한 뒤에 하이 릿지 트레일 (High Ridge Trail) 루트를 따라 서서히 30분 정도 하이킹을 하다가 내려왔습니다. 이곳도 그런대로 와 볼 만한 곳인데 내 생각에는 전날의 레이니어 산(Mt. Rainier)보다는 좀 못했습니다. 12시 20분 하이킹을 마치고 자동차로 이동하여 초입인 올림픽 국립공원 비지터 센터에는 12시 55분에 도착했습니다. 나오는 길 도중에 월남 쌀국수(PHO)로 점심식사를 하였습니다.

원래 이곳에서 시애틀 다운타운으로는 페리에 자동차를 싣고 가면 이 동거리를 절반 정도로 단축시킬 수 있는데 페리에 대한 사전 정보(운항 간격, 요금, 차량 적재 용량 등)를 전혀 가지고 있지 못했고 또 차량으로 지상 이동하는 것에 비해 시간도 10여 분밖에 단축하지 못하는 것으로 구글맵에서 안내되어, 들어갔던 역순으로 I-5 N까지 되짚어 나왔습니다. I-5 N으

로 계속 북상하여 WA-599 N → WA-99 N 도로로 연계했는데, 2시간을 훨씬 지나 16시 15분경에나 파이크 플레이스 마켓 바로 앞 1st Ave. 거리로 들어갈 수 있었습니다. 또 되짚어 나올 때에는 터코마 내로우스 브리지(Tacoma Narrows Bridge)를 건너면서 통행료를 $6나 지불했습니다.

아내는 2014년 캐나다 서부 지역 여행을 마치고 친구와 시애틀을 방문한 적이 있었지만 나는 이번이 첫 방문입니다. 나는 예전에 오리건 주의 포틀랜드 출장을 마치고 돌아갈 때 항공기로 시애틀 공항을 경유한 적은 있습니다. 어떤 사람들은 시애틀이 살기 좋은 곳이라고 하는가 하면 겨울이 길고 우중충하며 비가 많아 싫다고 하는 사람들도 있습니다. 나는 '시애틀의 잠 못 이루는 밤' 등 영화의 영향으로 시애틀에 대한 막연한 동경을 가지고 있었습니다. 그래서 가급적 다운타운 한복판에 호텔을 예약하려고 했지만 너무 비싸 남쪽 외곽인 터코마 시에 호텔을 잡을 수밖에 없었고, 또 좋은 계절에 방문했지만 주어진 시간이 많지 않았습니다.

세계적으로 유명하다는 스타벅스 1호점 바로 위, 노상 공용 주차장에 자리가 비어 2시간 주차(1st ave and pike st, 주차료 세금 등 포함 $21.98)를 하고 길 건너 파이크 플레이스 마켓을 돌아다녔습니다. 조개 수프인 클램차우더(Clam Chowder)도 먹고 또 스타벅스 1호점에 들어가 여유롭게 커피를 마셔 보기도 하였습니다. 시내 중심가 쪽으로 방향을 잡아 워싱턴 컨벤션 센터가 있는 7th ave.까지 천천히 걸어 보았습니다. 18시에 주차장에서 차를 타고 터코마 시의 호텔에는 18시 40분 도착했습니다. 저녁은 밥을 지어 이제는 정말 얼마 남지 않은 반찬들인 명이나물 장아찌, 볶은 고추장, 김과 함께 먹었습니다. 오늘은 음력 보름 정도 되는가 봅니다. 호텔 주차장에 나가 보니 밝은 달이 레이니어 산 위에 걸려 있어 보기가 좋았습니다.

여행 열이레째, 7시간 27분 운전하여 315.4마일(508km)을 주행했습니다. 이날 주행 간 평균 연비는 갤런당 37.1마일이었고, 평균 시속은 42마일이었습니다. 17일간 누적 주행 거리는 6,667.4마일(10,728km)이 되었습니다.

### 17일차: 터코마, WA ↔ 올림픽/시애틀 관광

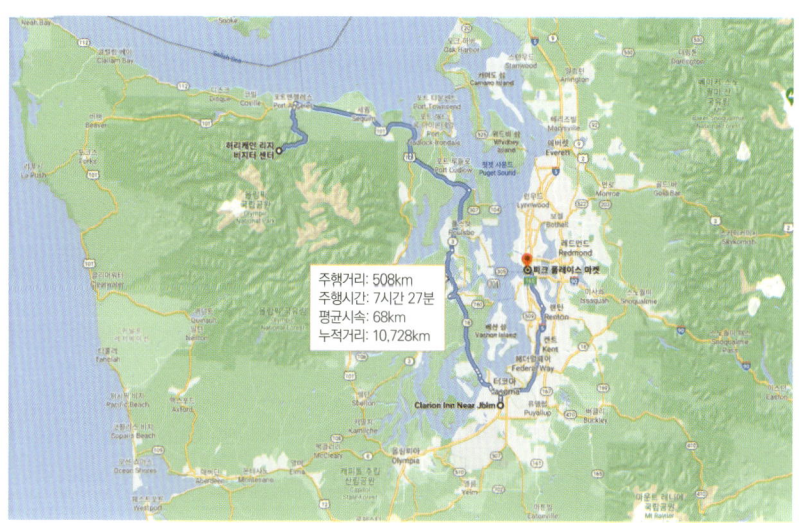

잠을 잘못 이루고 시애틀의 올림픽 국립공원을 방문합니다. 시애틀 시내 스타벅스 1호점의 커피도 빠질 수 없죠.

## 18. 흐르는 강물처럼, 흘러가는 몬태나(Montana) 주

　2016년 8월 17일(수) 여행 열여드레째, 새벽 5시 조금 넘어 일어났습니다. 아침식사는 시작하는 시간인 6시 30분에 먹기로 하였기 때문에 샤워하고 기다렸다가 식당에 내려갔습니다. 오늘은 햄 대신 베이컨이 있었고, 어제와 비슷하게 식사를 하고 나올 때 베이글 빵과 과일을 조금 싸 가지고 나왔습니다. 양치를 하고 7시에 호텔에서 출발했습니다.

　이날은 글레이셔 국립공원(Glacier National Park) 아래, 몬태나 주 칼리스펠(Kalispell) 시에 있는 아메리카스 베스트 밸류 인(Americas Best Value Inn) 호텔까지 이동하는 여정이어서 520여 마일을 8시간 20여분 정도 달리면 되지만, 가는 도중에 시애틀 동쪽 옆에 있는 스노퀄미 폭포(Snoqualmie Falls)에 잠시 들러 보기로 하여 거리와 시간이 조금 늘었습니다. 스노퀄미 폭포에 대한 정보도 인터넷 사이트인 마일모아닷컴 게시판에서 얻어 들은 것입니다. 호텔 부근 주유소에서 주유를 하고 I-5 S → WA-18 E 도로를 통해 스노퀄미폭포까지 내쳐 달려갔습니다. 폭포는 아주 장엄한 것은 아니지만 수량과 높이가 제법 되어서 시애틀 등 근처에 들르면 한 번 찾아볼 정도는 되는 것 같았습니다. 폭포의 높이는 82m(268 ft)이고 평균너비는 30m 정도라고 합니다. 폭포 주변은 스노퀄미 공원(Snoqualmie Park)으로 조성되어 있어 천천히 산책하기에도 좋았습니다. 우리는 7시 50분 도착하여 20여 분 폭포를 구경하며 산책하다가 차에 올라 주변 도로를 통해 I-90 E 주간 고속도로로 연계하여 본격적인 동쪽 행로를 시작하였습니다.

　먼저 275마일을 달려 워싱턴 주를 빠져나가 아이다호 주로 접어들었습니다. 중간에 도로상의 휴게소에서 1회 휴식을 했습니다. I-90 주간 고속도로의 워싱턴 주 풍경은 좀 황량한 구릉이 있는 평원이었는데 비해 아이다

호 주에 들어서니 산과 숲, 호수와 강의 조화로 훨씬 아름다운 풍경을 음미하며 달릴 수 있었습니다. 아이다호 주로 접어들어 첫 번째 휴게소에 12시에 도착했고 우리는 호텔에서 싸가지고 온 빵과 과일로 간단히 점심 요기를 하였습니다. 이 휴게소에는 여행 안내소가 있습니다.

  아이다호 주의 I-90 E 고속도로를 75마일 달려 몬태나 주로 접어들었고 I-90 E 고속도로의 몬태나 주 exit 33으로 빠져 나와 MT-135 N → MT-200 W → MT-28 E → US-93 N 도로를 타고 칼리스펠 시까지 이동하였습니다. 아이다호 주와 몬태나 주의 I-90 E 도로는 공사 구간이 많아 편도 1차선이 되었기 때문에 조금씩 지체가 많았습니다. exit으로 나가 주유도 한 차례 더 했습니다. 또 몬태나 주에 접어들면서 태평양표준시에서 산악표준시로 변경이 되어 1시간 손해(13시 40분이 14시 40분으로 변경)를 보게 되었습니다. MT-135 N 도로와 MT-200 W 도로는 강을 끼고 계곡을 타고 오르는 도로여서 경치가 좋았습니다. 브레드 피트 주연의 영화 '흐르는 강물처럼(A River Runs Through It)'을 생각나게 하는 몬태나 주의 멋진 경치였습니다.

  1975년 3월, 내가 대학교 1학년생일 때 첫 미팅에서 아주 예쁜 여학생을 만났습니다. 나는 그 해 1월 초에 육군사관학교 입학시험 3차 면접 최종 단

계에서 탈락을 하고 이후 머리까지 삭발하여 아직 떠꺼머리의 우스꽝스러운 모습이었는데, 주선했던 친구가 그래도 내가 과대표라고 예쁜 여학생과 짝을 지어준 것 같았습니다. 나는 그때까지 어떤 여학생에게도 말을 한 번 제대로 걸어보지 못한 멍청이여서 하릴없는 대화나 나누면서 '어떻게 하면 이 예쁜 학생과 계속 사귀어 볼 수 있을까?' 하고 궁리 중이었는데 조금 시간이 지난 뒤 그 여학생이 나를 보고 한심하다는 듯 '몬타나에 가 보셨어요?' 하고 물었던 기억이 납니다. 아마 그 몬타나는 이날 운전한 미국의 몬태나 주가 아니고 당시에 유행했던 명동의 맥주집이나 좀 논다는 학생들이 다니던 클럽 정도 되는 곳이었을 겁니다. 결국 '에잇, 이 재미없는 촌놈아!' 하고 보기 좋게 퇴짜를 맞은 거지요.

그런데 나는 엉뚱하게 그때부터 은근히 '몬태나에 한 번 가 보아야지' 하는 마음을 품게 되었습니다. 게다가 크레이그 셰퍼(Craig Sheffer)와 브래드 피트(Brad Pitt) 주연의 1992년 영화 '흐르는 강물처럼'의 배경으로 흐르는 몬태나 주의 아름다운 숲과 강을 보고 꼭 가보고 싶은 마음이 배가되었습니다. 2002년 첫 번째 대륙 횡단 때에도 옐로우스톤 국립공원 서측 출입구를 통해 아이다호 주 애슈턴 시에 있는 숙소로 가는 길에 몬태나 주 땅을 조금 밟아 보았지만 사실 제대로 몬태나 주를 관통해 보기는 이번이 처음이나 마찬가지입니다. 물론 자연 경관을 제대로 음미하지 못하고 자동차로 지나가는 것뿐이었지만요.

MT-28 E 도로는 황량한 구릉과 목초지들을 지나는 길이었고 그것도 수십 마일 이어져 꽤나 단조로웠습니다. 그렇지만 US-93 N 도로를 만나면서부터는 플랫헤드 호수(Flathead Lake)를 끼고 도는 도로여서 다시 풍광이 좋아졌습니다. 우선 호수가 크기도 했지만 짙푸른 물빛과 주변 아기자기한 주택, 로지들이 잘 어우러졌고 보트를 타는 모습도 한 폭의 그림같이 한가로웠습니다. 그렇지만 이 길도 35마일이나 이어져 옐로우스톤 방향으로의 I-90 E 큰 길로부터 거의 110여 마일 2시간이나 들어서서 있는 칼리스펠 시의 호텔에 묵는 것이 좋은가, 그리고 다음 날 또 다시 1시간 정도 들어가서 글레이셔 국립공원을 방문하고 다시 빠져나가는데 2시간 정도 더 할애하는 것이 타당한 것인가 하는 회의가 들기도 했습니다.

칼리스펠 시에 있는 아메리카스 베스트 밸류 인(Americas Best Value Inn Kalispell) 숙소에는 산악표준시로 17시 10분에 도착했습니다. 프라이스라인닷컴으로 예약한 2성급의 호텔로 숙박비용은 세금 포함해서 $111.49나 되었습니다. 203호실에 짐을 풀었는데 변기의 조절장치가 고장 나서 물이 계속 소리를 내며 흘러내리고 있었습니다. 프런트에 이야기해서 102호로 바꾸었는데 이번에는 앞 도로를 지나가는 자동차 소리가 심하게 들렸습니다.

캘리포니아 주 크레센트 시티의 트레블로지(Travelodge)와 마찬가지로 2성급으로도 부족한 면이 있었습니다. 어쨌든 짐을 정리하고 차를 몰고 나가 근처 칼리스펠 센터 몰(Kalispell Center Mall)을 먼저 들러 본 다음, 아래 공항 쪽 US-93 도로 상에 있는 윈체스터 스테이크 하우스(Winchester Steak House)에서 스테이크로 저녁식사를 하였습니다. 안심 스테이크는 $32, 등심 스테이크는 $22 정도였는데 식당의 분위기도 좋고 맛도 이번 여행에서 손가락을 꼽을 정도로 좋았습니다. 몬태나 주여서 그런지 별도 세금은 붙지 않았습니다. 다만 팁을 $10 추가하였습니다.

여행 열여드레째, 이날은 8시간 48분 동안 운전을 해서 534.3마일(860km)을 주행했고, 평균 연비는 갤런당 36.7마일, 평균 시속은 61마일이었으며 여행의 누적 주행 거리는 7,201.7마일(11,588km)이 되었습니다.

## 18일차: 터코마, WA → 칼리스펠, MT

워싱턴주와 이이다호주를 거쳐, 흐르는 강물처럼 몬태나주의 칼리스펠 시까지 올라갔습니다.

### 19. 권하고 싶지만 가보기는 어려운 글레이셔 국립공원

　2016년 8월 18일(목) 여행 열아흐레째, 잠자리가 불편했고 또 밖에서 밤새 차량이 이동하는 소리가 들려 잠을 자다 깨다 했습니다. 새벽 6시 45분 경 완전히 깨어 샤워하고 7시 조금 넘어 식사를 하러 갔습니다. 식사는 별로여서 과일은 전혀 없고 빵, 요구르트, 팬케이크, 오트밀 정도가 전부였습니다. 빵 몇 조각과 요구르트를 먹고 커피 한 잔 마셨으며 베이글 1개와 빵 2쪽을 싸 가지고 나왔습니다. 이번 여행에서 2성급 호텔 3곳 중 2곳은 정말 실망스러웠습니다.

　아침 7시 45분 호텔에서 출발, US-93 N → US-2 E 도로를 타고 글레이셔 국립공원(Glacier National Park) 서쪽 출입구(West Entrance)를 통해 8시 30분에 아프가 비지터 센터(Apgar Visitor Center)에 도착했습니다. 알래스카를 제외한 미국 본토의 국립공원 중 캐나다와 국경을 맞대고 있는 글레이셔 국립공원이 위도 상으로 가장 높은 곳에 있는 국립공원입니다. 나는 간혹 이 국립공원의 화보 사진들을 보면서 언제인가부터 막연하나마 '글레이셔 국립공원에 꼭 가보아야지'하는 생각을 가지고 있었습니다. 그 막연한 생각을 이번 여행에서 실행하게 된 것입니다. 입장료는 차량당 $30이었는데 우리는 국립공원 연간회원권으로 무료입장을 하였습니다. 이 국립공원은 1910년도 미국의 국립공원으로 지정되었는데, 이후 1932년 캐나다의 워터턴 호수 국립공원(Waterton Lakes National Park)과 합병되어 워터턴-글레이셔 국제평화공원(Waterton-Glacier International Peace Park)이 되었다고 합니다. 그리고 1995년에는 세계문화유산으로 지정되었습니다. 수천 년 동안 빙하가 깎아 만든 이곳에는 호수 762개, 산 175개 및 빙하 25개가 있어 미국에서 가장 멋진 지역 가운데 한 곳이라고 합니다.

　아프가 비지터 센터에서 간단히 휴식을 취하고 안내 지도를 받고 세계에

서 가장 아름다운 도로 가운데 하나로 불리는 Going-to-the-Sun Road 를 통해 맥도널드 호수(Lake Mc Donald) 변을 따라 이동했습니다. 여러 View Point에서 잠시 정차하여 호수, 계곡, 크리크(creek), 산 등의 경치를 보면서 계속 자동차로 올랐습니다. 캐나다로 이어지는 워터턴 호수 국립공원까지 북쪽으로 더 올라가 보려고 잠시 생각해보기도 했지만 시간이 많이 걸리고 캐나다 국경을 넘어가는 것으로, 이제 곧 돌아가야 하는 시기에 몸 조심해야 해서 우리는 글레이셔 국립공원만 서쪽에서 동쪽으로 가로질러 가기로 했습니다.

중간중간 정차하여 간단한 하이킹을 하면서 계속 차로 이동하다가, 로건 패스 비지터 센터(Logan Pass Visitor Center, 6646ft/2025m)에 들러 주변을 둘러본 뒤에, 싸 가지고 온 빵 등으로 점심 요기를 하였습니다. 캐나

다 토론토에서 왔다고 하는 한국인 아저씨/아줌마 군을 만났습니다. 생각보다 괜찮은 곳으로 어제 큰 길인 I-90 E에서 별도의 시간을 할애하여 2시간 이상 들어온 보람이 있었습니다. 또 특히 아내가 매우 좋아해서 다행이라고 생각했습니다. 주변의 Heavens Peak(8987ft/2739m), Reynolds Mtn(9125ft/2781m), Going-to-the-Sun Mtn(9642ft/2939m), Mount Slyeh(10014ft/3052m) 영봉들이 구름을 살짝 얹은 채 위엄을 자랑하고 있었고, 크고 작은 폭포들도 많았습니다. 많은 사람들이 비지터 센터 옆으로 나있는 히든 레이크 트레일(Hidden Lake Trail)을 하고 있었는데, 3마일 거리여서 그곳까지 트레일을 하지는 않았습니다. 로건 패스 비지터 센터와 주변에서 40분 이상 쉬다가 다시 차를 타고 내려가면서 Jackson Glacier

Overlook에 서서 멀리 잭슨 산(Mt. Jackson, 10,052ft/3,064m) 아래 넓게 펼쳐져 있는 빙하들을 살펴보게 되었습니다. 아쉽게도 빙하는 지구 온난화에 따른 기온 상승으로 산 정상 부분에만 잔설같이 조금만 남아있었는데, 점차 사라져 가고 있어 2030년경에는 볼 수 없을 것이라고 합니다.

세인트 메리 호수(Saint Mary Lake) 주변의 산림은 언젠가의 큰 산불에 모두 타 버리고 재생 중으로, 그래서인지 선 포인트(Sun Point)도 폐쇄(closed) 되어 있었습니다. 라이징 선 로지(Rising Sun Lodge)에 잠시 들렀다가 12시 10분 국립공원의 동쪽 비지터 센터(Saint Mary Entrance)를 통해 세인트 메리(St. Mary) 시로 빠져 나왔습니다. 이곳은 실상 와 보기가 매우 어려운 곳인데 주마간산 식으로 잠시 지나쳐 둘러보는 정도였지만 그래도 잘 선택하여 왔다고 생각되었습니다. 언젠가 여유를 가지고 다시 한 번 와보리라는 희망을 갖고 떠나갑니다. 아침 호텔에서 출발할 때 외부 온도가 64℉(18℃) 정도로 쾌적했지만 로건 패스 비지터 센터에서는 50℉(10℃)로 쌀쌀하여 점퍼를 입을 수밖에 없었는데, 나중에 오늘의 숙소인 몬태

나 주 보즈먼(Bozeman) 시 근처에 도달했을 때 16시 20분 정도의 기온은 83°F(28℃)로 이때는 오히려 더웠습니다.

이쪽에는 인디언 블랙피트(Blackfeet) 족이 살았다고 합니다. 나는 초등학교인가 중학교 시절에 디즈니가 만든 '앤디 버넷의 모험(The Saga of Andy Burnett)'이라는 TV 드라마를 흑백으로 재미있게 본 기억이 있는데, 미시시피 강을 거슬러 올라 서부를 탐험하던 앤디 버넷 일행이 이 블랙피트 인디언 족과 교류하는 장면이 생각났습니다.

세인트 메리 시에서 US-89 S → US-287 S(→ I-15 S) → US-287 S → I-90 E 도로로 4시간 30분 정도 걸려 16시 40분에 MT exit 306에 있는 햄프턴 인(Hampton Inn Bozeman) 호텔에 도착했습니다. 처음 세인트 메리 시를 나올 때에는 구릉 지역에 산림들도 많이 있었는데 이후부터 I-15 S 도로와 합류할 때까지 200여 마일 이상 대평원이 완만한 구릉들과 이어져 운전하는 데 몹시 지루했습니다. 이 호텔은 2.5성급의 힐튼 계열 호텔로 7월 29일(금), 가지고 있던 힐튼호텔 멤버십 Hilton Hhonors 90,000 포인트를 사용하여 3박을 예약한 것이며 하루 숙박에 30,000포인트씩입니다. 또 나는 이때 Hhonors Diamond tier를 가지고 있었는데 작은 규모의 중급 호텔이어서인지 룸 업그레이드(room upgrade), 호텔 라운지 이용 등 특별한 Diamond benefit은 별도로 없었습니다. 또 다이아몬드나 골드 등 상급 Tier를 가지고 있지 않더라도 모든 투숙객에게 아침식사가 무료로 제공됩니다. 저녁에 가지고 있던 마지막 쌀로 밥을 지어 먹고 근처 월마트(Walmart)에서 과일과 쌀(안남미), 컵라면 2개를 보충해서 사 가지고 돌아왔습니다.

> 여행 열아흐레째, 이날은 7시간 06분 운전을 해서 384.7마일(619km)을 주행했습니다. 이날 주행 간 평균 연비는 갤런당 33.5마일, 평균 시속은 54마일로 전체 19일간 여정의 누적 주행 거리는 7,586.4마일(12,207km)이 되었습니다.

19일차: 칼리스펠, MT → 보즈먼, MT

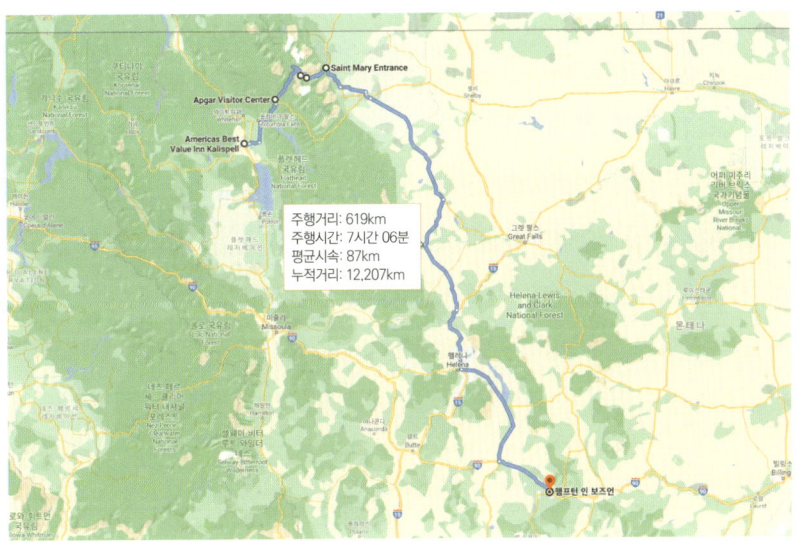

글레이셔 국립공원, 누구에게나 꼭 권하고 싶은 정말 멋있는 곳인데… 어떻게 표현할 방법이 없습니다.

## 20. 다시 방문한 세계 최초·최고의 국립공원, 옐로우스톤①

　2016년 8월 19일(금) 여행 스무날째, 아침 6시 조금 넘어 기상, 샤워한 뒤에 자리에서 일어나지 않으려는 아내를 깨워 아래층 식당으로 내려가 무료 아침식사를 하고 7시 20분경 출발했습니다. 오늘은 몬태나 주 보즈먼(Bozeman) 시의 호텔에서 옐로우스톤 국립공원(Yellowstone National Park)을 거쳐 그랜드 티탄 국립공원(Grand Teton National Park)까지 다녀오기로 했는데 그랜드 티탄 국립공원까지는 편도 210마일에 4시간 20분이나 소요된다고 나와 있어 조금 걱정이 되었습니다. 아침식사는 오트밀, 죽(soup), 오믈렛, 소시지 등 따뜻한 음식이 있었고 과일, 주스, 빵, 요구르트, 삶은 달걀과 커피 등이 있어 비교적 다양했습니다. 어제 밤에 뇌우를 동반한 폭우가 내려 걱정했는데 아침 출발 때에 부슬비로 바뀌었고 30여 분 지나자 점차 개고 맑은 하늘이 보여 다행스러웠습니다.

　몬태나 주 보즈먼 시의 호텔에서 내려가는 US-191 S 도로는 소나무, 전나무, 가문비나무 등 침엽수로 가득한 산림의 계곡을 타고 가는 것이었는데 옆에 시내도 같이 흐르고 있어 운전하기에 경치는 좋았습니다. 호텔 바로 앞의 Baxter Lane 도로로 6~7마일 정도 서쪽으로 이동해서 MT-85 S(2마일) → US-191 S(82마일) 도로로 연계하여 90여 마일을 달려 9시에 옐로우스톤 국립공원의 서쪽 출입구(West Entrance)에 도착했습니다. 우리는 당연히 국립공원 연간회원권으로 무료입장을 하였습니다. 옐로우스톤 국립공원은 1871년도에 페르디난드 헤이든 지질 탐험대(Hayden Expedition)가 탐사 보고서를 작성한 이후, 1872년 3월 1일 미국의 그랜트(Ulysses S. Grant) 대통령에 의해 세계 최초로 국립공원이 되었습니다. 나의 생각이지만 아마 세계 최고의 국립공원이라고 칭하는데도 이의가 없을 것입니다.

입구에서 국립공원 지도를 받아 들고 먼저 매디슨(Madison)을 거쳐 옐로우스톤 국립공원에서 가장 유명한 올드페이스풀 간헐천(Old Faithful Geyser)까지 30마일을 이동하여, 9시 40분경 도착했습니다. 이날 달려온 US-191 S 도로상의 최저 외부 기온은 45℉(7.2℃)였고 올드페이스풀 간헐천 주변의 기온은 50℉(10℃)로 쌀쌀한 편으로 가벼운 점퍼를 입었습니다. 반면에 이날 한낮의 최고 기온은 70℉(21℃)가 되었습니다. 도착하자마자 주차를 히고 올드페이스풀 간헐천로 나아갔는데 바로 3~4분도 지나지 않아 분출하기 시작했습니다.

간헐천 분출 후 이곳 로지(lodge)에서 잠시 휴식을 취하고 10시 15분 그랜드 티탄 국립공원을 향해 출발했습니다. 고개를 넘어 가는 도중에 컨티넨탈 디바이드(Continental Devide)로 표시된 지점이 3곳이나 있었습니다. 컨티넨탈 디바이드는 미국 대륙을 같은 위도 상에서 동서로 양분했을 때

중앙임을 표시하는 표지입니다. 우리는 1차 대륙 횡단 시에 콜로라도 주 덴버 부근의 로키 산 국립공원을 갔을 때 Milner Pass를 가 본적이 있었는데 그곳에도 컨티넨탈 디바이드 표지가 있었습니다.

　루이스 호수(Lewis Lake)와 루이스 폭포(Lewis Falls)를 지나 루이스 강(Lewis River)을 따라 옐로우스톤 국립공원의 남쪽 출입구(South Entrance)로 나간 뒤 연결되어 있는 그랜드 티탄 국립공원으로 입장했습니다. 각 국립공원의 입장료는 차량당 7일 동안 $30이고 두 국립공원을 연계하는 경우 $50인데 옐로우스톤 국립공원의 남쪽 출입구에서 그랜드 티탄 국립공원으로 들어갈 때 별도 요금 받는 곳은 없었습니다. 11시 50분 그랜드 티탄의 콜터 베이 비지터 센터(Colter Bay Visitor Center)에 도착하여 휴식하고 잭슨 호수(Jackson Lake)의 콜터 베이로 나가 그랜트 티탄(Grand Teton, 13770ft/4197m) 산을 비롯한 티탄 특유의 로키 산맥 영봉

들 사진을 찍어댔습니다. 12시 20분 다시 출발하여 Teton Park Road를 타고 여러 view point에 들르면서 천천히 내려와 그랜드 티탄 국립공원의 남쪽 무스 출입구(Moose Entrance)를 통해 Moose Junction으로 나왔습니다. 보즈먼 시의 호텔에서 여기까지 꼭 210마일이었습니다. 이번에는 US-191 N 도로로 Moran Junction까지 가서 다시 그랜드 티탄 국립공원의 동쪽 모란 출입구(Moran Entrance)로 들어갔습니다. 2002년 미국 대륙 횡단 때에도 들렀지만, 그랜드 티탄 국립공원은 미국 내의 어느 국립공원보다도 자연미가 넘치는 곳이라고 합니다. 또 앨런 래드(Alan W. Ladd) 주연의 1953년 작 미국 서부영화 〈셰인(Shane)〉의 촬영지입니다. 결투를 마친 셰인이 부상을 입은 채 어둠 속에 어슴푸레 고개를 넘어가는데 소년 조이의 'Come Back!' 외침이 멀리 그랜드 티탄 영봉들에 메아리칩니다.

　3시간 30분 정도의 그랜드 티탄 국립공원 방문을 마치고 14시 50분경 다시 옐로우스톤 국립공원 남쪽 출입구로 진입, 15시 30분에 올드페이스풀에 다시 도착하여, 휴식을 취한 뒤 여유를 가지고 올드페이스풀을 한 바퀴 돌아보았습니다. 16시 15분 우리는 두 번째로 분출을 지켜보았습니다. 그 다음번 분출은 17시 45분으로 표현되어 있어 분출 간격은 대략 90분 정도임을 알 수 있었습니다. 아내의 몸이 좋지 않아 16시 30분경 출발, 옐로우스톤 국립공원의 서쪽 출입구를 통해 북상하여 보즈먼 시의 호텔까지 이동했습니다. 호텔에는 18시 50분에 도착했습니다. 매디슨(Madison) 지역에서 서쪽 출입구로 나오는데 북측 능선에 큰 산불이 나 있었고 소방 헬기 등으로 진화 중이었습니다. 사실 전날(8월 18일(목)) 옐로우스톤 국립공원에 산불이 났다는 저녁 TV 뉴스를 접했는데 큰 관심을 갖지 않았고 또 밤에 비가 많이 와서 모두 꺼진 줄 알았는데 산불이 아직까지 맹렬하여 다음날 일정이 걱정되었습니다. 밥을 지어 저녁식사를 했습니다.

> 여행 스무날째, 이날은 9시간 16분 운전하여 418.8마일(673km)을 주행했고, 주행 간 평균 연비는 갤런당 44.7마일, 평균 시속은 45마일로 누적 주행 거리는 8,005.2마일 (12,880km)이 되었습니다.

## 20일차: 보즈먼, MT ↔ 그랜드티탄 국립공원

시간을 여유롭게 가지고 3일 체류합니다. 옐로우스톤-그랜드티탄 국립공원을 방문해 봅니다. Shane! Come Back!

## 21. 여유를 가지고, 옐로우스톤(Yellowstone National Park)②

여행 스무하루째인 2016년 8월 20일(토), 아침 5시 40분 기상했습니다. 샤워하고 빈둥대다가 아내가 속이 별로 좋지 않아 어제 지어 놓은 밥으로 아침을 먹겠다고 해서 혼자 6시 30분경 식당에 가서 아침식사를 하였습니다. 전날과 비슷하게 7시 20분 출발, 차량 통행이 별로 없던 US-191 S 도로를 통해 옐로우스톤 국립공원의 서쪽 출입구에 8시 50분 도착했습니다. 출입구에서 매디슨 지역으로 이동하는 도중, 며칠간의 산불 연기가 도로 상에 매캐하게 내려져 있었습니다. 서북 능선의 산불은 오늘도 완전히 꺼지지 않았는데 공원 진입이나 각 지역 방문에는 별 지장이 없었습니다. 달려 온 US-191 S 도로 상의 최저 외부 기온은 8월 중순인데도 무려 34°F(1.1℃)였고 국립공원 초입에서는 45°F(7.2℃)로 매우 쌀쌀했는데 그래도 나중에

17시 20분경 국립공원을 빠져나올 때에는 기온이 81℉(27℃)로 더웠습니다. 8자 모양의 옐로우스톤 국립공원 지역 중 남서쪽 방향으로 먼저 진입했습니다.

제일 먼저 전날 돌아올 때 길거리에도 주차가 되어 진입이 어려웠던 미드웨이 가이저 베이슨(Midway Geyser Basin)으로 향해 그랜드 프리즈매틱 온천(Grand Prismatic Spring) 등을 방문하고, 다시 2마일 정도 되돌아가 로어 가이저 베이슨(Lower Geyser Basin)으로 가서 파운틴 페인트 팟(Fountain Paint Pot) 등을 방문했으며, 이어서 어퍼 가이저 베이슨(Upper Geyser Basin) 지역의 비스킷 베이슨(Biscuit Basin), 블랙 샌드 베이슨(Black Sand Basin)과 케플러 케스케이드(Kepler Cascades) 등을 방문해서 각각 길지 않은 트레일들을 하였습니다. 모두가 다 멋지지만 특히 그랜

드 프리즈매틱 온천은 압권입니다. 이 온천의 물빛은 총천연색으로 온도가 가장 높은 중앙부는 짙은 푸른색이고 수심이 낮아질수록 녹색이 되며 주변은 청녹조류의 시아노박테리아가 번성하면서 노랑색, 주황색과 붉은색 띠를 이루고 있습니다. 정말 예쁘고 멋있습니다. 옐로우스톤 국립공원을 대표하는 사진에 올드페이스풀 간헐천과 함께 거의 빠지지 않고 등장합니다. 올드페이스풀 간헐천은 어제 두 번이나 방문했고 또 별도로 시간을 맞추어야 해서 생략하고, 남쪽 웨스트 섬(West Thumb)으로 이동하는 중에 세 군데의 컨티넨탈 디바이드(Continental Devide) 중 어제 사진을 찍지 못했던 제일 높은 곳(8391ft/2558m)의 컨티넨탈 디바이드에서 차를 세우고 기념 촬영을 했습니다.

웨스트 섬에 도착 후 호숫가에 자리 잡고 있는 웨스트 섬 가이저 베이슨(West Thumb Geyser Basin)을 방문했으며, 남쪽 웨스트 섬에서 동쪽 피싱 브리지(Fishing Bridge) 방향으로 진행하는 도중 호수 변 피크닉 에어리어(picnic area)에서 호텔에서 싸가지고 온 빵과 삶은 달걀로 점심 대용 요기를 하였습니다. 피싱 브리지를 방문하고 동쪽 방향으로 계속 진행하여 14년 전 옐로우스톤 국립공원 방문 시 처음 방문했던 곳인 머드 볼케이노(Mud Volcano)를 트레일하고 강물에서 솟아오르는 설퍼 칼드론(Sulphur Caldron)에도 잠시 주차하여 사진 촬영을 했습니다.

옐로우스톤 강을 따라 올라가다가 옐로우스톤의 그랜드 캐니언에 도착했습니다. 국립공원의 이름인 옐로우스톤이라는 말이 특히 이곳 협곡 양안의 노란 바위들로 인해 붙여졌다고 합니다. 황 성분이 포함된 물에 의해 협곡 양안의 지형 색깔이 노랗게 되었다고 하는데, 이런 이유로 협곡을 흐르는 거센 강 이름이 옐로우스톤 강이 되었고 또 나중에 국립공원의 이름이 되었다고 합니다.

먼저 자동차로 South Rim Drive와 Artist Point Rd.를 타고 내려가 관

광객들이 많이 머무르는 Artist Point에서 Lower Fall을 구경하고 다시 올라와 Upper Fall View에서 폭포를 구경했습니다. 여기서 Uncle Tom's Trail을 타고 걸어 내려가 비교적 가까이에서 Lower Fall을 다시 구경했는데, Uncle Tom's Trail의 마지막 부분은 경사가 심한 328step의 철 계단을 내려가는 것으로, 내려갈 때는 가벼웠지만 올라올 때는 힘이 많이 들었습니다. 다시 차를 타고 동북쪽 방향으로 진입, 던레이븐 패스(Dunraven Pass, 8859ft/2700m)를 지났습니다. 여기에서 조금 더 진행하면 워시번 산(Mt. Washburn, 10243ft/3122m)을 걸어 오를 수 있는 트레일 루트가 있지만 시간 관계상 아쉽게 생략했습니다. 멀리 서부영화에 나옴직한 평원이 이어집니다. 다른 폭포들에 비해 높이나 규모가 작지만 주변 지형이 뾰족하게 색다른 타워 폭포(Tower Fall)도 방문했습니다.

　이어서 북쪽 관문인 맘모스 온천(Mammoth Hot Springs) 지구를 방문했습니다. 로어 테라스 지역(Lower Terraces Area)을 트레일했는데, 물이 대부분 말라서 보기 괜찮은 곳은 서너 곳 정도에 불과했습니다. 맘모스 온천 호텔 Terrace Grill 식당에서 햄버거로 저녁식사를 했는데 가격이 비교적 저렴하면서 맛도 괜찮았습니다. 17시 20분 옐로우스톤 국립공원의 북쪽 출입구를 통과해서 공원 안에는 9시간 30분 동안 머물러 있었던 셈이 되었습니다. 황량한 구릉지역이 계속되는 US-89 N 도로를 52마일 타고 몬태나 주의 리빙스톤(Livingston) 시까지 북상한 뒤에 I-90 W 도로를 27마일 타고 호텔에는 19시 35분에 도착했습니다. 북쪽 출입구로부터 1시간 15분 걸려 서쪽 출입구보다 차량 이동 시간은 오히려 적게 걸렸습니다.
　옐로우스톤 국립공원과 그랜드 티탄 국립공원 지역은 산이면 산, 강이면 강, 간헐천이면 간헐천, 온천이면 온천, 그리고 각종 동식물들로 참 멋있는 곳입니다. 나는 이번 여행을 포함하여 여름철에만 두 번 와 보았지만 사계절 다양하게 여러 차례 방문하고 싶은 곳입니다. 한국에서는 이곳을 찾기가 그렇게 용이하지 않기 때문에, 이번에 며칠 묵어가게 여정 계획을 짰습니다. 사실 그래도 부족하지만, 어느 정도는 자연을 충분히 만끽하였고 좋았습니다.

> 여행 스무하루째인 이날은 총 7시간 04분 동안 운전을 해서 305.7마일(492km)을 주행했고, 주행 간 평균 연비는 갤런당 39.6마일, 평균 시속은 43마일로 전체 여정의 누적 주행 거리는 8,310.9마일(13,372km)이 되었습니다.

## 21일차: 보즈먼, MT ↔ 옐로우스톤 국립공원

옐로우스톤은 어느 곳이든 다 황홀합니다. 그래도 그랜드 프리즈매틱 스프링과 올드페이스풀 간헐천이 우선입니다.

## 22. 옛 기억을 찾아서, 러시모어 국립기념지

여행 스무이틀째인 2016년 8월 21일(일) 아침 6시에 기상했습니다. 이날은 일요일 즉, 주일이어서 성당에 가려고 어제 미리 검색해 둔 몬태나 주 보즈먼 시의 Holy Rosary Catholic Church의 8시 미사에 참례하기로 하였습니다. 호텔에서는 1.5마일로 자동차로 6분 거리입니다. 아침 샤워 때 목욕탕 벽에서 빈대 같은 벌레를 발견했는데, 아내에게 말해주니 아내는 밤중에 침대에서 1마리 발견하여 변기에 버렸다고 하였습니다. 식사 후 7시 30분 체크아웃 시에 담당자에게 항의했는데 담당자는 하루치의 호텔비(30,000 힐튼 포인트)를 돌려줄 수 있다고 하여 거절하고 나중에 힐튼 측에 공식 항의하기로 하였습니다. 나중에 힐튼 측에 e-mail로 항의를 하였는데 결국은 하루치 호텔비에 해당하는 3만 힐튼 포인트만 돌려받았습니다. 성당의 연중 제21주일 8시 미사에 참례한 후에 보즈먼 시내를 관통하는데 Main St.의 차량 통행이 금지되고 행사가 열렸습니다. 보즈먼 시에서 열리는 'Cruisin' on Main' Annual Car Show로 주로 클래식 자동차들을 전시하는 행사였습니다. 1914년 형 포드 T 모델도 있었고 1951년 한국전에 참전했던 지프차도 있었는데, 올해가 16년째 행사라고 했습니다.

30분 정도 구경하다가 9시 30분 출발, I-90 E 도로로 몬태나 주 경계까지 거의 구릉으로 이어지는 황야 250마일 정도를 3시간 남짓

에 달렸습니다. 몬태나 주와 와이오밍 주의 주간 고속도로는 대부분의 구간에서 최대 시속 80마일이었고 그 정도의 수준에서 달려주었습니다. 다시 와이오밍 주에서 I-90 E 도로를 계속 달려 와이오밍 주 쉐리든(Sheridan) 시의 서쪽 경계에 해당하는 exit 20에서 빠져나와 주유도 하고 햄버거로 점심 요기를 하였습니다. 또 휴게소에 들러 지도도 확보하였습니다. 질레트(Gillette) 시를 지나 15시경에 exit 153으로 나와 US-14 E → WY-24 E → WY-110 도로를 타고 예전 2002년에도 방문했었던 데빌스 타워 국립기념물(Devils Tower National Monument)을 다시 방문했습니다.

데빌스 타워 국립기념물은 미국 최초로 1906년 지정된 국립기념물이며, 주변에는 프레리 독(prairie dog) 서식지가 있습니다. 국립기념물로 차량당 $10의 입장료를 받는데, 우리는 가지고 있던 국립공원 연간회원권으로 무료입장을 하였습니다. 데빌스 타워는 높이 260m의 화성암 탑으로 약 6천만년 전에 화산이 폭발하고 남아있던 마그마가 그대로 굳었다가 오랜 침식과 풍화로 강한 화성암 부분만 남은 것이라고 합니다.

16시 10분 방문을 마치고 공원 출입구를 빠져나왔습니다. WY-110 → WY-24 도로로 Devil's Tower Junction으로 되짚어 나온 뒤 US-14 E 도로를 타고 I-90 E exit 185로 합류하여 다시 20여 마일을 달려 사우

　스다코타 주에 진입, I-90 E SD exit 57 → US-16 W → US-16A W → SD-244 도로를 타고 러시모어 산 국립기념지(Mount Rushmore National Memorial)에 18시 10분 방문했습니다. 국립기념지의 입장료는 없었지만 주차료 $11를 지불했습니다. 주차비용은 국립공원 연간회원권 보유 여부와 상관없이 모든 차량에 부과되었습니다. 예전 2002년 방문 시에는 그날이 주일 아침이어서 성당 미사 전에 허둥지둥 방문했었는데 그래도 오늘은 좀 더 차분히 오랫동안 살펴볼 수 있었습니다.

　잘 알려진 바와 같이 러시모어 산에는 미국의 초대 대통령인 조지 워싱턴, 3대 대통령인 토머스 제퍼슨, 26대 대통령인 시어도어 루스벨트 그리고 16대 대통령인 에이브러햄 링컨의 암벽 얼굴상이 바라보는 방향 왼쪽부터 순서대로 조각되어 있습니다. 이 조각상들은 1927년에 착공, 1941년 할로윈(10월 31일)에 완공되었다고 하는데 실제 작업에 걸린 시간은 6년 반 정도였다고 합니다. 원래는 이곳이 미국 원주민인 인디언(수우족)들의 성지였다고 합니다. 40~50분 관람 후 19시 조금 안되어 출발, I-90 E SD exit 61 바로 근처에 위치한 컴포트 호텔(Comfort Suites Rapid City)에는 19시 30분 도착했습니다. 가지고 있던 컵라면을 끓여서 전날 해 둔 밥을 말아먹었습니다. 오래간만의 컵라면으로 얼큰하고 맛있었습니다. 호텔은 핫와이어닷컴을 통해 7월 30일(토) 새벽에 예약했으며, 숙박 요금은 세금 포함 $103.02이었는데, 컴포트 스위트(Comfort Suites) 호텔로 2.5성치고는 꽤 괜찮은 호텔이었습니다.

여행 스무이틀째인 이날은 8시간 49분 운전으로 599.1마일(964km)을 운행했고, 평균 연비는 갤런당 33.1마일, 평균 시속은 68마일로 누적거리는 8,910.0마일(14,336km)이 되었습니다.

## 22일차: 보즈먼, MT → 래피드시티, SD

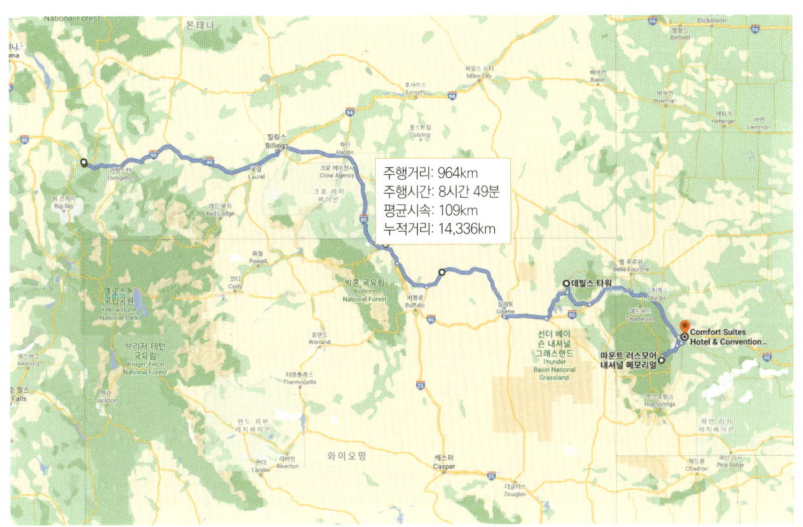

거의 1,000km를 달려 허겁지겁 미국 대통령들의 조각상을 구경합니다. 그래도 예전보다는 훨씬 덜 달립니다.

### 23. 여정의 막바지, 배드랜즈 국립공원

2016년 8월 22일(월) 여행 스무사흘째, 아침 6시에 기상했습니다. 샤워를 마친 뒤 아침식사를 7시에 간단히 하고 7시 30분에 출발했습니다. 호텔의 무료 아침식사는 햄프턴 인(Hampton Inn)과 비슷하게 따뜻한 음식으로 스크램블드에그, 양송이 수프, 소시지, 햄 등이 있었고 바나나, 사과, 오렌지 등의 과일, 요구르트, 각종 빵과 시리얼, 와플 등이 있어 대체적으로 만족할 만한 수준이었습니다.

호텔 바로 옆으로 나 있는 I-90 E 고속도로 SD exit 61로 진입하여 SD exit 110 Wall Drug로 나와 SD-230 E 도로로 8시 10분에 배드랜즈 국립공원(Badlands National Park) 출입구로 진입하였습니다. 연간회원권이 없는 경우 일반적인 입장료는 차량당 $15이었습니다. 배드랜즈 국립공원은 미국 사우스다코타 주 남서부에 위치한 국립공원입니다. 프레리로 불리는 대평원 지대에 위치한 바위산 지역으로 면적은 982.40km$^2$(242,756 에이커)이라고 합니다. 배드랜즈는 영어로 '나쁜 땅' 또는 '황무지'를 뜻하는데 이는 아메리카 원주민 수우(Sioux) 족의 언어인 '마코시카(Makhóšiča)'를 영어로 옮긴 것이라고 합니다. 처음 프랑스 사냥꾼들이 여기에 왔을 때 이곳을 지나쳐 가기가 너무 힘들어 붙인 이름이라고 하지요. 50만년 동안에 걸친 물과 바람의 침식 작용으로 인해 형성된 기묘한 지형에는 여러 개의 절벽과 협곡, 우뚝 솟은 봉우리, 밑 부분이 가늘게 깎인 바위, 평탄한 바위 테이블 등 특이한 풍경이 펼쳐져 있습니다. 1939년 1월 29일 미국 국립기념물로 지정되었으며 1978년 11월 10일에는 국립공원으로 승격되었습니다.

우리는 Badlands Loop Scenic Byway를 타고 가면서 도로 옆의 매 전망대마다 정차하고 풍경을 감상했습니다. 전망대마다 각기 다른 풍경인데 이곳은 14년 전 시카고로부터 처음 서부의 국립공원에 입장하여 우리

가족 모두가 환호를 질렀던 곳이기도 합니다. 즉 우리 부부와 아이들에게 2002년 첫 미국 대륙 횡단 때 처음 만났던 국립공원으로, 전체 여정의 상쾌하고 희망적인 시작을 알려주었던 의미 있는 곳입니다. 이번 여정에서는 돌아가는 길이 되어 마지막으로 방문하는 국립공원이 되었습니다. 가는 길이 멀어 1시간 30분 정도만 빠르게 스쳐 지나가며 관람할 것으로 예상했으나 2시간 10분이 지난 10시 20분에야 국립공원을 빠져 나와 I-90 E SD exit 131 도로로 다시 진입할 수 있었습니다.

  I-90 E SD exit 175 정도에서 산악표준시 MST 11시가 이제 중앙표준시 CST 12시로 변경되어 1시간 빨라졌습니다. 중간에 SD exit 192의 머도(Murdo) 시에서 주유를 1회 하고는 SD exit 410 정도까지 지루한 대평원을 쉬지 않고 계속 달려 중앙표준시 15시 15분에 미네소타 주의 첫 번째 휴게소 겸 안내센터에 도착했습니다. 지도를 입수하고 휴식을 취한 뒤 출발, 중간에 페어몬트(Fairmont) 시에서 다시 주유하고 맥도널드에서 에그 맥머핀(Egg McMuffin)으로 요기한 뒤 I-90 E MN exit 209B까지 전체 210여 마일을 내쳐 달려 US-63 N 도로로 미네소타 주 로체스터

　(Rochester) 시내 한복판에 있는 칼러 인 앤 스위트 호텔(Kahler Inn and Suites)에 18시 40분 도착했습니다. 몬태나(MT) 주, 와이오밍(WY) 주와 사우스다코타(SD) 주는 대부분 제한 속도가 80마일인데 비해 미네소타(MN) 주부터는 최고 제한속도가 70마일로 제한되었습니다.
　칼러(Kahler) 호텔은 나로서는 처음 들어보고 처음 자 보는 3성급 호텔로 8월 19일(금)에 급하게 핫와이어닷컴을 통해 예약했는데 숙박 요금은 $78.7이었으며 3성급답게 대체적으로 괜찮은 호텔이었습니다. 그러나 밤에 도로의 차량소음이 많이 들리고, 방안에 작은 날벌레가 있었으며, 무료 아침식사는 마땅히 먹을 만한 것이 없었습니다. 2개의 퀸 사이즈 침대가 있는 고층 719호실에 투숙하였습니다. 로체스터 시내를 조금 걸어 보았는데 별것 없어, 호텔방에서 저녁을 지어 볶은 고추장과 김으로 식사를 하고 휴식 후 취침했습니다.

여행 스무사흘째, 8시간 48분 운전을 해서 589.2마일(948km) 주행했습니다. 자동차 주행 간 평균 연비는 갤런당 31.2마일이었고, 평균 시속은 67마일이었습니다. 23일 동안의 누적 주행 거리는 9,499.2마일(15,284km)이 되었습니다.

## 23일차: 래피드시티, SD → 로체스터, MN

예전 1차 횡단 때에 처음 만났던 배드랜즈 국립공원을 2차 횡단에서는 마지막 부분에 만납니다.

### 24. 지쳐가는 여정, 스쳐가는 이리(Erie) 호수

　2016년 8월 23일(화) 여행 스무나흘째, 새벽 3시 30분경에 눈이 떠져 이후 자려고 노력했지만 잠을 이어가지 못한 채 6시에 아침식사를 하러 2층으로 내려갔습니다. 따뜻한 음식이 있었으나 마땅히 먹을 게 없어 맛없게 익혀진 스크램블드에그, 작은 감자 2조각, 빵 1개, 요구르트로 간단히 식사를 했습니다. 원래는 미네소타 주에서 메릴랜드 주로 좀 여유를 가지고 돌아가려고 했다가, 급작스럽게 보스턴의 딸아이를 만나고 가기로 하여 방향을 바꾸어 중간 지점 펜실베이니아(PA) 주의 호수 도시인 이리(Erie) 시에 호텔을 구했습니다. 이날 그곳까지 800마일 12시간을 달려가야 합니다. 이번 미국 횡단 여행 중에는 가급적 500마일을 초과하지 않는 범위 내에서 8시간 이내 정도만 운전하기로 마음먹었는데 몇몇 루트는 그렇게 되지 못했습니다. 그래도 한국으로 돌아가기 전에 보스턴에 거주하고 있는 딸과 손녀를 만나기로 결정하였습니다. 그래서 미네소타 주에서 매사추세츠 주 보스턴 시까지 하루는 800마일 정도(Rochester, MN → Erie, PA), 또 다음 날은 540마일 정도(Erie, PA → Boston, MA)로 총 1340마일의 여정을 잡았습니다.

　운전만 12시간 정도를 해야 해서 지루한 여정이 되었습니다. 그래서 3시간 정도 단위로 휴식을 했고, 인디애나 주 I-90 E 주간 고속도로 exit 57 정도의 트레블 플라자(Travel Plaza)에서는 간단히 햄버거로 점심식사와 주유를 마쳤습니다. 이곳에서 중앙표준시(CST)가 동부표준시(EST)로 변경된 것을 확인할 수 있었습니다. I-90 E 도로로 하루 종일 진행했습니다. 먼저 미네소타 주 70여 마일, 위스콘신 주 190마일, 일리노이 주 100마일을 계속 달립니다. 일리노이 주 시카고 시를 바로 옆으로 끼고 돌아 시카고 다운타운의 빌딩 군을 감상할 수 있습니다. 4차례 정도 toll 비용 지불이 필

요한데, 일리노이 주부터 우리 차량에 부착된 이지 패스(EZ pass) 사용이 가능합니다. 이지 패스는 우리네로 치면 고속도로의 자동차 하이패스와 같은 것인데 미국은 지역마다 상이하여 주로 미국 북동부 지역에서만 사용 가능합니다. 미국의 많은 고속도로들은 대부분 무료지만 특정 구간 또는 특정 도로들은 유료입니다. 인디애나 I-90 고속도로 160마일 상에는 도시들이 띄엄띄엄 있고 트레블 플라자가 열악한 수준인데 턴파이크(turnpike) 도로로 통행료를 받습니다. 오하이오 고속도로 245마일 상에는 트레블 플라자 시설이 비교적 우수하였는데 역시 턴파이크 도로로 유료화 되어 있습니다. 주행 제한 속도가 시속 65마일로 낮아진 펜실베이니아 주의 고속도로에서 25마일을 달렸습니다

펜실베이니아 이리(Erie) 시에 도착하여 호텔에 들르기 전에 먼저 이리 호(Lake Erie)에 가 보기로 하였습니다. 그래서 I-90 E PA exit 22B에서 US-79 N 도로를 타고 이리 시의 베이프론트 파크웨이(Bayfront pkwy)로 향했습니다. 주차 공간을 찾지 못해서, 여기저기 잠시 정차를 하고 요트 계류장, 호수 일부 전경, 노을 등 사진만 몇 장 찍고 돌아 나왔습니다. 잠깐 스쳐 지

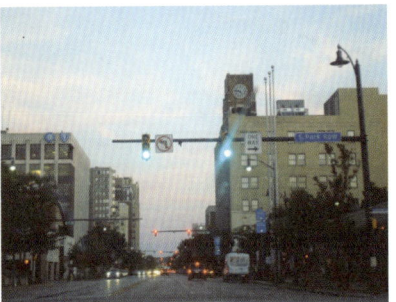

나가는 여정이지만 나에게 이리 호는 이번이 처음입니다. 이리 호는 미국 오대호 가운데 네 번째로 큰 호수입니다. 면적은 26,720km²(길이 약 390km, 최대너비 92km), 수면 해발고도는 175m, 호안선의 길이는 약 1,200km, 최대 수심은 64m라고 합니다. 미국과 캐나다의 국경이 호수 가운데를 지납니다. 오대호의 하나인 휴런 호에서 수량이 유입되어 이리 호를 지나 유명한 나이아가라 폭포를 거쳐 온타리오 호로 배출이 됩니다.

오대호(五大湖, Great Lakes)는 북아메리카 동북부, 미국과 캐나다의 국경에 있는 다섯 개의 큰 호수를 말합니다. 총 표면적이 24만 5,000km²로 세계에서 가장 규모가 큰 담수계이며 슈피리어 호, 미시간 호, 휴런 호, 이리 호 및 온타리오 호로 구성되어 있습니다. 총 유역 면적은 75만 3,919km²이며, 남북 길이는 1,110km이고 슈피리어 호에서 온타리오 호에 이르는 동서 길이는 약 1,384km입니다. 이 호수들의 물을 전부 합치면 전 세계 담수 공급량의 20%를 차지한다고 합니다.

슈피리어 호는 카스피 해 다음으로 세계에서 두 번째로 큰 호수이며, 오대호 중 가장 크고 평균수심이 148m로 가장 깊습니다. 미시간 호는 슈피리어 호의 바로 남쪽에 있으며, 미시간 주, 위스콘신 주, 일리노이 주, 인디애나 주 등으로 둘러싸여 있습니다. 슈피리어 호의 물과 함께 미시간 호의

물도 휴런 호로 흘러듭니다. 캐나다 온타리오 주와 미국의 미시간 주에 접해 있는 휴런 호는 미시간 호와 같은 고도에 있으며 약간 더 큽니다. 이 물은 이리 호로 흘러들어가지요. 이리 호는 캐나다의 온타리오 주와 미국의 미시간 주, 오하이오 주, 펜실베이니아 주 및 뉴욕 주 등으로 둘러싸여 있습니다. 평균 수심이 18m로 오대호 중 가장 얕다고 하며, 나이아가라 강을 따라 흐르다가 나이아가라 폭포에서 빠른 속도로 떨어져 온타리오 호에 닿습니다. 온타리오 호는 오대호 가운데 가장 작습니다. 캐나다의 온타리오 주와 미국의 뉴욕 주 사이에 있고, 세인트로렌스 강으로 유입되어 가스페 해협을 통과해 세인트로렌스 만과 대서양으로 흘러들어갑니다.

우리는 예전에 온타리오 호와 미시간 호만 군데군데 조금씩 다녀본 적이 있습니다. 또 지난 4월 미시간 주 앤아버(Ann Arbor)에서 아직 포스트 닥터(Post-Doc) 생활을 하고 있던 사위를 방문했을 때, 아내와 함께 휴런 호와의 분기점에 있는 북부 미시간 호수 지역을 관광하려고 출발했다가 눈이 내려 도중에 중지하고 되돌아온 적이 있습니다.

PA-505 S 도로를 통해 중간에 주유를 한 번 더 한 뒤, I-90 교차점 부근에 있는 이날 숙소인 퀄리티 인 앤 스위트 호텔(Quality Inn & Suites - Erie)에는 20시 30분 도착했습니다. 호텔은 3성급으로 핫와이어닷컴을 통해 바로 전날 밤에 예약했고 1박 비용은 세금 포함 $82.04였습니다. 그런데 시설이 실제로 3성급이라기보다는 2성급밖에 안 되는 호텔로 급 실망했습니다.

여행 스무나흘째, 모두 12시간 17분 운전을 해서 800.8마일(1,289km) 주행했습니다. 주행 간 평균 연비는 갤런당 37.5마일이었고, 평균 시속은 65마일이었습니다. 23일 동안의 누적 주행 거리는 어느덧 10,000마일이 넘어 10,300.0마일(16,573km)이 되었습니다.

## 24일차: 로체스터, MN → 이리, PA

2차 횡단에서 가장 먼 거리를 운전합니다. 한국 가기 전 딸과 손녀를 만나기 위해 보스턴 쪽으로 우회합니다.

## 25. 보스턴(Boston), 딸과 손녀와의 재회와 작별

2016년 8월 24일(수) 여행 스무닷새째, 펜실베이니아 이리(Erie) 시의 호텔에서 아침 5시 40분경 기상했습니다. 샤워를 하고 6시 30분에 호텔에서 무료 아침식사를 했는데, 그래도 따뜻한 음식이 있었습니다. 스크램블드에그, 양송이 수프, 소시지 등과 빵 한 개, 요구르트로 식사를 마쳤습니다. 호텔 체크아웃 후 7시 조금 지나 출발했습니다. 전체 8시간 운행 거리를 최고 시속 65마일 제한속도에서 70~75마일 정도의 속도로 점잖게 주행했습니다. 3시간 정도마다 2회 잠시 휴식을 취했습니다.

나이아가라 폭포가 인접해 있는 뉴욕(NY) 주의 버펄로(Buffalo) 시를 지나쳐 갑니다. 스마트폰의 구글맵은 뉴욕 주 주도인 올버니(Albany) 시 부근에서 I-90 E 주간 고속도로를 잠시 벗어나 I-87 S → NY-912M 도로를 통해 다시 I-90 E 도로로 안내하였습니다. 뉴욕 주와 매사추세츠(MA) 주의 I-90 E 주간 고속도로에도 곳곳에 toll plaza가 있어 차량에 부착된 이지패스(EZ pass)로 통과하였습니다. 무료로 거침없이 달렸던 서부 지역의 고속도로들이 그리워졌습니다.

보스턴은 우리의 미국 생활과 인연이 깊은 곳입니다. 2001-2002년의 1년 체류 기간에는 미국 제약회사에 근무하던 동생이 근교에 살고 있어 휴일을 이용해서 여러 차례 방문을 했었습니다. 또 이번 2015-2016년의 1년 체류 기간에는 딸이 보스턴의 하버드 메디컬 스쿨에서 포스트 닥터를 하고 있어 자주 방문을 했습니다. 특히 2015년 3월에 딸이 예쁜 손녀를 낳아 아내는 더 많이 방문을 하고 이번 체류 시에도 상당기간 딸과 함께 시간을 보냈습니다. 2001-2002년 뉴저지 주에 체류할 때에는 보스턴까지 모두 자동차로 이동을 했고, 2015-2016년 메릴랜드 주에 체류할 때에는 자동차와 비행기를 번갈아 이용하여 이동했습니다. 비행기는 아내 혼자 보스턴에

갈 때 워싱턴 D.C.의 덜레스 국제공항(IAD)이나 볼티모어 워싱턴 국제공항(BWI)을 이용해, 내가 자동차로 공항에 데려다 주고 또 데려왔습니다.

이번 여정은 다른 목적이 있었던 것은 아니고 딸과 손녀를 만나보고 돌아가는 것뿐이었습니다. 휴식시간 등이 있어 16시 35분, 보스턴 시 헌팅턴 애비뉴(Huntington Ave.)에 있는 딸아이 집 앞에 도착했습니다. 주차를 하고 딸네 집에서 함께 저녁식사를 하였습니다. 우리 부부는 1년간의 미국 생활을 마치고 돌아가면서, 미국 보스턴에서 거주하고 있는 딸과 손녀, 그리고 멀리 서부 샌프란시스코 지역에 떨어져 있는 사위의 건강과 행복을 빌어봅니다.

여행 스무닷새째, 8시간 12분 운전을 하여 540.2마일(869km)을 주행했습니다. 주행 간 평균 연비는 갤런당 37.8마일이었고, 평균 시속은 66마일이었습니다. 25일 동안 누적 주행 거리는 10,840.2마일(17,442km)이 되었습니다.

### 25일차: 이리, PA → 보스턴, MA

먼 길 돌았지만 그래도 보스턴에 들르기를 참 잘했습니다. 손녀의 방긋 웃는 모습을 보고 갑니다.

## 26. 대륙 횡단 여정의 마무리, 그리고 하느님께 감사!

2016년 8월 25일(목) 여행 스무엿새째, 아침 6시에 기상했습니다. 딸네 집에서 아침식사를 하고 8시 조금 지나 딸과 손녀와 작별을 하고 출발했습니다. 손녀를 꼭 안아 주었습니다. 이제 곧 미국을 떠난다는 실감이 났습니다. 언제 다시 또 만날지 기약은 없습니다. 하루를 묵으며 잠시의 만남뿐이었지만 아내와 함께 '한국으로 돌아가기 전에 그래도 한 번 더 만나고 가게 되어 다행이다' 싶었습니다.

뉴욕 주의 우드버리아울렛(Woodbury Outlet)에 들르기로 하여 I-90 W → I-84 W 도로로 지난 6월 허드슨 밸리(Hudson Valley)에 여행 갔을 때 숙소 지역이었던 Newburgh를 지나 I-87 S 도로로 우드버리아울렛에 12시경 도착했습니다. 우드버리아울렛은 규모가 꽤 큰 아울렛으로 한국 분들이 뉴욕 시 부근에 여행을 갈 때 종종 들르는 곳이며 일부 패키지여행 프로그램에도 포함되어 있습니다. 선물용으로 간단히 아들 가방을 한 개 사고, 초밥(sushi)으로 점심식사를 한 뒤에 13시경 출발했습니다. I-87 S → Garden State Pkwy S → NJ Turnpike S → I-95 S 도로들을 거쳐 메릴랜드에 도착했습니다.

생각보다 시간이 많이 걸려, 이번 여행 전에 미리 약속하여 이날 저녁식사를 초대한 버지니아(VA) 주 비엔나(Vienna) 시에 있는 지인의 집에는 18시 40분에 도착했습니다. 마침 19시에 지인 동료들도 합류하여 돼지고기찌개, 잡채, 감자 부침개, 김치 등 오랜만에 한식과 한국말로 여행의 회포도 풀며 맛있고 푸짐하게 식사를 하였습니다. 저녁식사를 준비하고 송별만찬에 초대해 준 지인 내외와, 함께 해 준 지인 동료들에게 감사했습니다.

21시 20분경 지인 집에서 작별을 하고, 이번 연구연가에서 나의 연수 기관 슈퍼바이저(supervisor)의 집(Silver Spring, MA)에 22시 5분경 도착했습니다. 여행을 떠날 때 살고 있던 아파트 계약이 끝나, 연구연가 기간의 마지막 며칠은 호텔 신세를 져야했는데, 슈퍼바이저의 배려로 이 댁에서 신세를 지기로 하였습니다. 마침 슈퍼바이저 집에는 몇몇 친분이 있던 슈퍼바이저의 지인들이 와 있었는데 지인들은 시간이 늦어 우리가 도착하자마자 곧 일어났습니다. 밤 24시 지나서까지 슈퍼바이저 가족들과 이런저런 이야기를 나누다가 잠자리에 들었습니다.

> 미국 대륙 횡단 여정의 마지막 날, 10시간 1분 운전을 해서 543.7마일(875km) 주행을 했습니다. 이날 주행 간 평균 연비는 갤런당 34.8마일이었고, 평균 시속은 54마일이었습니다. 전체 미국 대륙 횡단 26일 간의 총 누적 주행 거리는 11,383.9마일(18,317km)이 되었습니다.

### 26일차: 보스턴, MA → 실버스프링, MD

지인 가족들에게 저녁식사를 대접받았습니다. 그리고 며칠 신세를 지게 될 슈퍼바이저 집으로 향합니다.

25박 26일간의 미국 대륙 횡단 여정을 마치며, 건강하고 즐겁게 지내도록 이 여정을 허락하신 주님께 찬미와 감사를 먼저 드립니다. 주님의 도우심으로 별 문제 없이 젊지 않은 나이에 두 번째 미국 대륙 횡단을 할 수 있었고 내 자신도 대자연을 만끽하면서 즐거움과 행복에 젖어 보았습니다. 전체 일정을 함께해 준 아내와 반절이지만 묵묵히 같이 대륙 횡단에 동참한 처제 가족에게도 감사드립니다. 대륙 횡단은 별 것 아닌 것 같고 좋기만 해 보여도 시간이 많이 소요되고, 운전자뿐 아니라 동반자들도 엄청 힘이 듭니다. 여러 불만이 있어도 내색하지 않고 잘 참아 준 모든 동반자 분들께 거듭 감사드립니다.

　전체 일정이 예전 첫 번째 대륙횡단 때보다 그렇게 여유롭지도 않았습니다. 첫 번째 대륙 횡단은 17박 18일 동안 대륙의 중앙부를 왕복 횡단하여 모두 8,694마일(13,989km) 주행을 하였는데, 이번 두 번째 대륙의 왕복 횡단은 25박 26일의 일정으로 11,383.9마일(18,317km)을 주행하였습니다. 하루 평균 주행 거리는 각각 483마일(777km)과 438마일(704km)로 차이가 있지만 이번 여정이 전체 26간의 일정임을 감안하고 또 전체 주행 거리가 1.3배에 이르는 것을 생각하면 어려움은 서로 비슷했다고 볼 수 있을 것 같습니다.

　전체 소요 비용은 나와 아내의 2인만을 기준으로 했을 때, 숙박비용 $2,024.95, 차량 비용 $928.8, 식사 및 식품비용 $779.53, 관광비용 $130.17 등 모두 $3,863.45이었습니다.

　숙박은 25박 26일의 여정 중, 마지막 보스턴에서는 딸네 집에서 잠을 잤고 옐로우스톤 국립공원 방문을 위한 몬태나 주 보즈먼(Bozeman) 시에서의 3박 4일은 힐튼 90,000 포인트로 숙박하여 별도 비용이 지출되지 않아 모두 21박의 예산이 지출되었습니다. 나와 아내의 2인 기준 기본 숙박 비용은 21박에 $1,849.61이었습니다. 기본 숙박비 이외에 뉴올리언스 발레 파킹(vallet parking) 등 호텔 2곳(2박)의 주차비용이 $63.38, 리조트 비용(resort fee) 등 호텔 2곳(4박)의 부가비용이 $72.96이었고 이외에 호텔 팁 $36, 호텔 세탁비용 $3 등 호텔 추가 비용이 $175.34이었기 때문에 호텔에 들어간 총 비용은 $2,024.95이었습니다.

이번 여정에서는 프라이스라인닷컴(priceline.com)의 'Name Your Own Price'라고 불리던 가격 제시 경매 방식인 비딩(bidding)을 전혀 사용하지 않았습니다. 2002년도 1차 대륙 횡단이나 그 이후에도 종종 이용했었는데 가격 제시 경매를 통한 예약 체결이 점차 어려워졌기 때문입니다. 가격 제시 경매 방식은 예전에는 다른 인터넷 예약 사이트 대비 25~60% 정도의 가격으로 비교적 빨리 좋은 호텔에 예약이 가능했었는데, 점차 50~80% 수준까지 올라가버렸고 그렇게 가격을 올려도 예약 체결이 쉽지 않게 되었습니다. 그래서 이번 여정의 호텔 예약은 프라이스라인닷컴의 '익스프레스딜(express deals)'이나 핫와이어닷컴의 '핫레이트(hot rate)'를 주로 이용했습니다. 이 방식은 역경매 방식으로 '호텔 이름은 미리 알려줄 수 없지만 특정 지역의 특정 등급 호텔을 얼마 정도에 재워 줄 수 있어'하고 인터넷 사이트 측에서 나에게 제시하는 방식입니다. 제시된 정규 가격 대비해서 통상 70~90% 수준의 가격으로 예약이 가능합니다. 열심히 잘 살피면 90% 이상의 확률로 미리 특정 호텔 이름을 유추할 수 있지만 실제 계약이 체결되어야 확실하게 호텔명을 알 수 있고, 환불불가(non refundable) 조건도 많습니다.

많은 경우 쌀과 전기밥솥을 가지고 다니며 밥을 지어 식사를 했거나, 아침에 무료 호텔 조식을 이용했지만 외식도 22회에 걸쳐 2인 기준 $568.28가 소요되었습니다. 22회 외식 중 후반부 5~6회는 햄버거 등으로 식사를 때운 소액 결제 건이었습니다. 이외에 여행 전 및 중간에 식료품, 의약품 등 구입비용이 나와 아내의 2인 기준으로 $211.25가 소요되어 식사 및 식품비용은 총 $779.53이었습니다.

　차량 비용은 29회 주유비용이 $764.23이었고, 호텔을 제외한 6군데 주차료가 $53.23, 엔진오일 교체 및 타이어 수리비 $88.84, 금문교 등 4곳 통행료가 $22.5 소요되어 모두 $928.8이 지출되었습니다. 거리가 증가했고 2002년도 보다 기름 값이 올랐습니다. 그래도 엔진오일 교체와 타이어의 펑크를 때운 것을 제외하면 정비 비용이 거의 들지 않아 2002년도 1차 대륙 횡단 시의 차량 비용과 거의 동등한 수준입니다.

　관광비용 역시 나와 아내의 2인 기준으로 운하 크루즈 승선료, 엔텔로프 캐니언(Antelope Canyon) 투어 비용, 소소한 팁 및 작은 기념품 몇 점을 포함하여 모두 $130.17가 소요되었습니다. 여정 기간 중 성당 미사 봉헌은 주일 미사 3회와 8월 15일(월) 성모 승천 대축일 미사 등 모두 4회였습니다.

　우리가 살던 메릴랜드(MD) 주를 비롯하여 이번 큰 원을 그린 미국 대륙 횡단 여행 과정에서 머무르거나 지나친 주는 버지니아(VA), 노스캐롤라이나(NC), 사우스캐롤라이나(SC), 조지아(GA), 앨라배마(AL), 미시시피(MS), 루이지애나(LA), 텍사스(TX), 뉴멕시코(NM), 애리조나(AZ), 유타(UT), 네바다(NV), 캘리포니아(CA), 오리건(OR), 워싱턴(WA), 아이다호(ID), 몬태나(MT), 와이오밍(WY), 사우스다코타(SD), 미네소타(MN), 위스콘신(WI), 일리노이(IL), 인디애나(IN), 오하이오(OH), 펜실베이니아(PA), 뉴욕(NY), 매사추세츠(MA), 코네티컷(CT), 뉴저지(NJ), 델라웨어(DE) 등 모두 31개 주가 되었습니다. 이외에 주말이나 휴일, 또는 논문 발표 출장 등의 사유로 추기로 뉴햄프셔, 로드아일랜드, 웨스트버지니아, 테네시, 미시간, 플로리다 주 등을 다녀 미국 체류 기간 1년 동안 모두 37개 주의 일부를 가보거나 지나쳤습니다. 옆 동네인 워싱턴 D.C.는 여러 차례 많이 방문했었습니다..

| 두 차례 미국 대륙 횡단을 마무리하며 |

　자동차 여행을 즐기는 사람들에게는 광활한 대륙을 횡단하며 달려보는 동경이나 환상이 있을 수 있습니다. 미국 횡단뿐 아니라 유럽 일주, 유라시아 대륙 횡단, 아프리카와 남아메리카 종단, 캐나다 동서 횡단, 시베리아 횡단, 실크로드, 오스트레일리아 일주, 중국 일주나 인도 일주 로드 트립 등 생각해 볼 수 있는 여러 곳이 있지만 준비부터 실천이 실제로는 만만치 않습니다. 나도 당연히 머릿속에 그려만 보았지, 엄두를 내지 못했었습니다. 무엇보다도 직장에 얽매여 있어 장기간 휴가를 내기가 어렵고, 가족 등 동반자들과 일정을 맞추기도 힘듭니다. 또 이런저런 걱정이 앞서기도 합니다.

　기회가 잘 맞아야 하는데, 그래도 요즘은 어느 정도 장기간 휴가도 가능해서 여정 계획만 잘 준비된다면 한 번 시도해 볼 만한 것 같습니다. 또 장기간 휴가 외에도 안식년, 안식월 같은 기회를 얻거나 한 달 살기 같은 여유도 생겨나는 것 같습니다. 그런 측면에서 미국 대륙 횡단 자동차 여행은 어느 곳 보다도 실현하기 가장 손쉬운 곳 중 한 곳이 아닌 가 싶습니다. 도로, 통신, 숙소, 음식 등 전반적인 기본 인프라 여건이 너무 잘 갖춰져 있고 다니기에 비교적 저렴하며 언어도 큰 어려움 없이 잘 통합니다. 치안 역시 우리가 폭력적인 할리우드 영화 등으로 느끼는 것과는 달리, 대도시조차도 생각보다 훨씬 더 안정적입니다. 또 자연의 변화무쌍한 신비로움을 만끽할 수 있습니다. 그래서 어느 곳이든 자동차 일주 여행을 꿈꾸시는 분들에게 나는 미국 대륙 횡단을 제일 먼저 권하고 싶습니다.

　나는 두 번의 1년 기한 미국 파견 업무 중 휴가를 얻어 각각 미국 대륙 횡단 자동차 여행을 감행하였습니다. 그렇기 때문에 한국에서부터 미국까지의 항공 이동 경비나 횡단 여행을 위한 자동차 렌탈 비용이 별도로 소요되지는 않았습니다. 한국에서 출발하는 경우, 당연히 왕복 항공 요금과 렌터

미국 서부 국립공원 중심 그랜드 서클 로드 트립(예시): 10,000km 내외, 기준일 21일(14일~30일 조정가능)

카 대여 비용이 소요됩니다. 나의 경우, 모두 미국 동부에 거주하여 동부 - 서부 - 동부의 왕복 여정을 계획하였지만 한국 출발의 경우, 항공 요금 등을 감안하여 서부 - 동부 - 서부로 계획하는 것도 좋을 것 같습니다. 아무래도 미국은 서부 지역이 볼 것이 많기 때문에 대륙 횡단이 아니더라도 서부를 크게 원으로 돌아보는 것도 좋겠습니다. 렌터카 대여는 4인 가족 또는 6인 가족 등으로 구성하여 승용차나 SUV 또는 미니 밴 정도를 빌려 이동하면 됩니다. 완전자차 등 full coverage 보험을 들게 되므로 전체 렌터카 비용도 만만치 않지만 4인 또는 6인으로 나누면 1인당 소요비용은 감당할 만할 것입니다. 빌리는 자동차의 공간을 생각하여 여행 가방 또는 물품의 크기를 제한할 필요도 있습니다. 편도 횡단의 경우, 동부 또는 서부에서 차를 빌려 서부 또는 동부에 반납하게 되면 적지 않은 편도 이용 요금(drop charge)이 발생하므로 이를 고려해야 합니다.

　나의 첫 번째 17박 18일간 왕복 횡단에서 자동차 총 주행거리는 13,989km(8,694마일)가 되었고 두 번째 25박 26일 간 왕복 횡단에서 자동차 총 주행거리는 18,317km(11,383.9마일)가 되었습니다. 하루 평균 주행거리는 첫 번째 777km(483마일)와 두 번째 704km(438마일)였습니다. 두 번째 횡단에서 자동차의 시동을 걸고 껐을 때마다 측정된 26일간의 총 순수 운행시간이 201시간 36분이어서 하루 평균 7시간 45분씩 운전대를 잡은 것인데, 이를 첫 번째 횡단에 비례 대입하면 매일 평균 8시간 33분씩 운전대를 잡은 셈이 됩니다. 동반자를 포함하여 매일 운전하실 수 있는 시간 또는 거리를 고려해야 하고 서로의 여행 패턴도 감안해야 합니다.

　나의 파견 업무 관련 미국 체류 비용이 여유롭지는 않아 대륙 횡단을 위한 경비를 최대한 절약하고자 하였습니다. 특히 식사비와 숙박비를 이런저런 방법으로 절약하여 2002년도 17박 18일의 4인 가족 횡단비용에는 총 $2,403.6가 소요되었고, 2016년도 25박 26일의 2인 부부 기준으로 횡단 비용에 $3,863.45가 소요되었습니다. 식사비의 경우 이미 언급한 바와 같이 작은 전기밥솥과 쌀, 식료품들을 싣고 다니며 매식을 제한하여 비용을 많이 절감하였습니다. 미국의 큰 도시에는 통상 H-mart와 같은 한국계 식료품점, 중국 등 아시아계 식료품점이 여러 곳 있어 쌀이라든지 아시아 식품을 비교적 쉽게 구입할 수 있습니다. 또 월마트(Walmart) 등 미국의 식료품 상점에서도 물, 맛있는 과일, 간편식 등을 편하게 구할 수 있습니다. 코스트코(Costco)의 경우 한국 회원카드로 직접 이용이 가능합니다. 결제 시 해외 회원(international)임을 미리 말해 주면 좋고 비용 지불은 미국에서 통용되는 특정카드 및 현금 사용이 가능합니다.

　숙박비의 경우도 이미 언급한 바와 같이 프라이스라인닷컴 등을 주로 활용하여 비교적 저렴한 가격에 좋은 호텔에서 묵으려 노력했습니다. 1차 횡단 때에는 특히 프라이스라인닷컴의 가격제시 경매방식을 많이 사용하여 파격적인 가격으로 숙박할 수 있었고, 2차 횡단 때에는 프라이스라인닷컴 익스프레스딜 또는 핫와이어닷컴의 핫레이트를 사용하여 다른 예약 사이트들 예약보다는 비교적 저렴하게 숙박할 수 있었습니다.

　두 번의 미국 대륙 동서 횡단 자동차 여행이 결코 쉽지는 않았습니다. 특히 계획한 여정 자체가 좀 무리한 편이어서 거의 매일같이 힘들게 운전을 해야 했습니다. 혹시라도 미국 대륙 횡단을 고려하는 분이 있다면 전체 여정이나 여행 내용은 참고하되, 일정을 좀 더 여유롭게 편성할 것을 권고합니다. 또 이 여행 기록들은 2002년 7월과 2016년 8월의 내용이므로 호텔 예약 방법, 호텔이나 레스토랑 위치와 시설, 관광지 및 도로 사정, 지출 비용 등 많은 부분에서 큰 변화가 있을 수 있음을 감안해야 합니다. 수박 겉 핥기였지만 그래도 미국 대륙을 왕복으로 바람처럼, 구름처럼 두 번 횡단하면서 전체적으로는 풍요롭고 여유로운 미국 사람들, 문화와 역사, 그리고 대자연을 만날 수 있었습니다. 다음에 혹시 미국이나 다른 대륙을 자동차로 여행할 기회가 주어진다면 천천히, 즐겁게 음미하며 구간 구간을 다녀보고 싶고 그들의 삶 속으로도 조금 더 들어가 보고 싶습니다.

　두 번의 미국 체류 기간 중, 연수업무 지도와 대륙 횡단 여행 시간을 배려해 준 두 분의 슈퍼바이저 Dr. Paul D. Willson과 Dr. Moon S. Kim 님에게 깊은 감사를 드립니다. 아울러 첫 번째 체류 시 생소한 낯선 환경의 미국 생활 정착에 많은 도움을 주었던 연수기관의 Mr. Lu C. Ting 님과 두 번째 체류 시 연수기관의 Dr. Hoonsoo Lee, Dr. Mirae Oh 님을 비롯한 동료 연구원님들께 감사를 드립니다.

|부록|

- 1,2차 미국 횡단 경로
- 여행 준비는 이렇게

## 1차 미국 대륙 횡단 이동 경로

| 일차 | 이동 경로 | 이동 거리 | 누적 거리 | 비 고 |
|---|---|---|---|---|
| 1 | 뉴저지 랜돌프 → 시카고 | 1,274km | 1,274km | 시카고 이동 |
| 2 | 시카고 | 68km | 1,342km | 시카고 시내 관광 |
| 3 | 시카고 → 사우스다코타 월 | 1,422km | 2,764km | 배드랜즈 국립공원 |
| 4 | 시우스다코타 → 옐로우스톤 | 1,260km | 4,024km | 러시모어, 데빌스 타워 |
| 5 | 옐로우스톤 | 541km | 4,565km | 옐로우스톤 |
| 6 | 옐로우스톤 → 솔트레이크 | 717km | 5,282km | 그랜드티탄, 솔트레이크 |
| 7 | 솔트레이크 → 샌프란시스코 | 1,223km | 6,505km | 샌프란시스코 이동 |
| 8 | 샌프란시스코 | 103km | 6,608km | 샌프란시스코 시내 관광 |
| 9 | 샌프란시스코 → LA | 806km | 7,414km | 카멀, 솔뱅, 산타바버라 |
| 10 | LA | 153km | 7,567km | LA 시내 관광 |
| 11 | LA → 라스베이거스 | 547km | 8,114km | 라스베이거스 시내 관광 |
| 12 | 라스베이거스 → 글렌데일 | 856km | 8,970km | 그랜드캐니언, 페이지 |
| 13 | 유타 글렌데일 | 348km | 9,318km | 자이언, 브라이스캐니언 |
| 14 | 글렌데일 → 콜로라도 덴버 | 1,232km | 10,550km | 캐니언랜즈, 아치스 |
| 15 | 콜로라도 덴버 | 375km | 10,925km | 로키산 국립공원, 덴버 |
| 16 | 덴버 → 미주리 세인트루이스 | 1,424km | 12,349km | 게이트웨이 아치 |
| 17 | 세인트루이스 → 피츠버그 | 1,012km | 13,361km | 피츠버그 이동 |
| 18 | 피츠버그 → 뉴저지 랜돌프 | 628km | 13,989km | 랜돌프 이동 |

## 2차 미국 대륙 횡단 이동 경로

| 일차 | 이동 경로 | 이동 거리 | 누적 거리 | 비 고 |
|---|---|---|---|---|
| 1 | 메릴랜드 → 애틀랜타 | 1,034km | 1,034km | 애틀랜타 이동 |
| 2 | 애틀랜타 → 뉴올리언스 | 792km | 1,826km | 뉴올리언스 시내 관광 |
| 3 | 뉴올리언스 → 샌안토니오 | 878km | 2,704km | 샌안토니오 시내 관광 |
| 4 | 샌안토니오 → 엘패소 | 894km | 3,598km | 엘패소 국경 관문 |
| 5 | 엘패소 → 플래그스태프 | 961km | 4,559km | 애리조나 세도나 |
| 6 | 플래그스태프 | 321km | 4,880km | 그랜드캐니언 사우스림 |
| 7 | 플래그스태프 → 유타 라버킨 | 715km | 5,595km | 엔텔로프, 호스슈밴드 |
| 8 | 유타 라버킨 | 538km | 6,133km | 자이언, 브라이스캐니언 |
| 9 | 라버킨 → 라스베이거스 | 720km | 6,853km | 그랜드캐니언 노스림 |
| 10 | 라스베이거스 | 19km | 6,872km | 라스베이거스 시내 관광 |
| 11 | 라스베이거스 → 비숍 | 579km | 7,451km | 데스밸리 국립공원 |
| 12 | 비숍 → 샌프란시스코 | 567km | 8,018km | 요세미티 국립공원 |
| 13 | 샌프란시스코 | 171km | 8,189km | 샌프란시스코 지역 관광 |
| 14 | 샌프란시스코 → 크레센트 | 683km | 8,872km | 레드우드 국립공원 |
| 15 | 크레센트 → 스프링필드 | 530km | 9,402km | 크레이터레이크 국립공원 |
| 16 | 스프링필드 → 터코마 | 818km | 10,220km | 멀트노마폭포, 레이니어산 |
| 17 | 터코마, 시애틀 | 508km | 10,728km | 올림픽 국립공원, 시애틀 |
| 18 | 터코마 → 몬태나 칼리스펠 | 860km | 11,588km | 스노퀄미폭포 |
| 19 | 몬태나 칼리스펠 → 보즈먼 | 619km | 12,207km | 글레이셔 국립공원 |
| 20 | 몬태나 보즈먼 | 673km | 12,880km | 옐로우스톤, 그랜드티탄 |
| 21 | 몬태나 보즈먼 | 492km | 13,372km | 옐로우스톤 |
| 22 | 보즈민 → 래피드시티 | 964km | 14,336km | 데빌스 타워, 러시모어 |
| 23 | 래피드시티 → 로체스터 | 948km | 15,284km | 배드랜즈 국립공원 |
| 24 | 로체스터(MN) → 이리 | 1,289km | 16,573km | 이리 호수 |
| 25 | 펜실베이니아 이리 → 보스턴 | 869km | 17,442km | 가족 재회 |
| 26 | 보스턴 → 메릴랜드 | 875km | 18,317km | 뉴욕 우드버리 아울렛 |

# 여행 준비는 이렇게

## 1. 여정 계획 수립

　미국 대륙횡단 여행이 되었든 아니면 특정 거점 도시 중심의 서클 여행이 되었든 개별 자유여행에서 가장 먼저 해야 할 것은 여정을 계획하는 것입니다. 그중에서도 첫 번째 할 일은 본인과 동반자가 가보고 싶은 곳을 나열해 적어 보는 것입니다. 동반자들과 협의하여 당해 여행 주제를 가볍게 선정하는 것도 좋습니다.

　두 번째는 이들 가보고 싶은 곳들을 이어서 기본 루트를 설정합니다. 그리고 나와 동반자들의 건강과 취향, 관광 포인트들을 고려하여 하루 이동 거리 및 특정지역에서의 숙박 일자를 결정합니다. 이동 거리는 2002년도 대륙 횡단 시에는 지도를 이용해 개략 거리를 유추했지만, 2016년도 대륙 횡단 시에는 구글맵(https://www.google.com/maps/)을 활용하여 훨씬 정확하게 계획 수립에 적용할 수 있었습니다.

　세 번째는 기본 일정과 루트를 지도에 표시하고, 도표화해서 전체 일정을 한눈에 볼 수 있도록 하는 것이 좋습니다. 도표에는 일정별 출발지와 도착지, 주요 관광 포인트, 예상되는 이동 거리와 이동 시간, 숙박 예정지역 등을 표시합니다. 네 번째로 가능하다면 일정별 실행계획을 짜 보는 것을 권합니다. 일별 구체적인 시간 계획과 주요 관광 포인트에 대한 설명을 수록합니다. 맨 앞에 여정의 기본 정보 즉, 예년 기후와 기온, 시차, 사용 전원, 통화와 환율 정보 등을 수록하고 뒤에 이동 지도와 예산 계획들을 수록하면 전체가 멋있는 하나의 계획서가 될 수 있습니다. 물론 계획대로 꼭 되지는 않지요.

　여정 계획에서 참고할 자료로 여러 여행사에서 제공하는 패키지 프로그램의 여정을 살펴보는 것도 좋습니다. 통상 여행사의 패키지 프로그램은 매우 정제되어 제공되는 것으로 기본 여정, 이동 계획, 주요 관광 포인트들을 참고할 수 있습니다. 국내에서 출발하는 경우 2~3 곳의 국내 여행사 프로그램과 1~2곳 정도의 현지 한인 또는 미국 여행사 프로그램을 살펴 최적 여정 계획 수립에 참고합니다. 물론 내가 가고자 하는 여행 정보가 모두 포함되어 있지 않은 경우가 많습니다. 특히 대륙 횡단 같은 경우는 띄엄띄엄 정보들을 잇고 또 내 스스로 메꾸어 나가야 합니다. 요즘에는 해당 국가나 지역의 관광청이나 항공사들에서 제공하는 여행 자료를 활용할 수도 있습니다.

미국 국립공원을 탐방하는 경우, 국립공원 홈페이지(https://www.nps.gov)에 들어가 다양한 정보와 입장 등 여러 제한 사항들을 미리 살펴볼 것을 권합니다. 또 주요 관광 포인트들도 대부분 인터넷 사이트들을 운영하기 때문에 미리 예약이 필요한지, 비용은 얼마인지, 휴장일은 언제인지 등을 알아볼 수 있습니다.

나의 경우 미국 체류 시에 미국의 여행사 2곳에 회원 가입을 하고 여러 여행 안내서를 받아 기본 루트와 관광 포인트 설정에 참고를 하였습니다. 이외에 2002년도 대륙 횡단 여행 시에는 미국 자동차 협회(AAA; American Automobile Association)에 회원으로 가입하여 각종 지도와 지역별 투어북(tour book)을 제공 받았는데 투어북에 GEM으로 표시된 핵심 관광 포인트를 중심으로 가 볼 만한 곳들을 선정하였습니다. 또 당시 야후 코리아에서 제공했던 미국 주요 도시 주변의 관광 자료를 출력하여 활용했습니다.

2016년도 대륙 횡단 시에는 인터넷을 광범위하게 활용하여 마일모아닷컴(https://www.milemoa.com)의 게시판과 같은 여러 국내 또는 미국 사이트나 블로그들을 참조하였습니다. 미국 여행사의 경우 국내에서도 회원 가입이 가능해 디지털(화일)로 여행 안내서를 제공받을 수 있습니다. 내가 자주 이용하는 곳 중의 하나는 TAUCK tours(https://www.tauck.com)입니다.

## 2. 항공권 예약

한국에서 미국으로 먼저 가야 하는 경우, 당연히 항공권을 미리 예약하고 해당 비행기에 탑승해야 합니다. 항공권 예약은 선호하는 항공사 인터넷 사이트에서 직접 예약하거나 항공권 예약 대행 사이트를 이용해서 간접적으로 예약할 수 있습니다.

선호하는 항공사 직접 예약은 대체적으로 편리하고, 이벤트를 통하거나 간혹 제공되는 쿠폰을 받아 예약하면 약간의 할인 혜택도 받을 수 있습니다. 그래도 미국까지의 항공 비용이 대체적으로 만만치 않습니다. 물론 저비용항공사(LCC; Low Cost Carrier)들이 간혹 프로모션을 통해 파격적인 가격을 제시하기는 하지만 통상 미국 본토까지 운항하지는 않습니다.

　국내에서는 스카이스캐너(https://www.skyscanner.co.kr), 인터파크 투어(tour.interpark.com), 카약(https://www.kayak.co.kr) 등 여러 항공 예약 대행 사이트를 이용해서 비교적 저렴하게 항공권을 구입하기도 합니다. 나는 한국에서 미국 등 외국에 갈 때 주로 ITA matrix(https://matrix.itasoftware.com)와 구글플라이트(https://www.google.com/travel/flights)를 이용합니다. ITA matrix는 직항 또는 경유 항공권에 대한 최저가 검색이 쉽습니다. 또 구글플라이트의 경우, 여정의 최저가 선택이 가능하고 일정별로 조정하면서 가격 변동 사항을 한눈에 볼 수 있어 편리합니다. 무엇보다도 항공권의 경우, 예약 대행자(3rd party)와 계약하는 것보다는 항공사와 직접 계약하는 것을 권하고 싶은데 위에 소개한 사이트는 대부분 항공사의 공식 홈페이지로 연계되어 항공사와 직접 계약이 됩니다.

　내가 2001년~2002년 기간 중 1년간 처음 미국에 체류할 때 생소한 미국 생활에 도움을 주었던 연수기관의 매니저가 호텔은 예약 대행자를 통해 예약해도 좋지만, 항공권이나 렌터카는 예약 대행 사이트를 이용하더라도 항공사 또는 렌터카 회사와 직접 계약토록 권고한 적이 있습니다. 불가피하게 항공사의 사정에 따른 여정의 변경, 불의의 사고 등이 발생했을 때 예약 대행자와 항공사 또는 예약 대행자와 렌터카 회사 간의 서로 미루기 등으로 처리가 어려울 수 있다는 우려를 표명한 것입니다. 나는 이후에 호텔에 대해서는 예약 대행자와 직접 계약을 해왔고 문제가 없었습니다. 아울러 항공권이나 렌터카는 예약 대행 사이트를 이용하더라도 계약 자체는 해당 항공사 또는 렌터카 회사와 직접 맺는 것을 선호합니다.

　항공권의 최종 가격에는 항공권 자체의 가격 외에도 세금과 수수료, 유류할증료가 추가로 붙습니다. 그런데 이러한 부가 비용은 항공사마다, 출발/도착지마다 서로 상이하기 때문에 항공권 자체 비용만 아니라 전체 총 비용을 비교해 보아야 합니다. 어떤 경우 항공권 자체는 싸지만 총 비용은 오히려 비싼 경우가 발생하게 됩니다. 편도 대륙 횡단으로 오픈죠(open-jaw) 여정일 경우, 항공권의 가격 상승 정도도 잘 확인하여 결정해야 합니다.

　직항이 물론 좋지만 가격이 싼 경우, 경유도 합니다. 나는 대략 1인당 왕복 항공요금이

20만 원 이상 차이가 나면 고려를 해 보고 30만 원 이상 차이가 나면 경유를 선호합니다. 그렇지만 동반자가 있는 경우, 동반자의 의견을 따르는 것이 제일 무난합니다. 경유하는 경우 항공기를 갈아타는 시간의 적정성, 입국 심사/세관 검사 공항을 미리 확인해야 합니다.

항공권을 예약하는 시점은 너무 일찍 또는 너무 늦게 하지 말 것을 권합니다. 나는 통상 6개월 정도 전부터 항공권 검색을 시작하여 3개월 정도 전에 예약을 하곤 합니다만 단순 참고 사항으로 언제가 최저비용인지는 그때마다 다른 것 같습니다. 다만 항공 마일리지를 이용하여 예약하는 경우, 일정이 확정되면 최대한 일찍 예약을 시도합니다. 마일리지 좌석은 몇 자리 제공되지 않아 여러 명이 동반 이동할 때, 제한될 수 있습니다. 마일리지 사용을 포함하여 항공권 예약은 통상 361일 전부터 가능하나 항공사마다 상이하니 확인이 필요합니다.

### 3. 항공 마일리지 적립과 사용

항공 마일리지로 일등석 또는 비즈니스 좌석을 이용했다는 이야기를 심심치 않게 듣습니다. 일등석이나 비즈니스석이 아니어도 즉, 이코노믹 좌석이라도 마일리지를 이용하면 꼭 공짜로 여행하는 기분이 듭니다. 항공 마일리지는 원칙적으로 항공기를 자주 이용하는 고객을 위한 상용고객 우대 제도의 일환인데 전 세계적으로 1981년에 시작되었고 대한항공의 경우 1984년부터, 아시아나 항공의 경우 1989년부터 제도를 도입했습니다. 여기서 항공 마일리지는 항공기 탑승뿐 아니라 신용카드의 사용, 마일 적립 몰의 이용, 제휴사들을 통해서도 적립이 가능합니다.

마일리지 적립을 위해서는 적립 항공사에의 회원 가입이 필수이고 가입 이후부터 적립이 가능합니다. 현재 전 세계적으로 항공사 연합은 크게 3개이며 스카이팀, 스타얼라이언스, 원월드입니다. 같은 항공사 연합 사이에는 마일리지 교차 적립이 가능한데, 나중에 사용은 적립된 항공사 사이트를 통해서만 가능합니다. 또 적립이 되면 교환이나 변경이 안 됩니다. 교차 적립 시 항공권 클래스 별로 적립율이 상이(https://www.wheretocredit.com/참조)하니 어느 항공사에 적립할지 잘 판단해야 합니다. 국내 거주

자는 통상 국적항공사들에 적립합니다.

어쩌다 여행을 하는 우리네 실정에 항공기 탑승을 통한 마일리지 적립만으로 이를 사용하려면 요원합니다. 대안으로 보편적으로 모을 수 있는 방법은 신용카드를 이용하는 것입니다. 신용카드로 적립할 경우 기준율은 일반적으로 1,000원 사용당 1마일 내외로 1마일 가격을 15원으로 생각할 경우 1.5%의 혜택을 받는 것입니다. 가장 중요한 것은 적립 기준율이 더 높은 신용카드를 받아 사용하는 것인데 이러한 카드들은 얼마 못 가서 단종되는 경우가 비일비재합니다. 나는 1990년대 초반부터 신용카드로만 대한항공과 아시아나 항공 각각 75만 마일씩 150만 마일을 모아 활용중이며 현재 1,000원당 2마일(아시아나는 2.5마일, 2019년 12월부터 신규 발급 중단)과 특정 영역 적립 3.3마일 카드들을 주력으로 사용하고 있습니다. 카드로 적립 시 전월 실적, 적립 한도 및 조건들이 상이하니 잘 확인해야 합니다.

미국 신용카드는 사용 실적(spending)에 따른 적립보다 사인업(sign up) 보너스에 따른 적립이 수만 마일로 파격적인데 마일모아닷컴(https://www.milemoa.com)을 참고하기 바랍니다. 국내에서도 간혹 항공사 사이트에서 사인업 보너스 이벤트를 하는데 수천 마일 정도로 제한적이고 조건도 까다롭습니다. 국내는 항공사 이벤트 및 카드고릴라(https://card-gorilla.com/home) 등을 참고하기 바랍니다. 이외에 물품 구매나 호텔, 렌터카를 이용할 때 항공사 마일 적립몰이나 이벤트를 활용해 적립합니다. 다만 다른 사이트와의 비교를 통해 가격이 동등한 정도일 때만 사용합니다. 주유 보너스 카드, OK 캐시백 등도 가성비가 좋지 않지만 자투리 마일로 교환하고, 특정 항공사의 인터넷 메일 퀴즈 등으로 깨알 마일리지(10마일/월)도 빠짐없이 모읍니다.

국적항공사의 경우, 외국 항공사들처럼 제3자 발권이 되지 않지만 가족 마일리지 합산/양도가 가능합니다. 미리 등록된 본인/배우자와의 2촌 이내 직계 존비속과 형제자매가 해당되며 합산은 마일리지의 부족분을 보충해 주는 것이고 양도는 해당 마일리지 전체를 제공하는 것으로 제한 사항들도 있으니 잘 확인하기 바랍니다. 항공 마일리지는 가성비가 나쁜 호텔숙박, 마일리지 여행, 재화의 구매에 사용하지 않고 보너스 항공권 구입에만 사용하되 필요한 마일리지가 종종 개악되므로 비교적 신속히 사용토록 합니다. 국적항공사의 마일리지 유효기간은 현재 10년입니다. 마일리지 항공권 구입 가능 여부는 해당 항공사에서 직접 확인해도 되고 인터넷 사이트 내여행찾아줌(https://zoommytrip.kr)에서 쉽게 현황을 확인할 수도 있습니다. 마일리지 좌석은 제한적이므로 최대한 일찍 예약이 필요합니다.

### 4. 전자여행허가제(ESTA) 신청 및 발급

미국 여행이나 관광 목적으로 입국 시에는 6개월 이상 유효 기간이 남아 있는 여권이 있어야 하며, 미국과의 비자면제프로그램 협정에 따른 전자여행허가제(ESTA; Electronic System for Travel Authorization) 소지가 필요합니다. 예전 미국을 관광 목적으로 방문할 때에는 상용/관광(B1/B2) 비자가 필요했지만 2008년 11월에 협정이 승인되어 전자여행허가제로 바뀌었습니다. 체류 기간은 1회 방문 시 90일 이내입니다. 90일을 초과하여 180일까지 체류해야 하는 상용/관광 목적의 체류 예정자와 2011년 3월 이후 북한, 이라크, 시리아, 이란, 수단, 리비아, 소말리아와 예멘을 여행한 방문자들은 전자여행허가제 신청이 제한되어 상용/관광 비자를 발급 받아야 합니다.

전자여행허가제는 미국 국토안보부(Department of Homeland Security) 산하 미국 관세국경보호청(U.S. Customs and Border Protection)이 관리하는 사전 여행 허가 제도입니다. 본인이 인터넷을 통해 신청해야 하므로 우려가 되어 대행사에게 수수료를 주고 맡기는 경우도 있지만 실제로는 걱정할 필요 없이 보통 쉽게 신청 및 취득이 가능합니다. 미국 국토안보부 공식 웹사이트(https://esta.cbp.dhs.gov/)에서 신청하면 되며, 초기 화면의 우측 상단 언어 변경(change language)항에서 한국어로 변경하여 선택하면 내용문이 한국어로 번역되어 제공되기 때문에 더 쉽습니다. 다만 내용 입력은 모두 영문으로 해야 합니다.

통상 여권 앞면을 인터넷 사이트상에서 업로드하며, 신청인정보, 개인정보(부모 성함 포함 등), 여행정보, 자격 요건 답변 등을 수록하고 최종 검토 후 제출하면 됩니다. 신청료는 $14로 본인 명의 신용카드로 지불하면 되는데 72시간 내에 승인서를 받습니다. 실제로는 보통 30분에서 수 시간 이내에 승인이 되곤 합니다. 이 허가는 미국행 항공기나 선박에 탑승하는 것을 허가하는 것이며, 전자여행허가제를 받았다고 해서 미국 입국이 보장되는 것은 아닙니다. 본인 출생지나 부모님 성함 등 개인정보들의 영어 스펠링이 나중에 서로 다를 수 있기 때문에 신청서를 최종 검토할 때에 신청서 자체를 1부 프린트해 두면 2년 이후 재발급 신청 시에 유용하게 사용할 수 있습니다. 또 승인된 전자여행허가제(ESTA) 서류는 여행 시에 1부 출력하여 다닐 것을 권합니다.

전자여행허가제의 유효 기간은 만 2년이며 최종 입국 시 날짜가 유효기간 내에 있으면 출국 날짜와 관계없이 미국 입국이 가능합니다. 유효 기간 내 각각 90일 이내 수 회 재방문이 가능하므로 비용적인 측면에서도 10년 유효 기간, 수수료 $160의 상용/관광 비자(B1/B2) 발급 비용보다 훨씬 저렴합니다.

의외로 종종 여권의 미지참, 여권 유효 기간의 도래 착오, 전자여행허가제의 미취득 경우가 발생할 수 있으니 여정이 확정되면 미리미리 확인하고 실수가 없도록 체크하여 준비하기 바랍니다. 나의 지인 한 분은 잘 모르는 상태에서 여권 유효 기간이 6개월 이내로 남아 있었는데 미국 입국이 허락되었습니다만 복불복으로 모험을 하지 말고 사전에 꼭 확인하기 바랍니다.

캐나다나 제3국을 경유하여 미국에 입국하는 경우, 해당 국가들도 별도의 전자여행허가제를 시행하는지 미리 확인하고 준비해야 합니다. 참고로 캐나다는 별도의 인터넷 사이트(https://www.canada.ca/en/immigration-refugees-citizenship/services/visit-canada/eta/apply-ko.html)를 통해 전자여행허가(eTA; Electronic Travel Authorization)를 발급받습니다. 신청료는 CAD$7이며, 유효기간은 5년 또는 여권만료일까지입니다. 레이오버(layover) 등 단순하게 비행기를 갈아타는 경우도 해당됩니다. 미국/캐나다 시민권자 또는 캐나다 영주권자는 불필요합니다.

### 5. 국제 운전 면허증 취득

한국에서도 마찬가지이지만 미국에서 운전할 때, 가장 좋은 ID는 해당 국가의 운전면허증입니다. 그렇지만 미국 운전면허증은 특별한 체류 목적의 비자와 관련 서류가 있지 않는 한 발급받기 쉽지 않습니다. 2019년 9월부터 국내 운전면허증 뒷면에 영문 표기가 병행되어 일부 국가나 지역에서는 영문 병용된 국내 운전면허증으로도 운전이 가능하지만 아직 미국은 해당 사항이 없습니다. 그래서 미국에서 운전할 때 국내 거주자들은 당연히 국제 운전면허증을 준비해야 합니다.

국제 운전면허증은 국내 주소지와 관련 없이 아무 경찰서 민원실에서 발급받을 수 있습니다. 6개월 이내 촬영된 사진 1매와 신분증명서가 필요합니다. 대리인이 신청하는 경우, 위임장과 대리인의 신분증명서도 필요합니다. 약간의 수수료가 부과되지만 안전운전 통합민원 홈페이지(https://www.safedriving.or.kr/main.do)에서 인터넷으로도 신청 가능합니다. 또 이런 일이 없어야겠지만 미처 준비를 하지 못해 급한 경우, 인천공항 각 터미널의 국제운전면허 발급센터에서 발급도 가능합니다. 국내에서 발행된 국제 운전면허증의 유효기간은 1년입니다.

가장 주의해야 할 점은 렌터카를 빌릴 때 국제 운전면허증뿐 아니라 국내 운전면허증도 꼭 요구한다는 사실입니다. 따라서 여권과 국제 운전면허증, 국내 운전면허증 3가지 모두를 꼭 지참해야 합니다.

## 6. 준비물(미국 입국시) 유의 사항

미국 여행을 할 때 준비물은 다른 해외여행 때와 크게 다르지 않습니다. 렌터카를 이용한 자동차 여행을 할 때 강조할 사항은 차량 트렁크 크기가 제한되므로 4명~6명 정도의 여러 가족이 여행을 할 때 가족별로 캐리어의 크기와 개수를 제한할 필요가 있습니다. 캐리어나 물품들은 차량 트렁크 안에 보이지 않게 두어야 합니다. 유럽도 마찬가지지만 보이는 좌석에 물품을 두게 되면 간혹 유리창을 깨고 가지고 가버리는 불상사가 발생하기도 한답니다. SUV나 미니밴의 경우도 밖에서 뒷 창문을 통해 볼 수 없도록 검은 천 같은 것으로 씌우고 다니면 좋을 듯합니다. 부득이 물품들이 노출될 때에는 일부 인원은 차량에 남아 교대로 이용하면 확실할 것 같습니다. 고속도로 휴게소 화장실 이용이나 쇼핑몰 등에서 특별히 조심해야 합니다. 일반적으로 부부 2명의 경우 대형 가방 1개와 소형 가방 1개가 기준입니다.

식료품을 지니고 미국에 입국할 때에는 입국 서류에 표시하여 꼭 사전 신고를 하고 들어가기 바랍니다. 음식을 가지고 들어가는 것이 문제가 아니고 신고를 안 하고 들어가는 것이 문제가 됩니다. 다만 식료품 중에는 생과일, 채소, 씨앗 등 농산물과 특히 육류, 육가공품, 유제품 등은 검역에서 폐기됩니다. 김, 말린 건어물, 포장된 일부 식품류 등은 가능합니다. 가능하면 지참하는 식품류 리스트를 영문으로 만들어 가지고 있으면 좋습니다. 특히 육가공품으로 제작된 라면 스프가 들어간 컵라면을 포함한 라면류의 지참은 엄격히 제한됩니다. 원칙적으로 해산물 스프가 들어간 라면은 가능하지만 그렇게 영문으로 표기된 것이 없으니 공연히 논쟁 등 긁어 부스럼을 만들시 않는 것이 좋습니다. 꼭 필요한 것이 아니면 미국 현지의 한국계 식료품점에서 얼마든지 구입 가능하고 요즘에는 일부 미국 식료품점에서도 한국 컵라면 등을 판매하고 있습니다. 미국의 전원은 110Vac 이므로 국내 전기/전자 제품을 사용할 때는 110 ~ 220Vac 겸용이어야 하고 간단한 110Vac용 변환 어댑터가 필요합니다.

### 7. 렌터카 대여와 운전

항공권 예매 항목에서 언급한 바와 같이 렌터카의 경우도 예약 대행자(3rd party)를 통해 가격이나 조건 등을 확인할 수 있는데 실제 계약은 렌터카 회사와 직접 할 것을 권합니다. 나중에 문제가 발생했을 때 처리가 어렵거나 계속 지연되는 것을 방지하기 위함입니다. 나는 허츠(Hertz)나 에이비스(Avis) 등 세계적으로 유명한 렌터카 회사들은 비교적 비싸기 때문에 보통 미국에서 많이 활용되는 중저가 렌터카 회사를 택합니다. 예전 경험으로 통상 허츠나 에이비스 대비하여 일주일에 $100 정도 비용을 절약할 수 있었습니다.

렌터카는 차량 대여 비용과 보험, 내비게이션 등 부수 경비가 수반됩니다. 내비게이션은 요즘에는 스마트폰을 이용한 구글맵 등이 대세이므로 별도로 설치하지 않아도 좋습니다. 스마트폰 거치대는 마트 등에서 쉽게 구입할 수 있습니다. 보험은 참 결정하기가 어렵습니다. 사실 고장이 나거나 사고가 날 확률은 매우 적지만 그러한 불상사가 생기는 경우 미국에서는 한국보다 비용이 걷잡을 수 없을 만큼 크게 발생합니다. 따라서 한국에서 출발하여 여행하는 경우 비싸더라도 완전자차를 포함한 종합보험(full coverage)으로 계약할 것을 권합니다. 고장이 나거나 사고가 나면 렌터카 회사에 전화로 연락하고, 통상 금방 새 차로 교환받을 수 있습니다. 미국에 체류하는 분들은 본인 차량을 이용하거나 렌터카의 경우도 본인 자동차 보험을 렌터카에 연계시킬 수 있습니다. 렌터카 비용을 고려할 때 보험 비용 등 전체 금액을 비교해야 합니다. 또 오픈죠 편도 횡단 여행 시 편도 이용 요금(drop-charge) 추가도 고려하고, 추가 운전자나 휘발유 반납 등 조건을 잘 확인합니다.

미국에서의 운전은 대체적으로 안정적이고 편안합니다. 길이나 주차 공간도 매우 넓은 편입니다. 예전에는 과속 카메라가 거의 없었는데 최근에 많이 늘어나는 추세이지만 한국에 비하면 거의 없는 것이나 마찬가지입니다. 주의할 점은 교차로에서 우회전 시 종종 신호를 받아서 우회전해야 하는 경우가 있습니다. 또 소도시 좌회전의 경우, 비보호 좌회전도 많습니다. 정지(stop) 표시가 있는 경우, 무조건 일단 완전히 정차했다가 다시 출발해야 합니다. 어린이나 주민 보호 구역의 시속 15마일 또는 25마일 지역은 특히 잘 지켜야 합니다. 정차 중인 스쿨버스는 추월 금지입니다. 고속도로는 제한 속도가 지역에 따라 시속 55마일부터 80마일 정도까지 있는데 나는 눈치를 보며 10마일 범위 이내에서 조금 빨리 달렸습니다. 대도시의 카풀레인(carpool lane)은 통상 2인 이상 탑승 시 진입, 진출이 가능합니다.

렌터카를 대여하는 경우, 사용 유종은 물론 차량의 각종 기능과 특히 주유구를 렌터카 대여소에서 꼭 미리 확인해 두기 바랍니다. 나는 2014년 캐나다 밴쿠버 공항에서 7인승 미니밴을 빌린 적이 있는데 참 희한한 곳에 주유구가 있어 주유소에서 주유소 아저씨와 한 10여 분 주유구를 찾아 헤맨 적이 있습니다. 주유 방법은 대부분 셀프로 한국과 유사하며 통상 신용카드로 비용 지불이 가능한데 미국의 우편번호(zip code)를 입력하게 하여 확인하는 곳들도 있습니다. 신용카드의 유효성을 확인하기 위함인 듯하며 국내 신용카드를 사용할 때는 주유소에 붙어 있는 편의점에 가서 신용카드를 제시하면 됩니다. 대륙 횡단 시 주유가 곤란한 지역이 있을 수 있으므로 주유는 눈금이 절반 정도일 때 가급적 항상 추가합니다.

미국에서 지정된 곳 이외의 주차는 대부분 불법으로 견인의 대상입니다. 대도시일수록 심하며 특히 폐장 이후 쇼핑몰 공간의 야간 주차는 즉시 견인되게 되니 조심하기 바랍니다. 교외 지역 호텔의 주차는 아직 무료이지만 시내 지역은 대부분 유료화 되어 있고 어떤 지역은 발레 파킹(valet parking)만 가능한 곳도 있습니다. 물론 발레 비용을 내야하고 차를 가져다주면 통상 팁도 줍니다.

## 8. 호텔 숙박

미국의 호텔은 일반적으로 별 1개 ~ 별 5개 정도로 수준이 나뉩니다. 물론 어떤 경우는 아예 별 표시가 없는 호텔도 있습니다. 지역마다 다르기는 하지만 통상 별 3개가 홀리데이인(Holiday Inn) 수준이 되고 웬만큼 좋은 호텔입니다. 나의 아내가 잠자리 불편한 것을 못 참는 성격이어서 우리는 가급적 저렴하게 3성급 또는 4성급의 좋은 호텔에서 묵으려고 노력을 많이 했습니다. 1차 대륙 횡단 때는 주로 프라이스라인닷컴의 가격제시 경매 방식인 비딩(bidding)을 이용해 정말 싼 가격으로 좋은 호텔에 묵을 수 있었고 2차 대륙 횡단 때에는 프라이스라인닷컴 익스프레스딜이나 핫와이어닷컴의 핫레이트를 많이 이용했습니다.

나는 보통 먼저 트립어드바이저(trip advisor), 트리바고(trivago), 카약(kayak) 등 종합 호텔 비교 사이트들을 통해, 특정 지역의 평판이 좋은 두어 군데 호텔들에 대한 최저 가격 정보를 기본적으로 받아둡니다. 예전에는 프라이스라인닷컴의 경매 방식을 통해 통상가의 30% 수준부터 비딩을 시작했지만 최근에는 역경매 방식인 프라이스라인닷컴의 익스프레스딜이나 핫와이어닷컴의 핫레이트로 대상 호텔을 검색하여 호텔 비교 사이트 최저가의 70%~90% 수준에서 예약을 합니다. 경매 방식이나 역경매 방식이나 모두 호텔 이름이 나타나지 않지만 역경매 방식의 경우 해당 사이트의 정상 가격 호텔들 정보를 이용해서 알려지지 않은 호텔 이름을 사전에 유추합니다. 지역, 평판, 할인 제시 가격 정보들을 활용하면 대략 90% 이상의 확률로 호텔 이름을 사전에 알아낼 수 있습니다. 프라이스라인닷컴이나 핫와이어닷컴의 경우 대도시에서는 예약이 비교적 쉽게 이루어지는데 지방이나 소도시에서는 잘 예약되지 않습니다. 이런 경우는 종합 호텔 비교 사이트들에서 최저가로 제시한 온라인 예약 대행사(OTA; Online Travel Agency)를 통해 예약합니다. 다만 환불불가(non refundable) 조건인 경우는 신중히 잘 생각해서 여정이 확정되고 변함이 없을 때에 예약을 합니다.

미국의 대표적인 호텔 온라인 예약 대행사(OTA)로는 크게 익스피디아 그룹 계열과 부킹 홀딩스 계열을 들 수 있습니다. 익스피디아 그룹 계열로는 익스피디아닷컴(expedia), 호텔스닷컴, Orbits.com, 트레블로시티(travlocity), 트리바고들이 있고 부킹 홀딩스 계열로는 부킹닷컴, 프라이스라인, 아고다, 호텔스컴바인드, 카약, 칩티켓, 렌탈카스닷컴(rentalcars.com)들로 이들을 종합적으로 이용하면 전반적으로 좋은 조건의 호텔을 예약할 수 있습니다.

미국의 일반적인 체인 호텔들로는 하얏트 호텔 계열, 인터콘티넨탈 호텔 계열, 메리어트 호텔 계열과 힐튼 호텔 계열을 들 수 있고 방 크기가 충분합니다. 이들 호텔 계열들은 대체적으로 호텔 회원 등급 간 매치(status match)가 가능하여 어느 특정 호텔의 상위 등급(tier)을 가지고 있을 경우, 다른 호텔에 매치를 요구하여 다른 호텔에서도 상위 등급의 혜택, 즉 룸 업그레이드, 조식 제공, 호텔 라운지 이용 등의 혜택들을 누릴 수 있습니다. 또 중저가 호텔 체인의 상위 티어를 확보하여 좋은 호텔 체인의 등급 매치를 요구할 수도 있습니다. 이러한 방법들에 대한 자료는 마일모아닷컴(https://www.milemoa.com)이나 스사사(스마트컨슈머를 사랑하는 사람들, https://cafe.naver.com/hotellife.cafe#)들을 참고하기 바랍니다.

최근에는 체인 호텔들의 공식 홈페이지나 온라인 예약 대행사 홈페이지에서 자체적으로 최저 요금 배상 제도(BRG; Best Rate Guarantee)를 시행하기도 합니다. 자기들의 홈페이지에서 제시한 가격이 최저이며, 동일한 호텔의 동일한 조건에서 더 저렴한 가격을 다른 사이트에서 발견하는 경우, 이를 캡쳐해서 보내면 차액만큼 또는 차액+보너스 수준으로 배상을 해 준다는 개념입니다. 나는 귀국해서 단 한 번, 동일 사이트에서 가격이 낮아져 $20 정도를 배상받은 적이 있습니다.

## 9. 신용카드 사용

미국에서는 항공사 마일리지 획득, 호텔 포인트 적립과 숙박권 제공, 캐시 백이나 백화점 할인 등을 위한 다양한 신용카드가 발행됩니다. 특히 카드를 사용하여 얻는 마일리지나 포인트보다 처음 카드를 신청하여 조건을 만족할 때 얻는 사인업 보너스가 엄청나서 이를 잘 이용하면 큰 혜택을 누릴 수 있습니다. 이들은 모두 미국 체류자들을 위한 신용카드로 마일모아닷컴(https://www.milemoa.com) 등을 참고하시기 바랍니다. 다만 미국의 신용점수를 가지고 있지 않은 국내 거주자들은 해당 사항이 없습니다.

대륙 횡단을 하는 경우, 사전 항공권 예약을 제외하고도 비용이 많이 소요됩니다. 나의 경우 여행을 할 때 주로 신용카드를 사용했지만 전체 예상되는 비용의 30% 정도는 현금으로 별도 준비를 해서 다녔습니다. 물론 중간 중간 은행 ATM을 이용할 수 있습니다. 나는 미국에 체류할 때 미국 발행 신용카드를 사용했지만 국내 발행 신용카드의 사용도 아무런 문제가 없습니다. 다만 미국에서 아멕스 계열의 신용카드는 종종 결제가 제한되는 경우가 있으니 비자나 마스터 등 다른 종류의 카드를 더 가지고 가야 합니다. 서로 다른 2종류 정도의 신용카드를 소지하면 좋습니다.

국내 발행 신용카드를 미국에서 이용하는 경우 보편적으로 전체 비용이 환율 변동에 민감하고 적지 않은 수수료가 부가됩니다. 수수료를 포함하면 통상 100%의 현금 환전 수수료를 지불한 금액을 다소 상회하는 비용이 청구됩니다. 요즘에는 현금 환전 수수료를 90% 정도 면제 받을 수 있어 현금 환전을 선호하기도 하지만, 현금 분실에 대한 우려와 신용카드 사용혜택 등을 고려하여 카드와 현금은 병용하는 것이 좋습니다. 아멕스 카드의 경우 0.3~0.4% 정도 비자나 마스터 카드에 비해 수수료가 조금 더 비쌉니다.

## 10. 식당 이용과 팁 문화

정확히 일치하지는 않지만 보통 미국의 일반 식당을 이용하는 경우, 점심은 $10~$30 수준이고 저녁은 $20~$50 수준인데 점차 오르고 있다고 합니다. 제시된 음식 가격에 세금은 별도이고 세금이 포함된 가격에 통상적으로 점심은 10~15%, 저녁은 15~20% 수준의 팁을 추가합니다. 한국사람 입장에서 팁이 아까울 수 있지만 미국 현지인들의 전통과 관습으로 무시할 수 없습니다. 특히 내가 서비스를 잘 받았다고 느낄 때는 얼마간의 팁을 꼭 줍니다. 물론 맥도널드와 같은 패스트푸드점을 이용하면 가격도 저렴하고 팁도 지불할 필요가 없습니다. 뷔페의 경우 팁을 주지 않아도 되지만 음료수들을 별도로 제공 받을 때 1인당 $1~$2 정도의 팁을 주거나 놓고 나옵니다. 호텔의 경우도 자고 나올 때 침대당 $1~$2 정도, 발레 파킹이나 보트 탑승, 별도 관광 차량 탑승 등의 경우도 주변 눈치를 보고 $1~$5 정도의 팁을 개인당 또는 팀당 제공합니다.

 장기간 여행을 하면서 비용에 크게 구애를 받지 않는 분들은 즐겁고 편안하게 매식을 하면 됩니다. 그렇지만 비용에 제한을 받는 팀들은 계속 매식만 할 수는 없기 때문에 식료품들을 구입하여 자체 해결하기도 합니다. 우리의 경우, 거주하던 집에 있던 3인용의 전기밥솥과 쌀, 그리고 다양한 밑반찬과 식료품들을 미리 준비하거나 구입하여 차에 싣고 다니면서 사이사이에 저렴하게 취사로 식사를 해결했습니다. 3성급 이하의 중저가의 호텔에 묵는 경우 가볍게 나오는 아침 식사를 충분히 하고 나오면서 과일이나 간단한 음식을 가지고 나와 점심 요기를 했고 또 패스트푸드점도 여러 차례 이용했으며 중저가 지역 식당을 이용하기도 했습니다.

## 11. 현지 식료품 조달과 식사

 미국 대륙을 여행하는 경우, 곳곳에 쇼핑 몰들이 산재해 있어서 다양한 식료품들을 손쉽게 구입, 보충할 수 있습니다. 특히 주요 큰 도시 주변에는 H-mart와 같은 한국계 식료품점들이 여러 곳 있어 전기밥솥, 쌀, 김, 라면, 다양한 밑반찬, 김치, 과일 등을 구입할 수 있습니다. 한국에서 수입된 것들도 있고 현지에서 한국 식료품으로 만들어진 것도 있습니다. 물건의 종류와 규모는 거의 한국의 중대형 슈퍼마켓과 동일한 수준입니다.

 가격은 한국보다는 아무래도 조금 비쌉니다. 전기밥솥의 경우, 한국 식료품점 등에서 $100~$200 수준으로 구입이 가능합니다. 이외에도 중국 등 아시아계 식료품점, 월마트나 코스트코 등 미국계 식료품점에서도 물과 다양한 음식물을 구입할 수 있습니다. 코스트코의 경우, 한국의 멤버십 회원권을 그대로 쓸 수 있고 한국 발행 비자 신용카드로 결제도 가능합니다. 현지 식료품을 구입하여 식사를 자체적으로 해결하면 전체 비용을 대폭 절감할 수 있게 됩니다.

 미국에서 모든 물품을 구입할 때 제시된 가격에는 세금(sales tax)이 제외되어 있습니다. 주마다 다르고 세금이 없는 주도 있지만, 대부분 순수 농수축산물(groceries)을 제외한 공산품 구입 시 세금을 별도로 고려해야 합니다. 통상 6~10% 정도 부과됩니다. 최근에는 플라스틱 물병 등에 세금 또는 반환보증금이 추가되는 추세입니다.

　미국 현지인들은 아무래도 한국 음식 냄새에 민감한 편입니다. 호텔 방 안에서 식사하는 경우 냄새가 많이 나는 음식의 취식은 자제하고, 식사할 때와 식사 후에 에어컨과 환풍기로 환기시키면 좋습니다. 호텔 방에서 커피 등을 끓여 마시면서 냄새를 중화시키기도 합니다. 냄새가 많이 나는 음식들은 가급적 야외에서 식사할 때만 이용합니다.

## 12. 국립공원 연간회원권 구입 및 활용

　국립공원 연간회원권을 구입하면 미국 내 많은 국립공원, 국립기념물, 국립기념지뿐 아니라 전체 2,000여 곳 이상 국립 휴양지(recreation site)의 무료입장이 가능(차량 1대 및 동반가족)하며 회원권의 유효기간은 1년입니다. 연간회원권의 구입비용은 현재 $80이며 인터넷 www.nps.gov나 전화1-888-GO-PARKS로 신청이 가능한데 한국에서 갈 때는 첫 번째 국립공원에 입장하면서 직접 구매해도 문제가 없습니다. 요즘 웬만한 국립공원들의 차량 1대당 입장료는 $25~$35 수준이어서 몇 군데의 국립공원 방문만으로 연간회원권 비용을 만회할 수 있습니다. 나는 첫 번째 1년간 체류기간 동안에는 미국 국립공원 연간회원권을 사전에 인터넷으로 구입해서 사용했고 두 번째 1년간 체류기간 동안에는 다른 지인 가족들이 가입했다가 귀국하여 남은 연간회원권 카드를 두개 번갈아 양도받아 빈 곳에 서명을 하고 계속 사용하였습니다.

　연간회원권 카드를 구입할 때 구멍을 뚫어서 주는데, 그 다음해 구멍이 뚫어져 표시된 달 말까지 이용 가능합니다. 카드는 1장에 2군데 서명 칸이 있어 2명의 사용자가 서명을 하고 사용합니다. 2명은 서로 다른 가족이어도 상관없습니다. 회원권에 서명한 사람이 함께 한 승용차 1대와 통상 6명까지의 승차 인원은 국립공원에 무료로 입장됩니다. 승차 인원이 많은 경우 추가 인원에 대해 개인당 요금을 요구하기도 합니다. 국립공원에서는 입장 시 운전면허증 등 포토 ID를 요구하는 경우가 많습니다. 통상 서명이 일치하는지를 확인하는 것이므로 서명이 되어 있는 여권을 제시하면 됩니다. 대륙 횡단이나 서클 여행 등에 사용하고 가지고 와서 다음번 미국 여행이나 다른 가족이 미국을 여행할 때 유효기간 내에서 재활용할 수 있습니다.

## 13. 여정의 정리와 기록

여행을 마치고 여행 전체를 정리하고 기록하는 일은 개인의 취향에 속하는 일입니다. 최근에는 꼭 디지털 카메라가 아니더라도 화질이 우수한 스마트폰 카메라를 이용해서 무제한 사진이나 동영상을 남길 수도 있습니다. 그럼에도 불구하고 여정에 대해 간단하든 자세하든 정리하는 습관을 들이면 전체적 내용을 체계적으로 다시 확인해 볼 수 있고, 다음 여정을 준비하는 데도 도움이 됩니다.

2002년도 미국 대륙 횡단 시에는 구글맵이나 디지털 카메라가 보편화되지 못 한 시점이었고 나는 노트북이나 핸드폰도 가지고 있지 못 해, 여행은 미국 자동차 협회(AAA)가 회원에게 제공하는 트립틱(TripTik), 각종 지도와 투어북(Tour Book)에 의지할 수밖에 없었습니다. 그래서 여행 중 기록도 출발과 도착 시각, 자동차 이동 거리, 영수증을 포함한 사용 비용만 수기로 적어두고 여행 후에 생각을 정리해 기록을 해 두었습니다. 다행히 2016년도 미국 대륙 횡단 시에는 매일의 운행거리, 운행시간과 평균시속이 표시되는 훨씬 개선된 자동차, 스마트폰과 노트북을 가지고 여행을 했습니다. 자동차와 구글맵을 통한 기록과, 매일의 중요한 여정 내용을 약간씩 노트북에 담아둘 수 있었습니다.

요즘은 여행 기록을 일일이 글로 표현하기보다는 사진과 동영상 위주로 변하고 있고, 그 내용도 자연과 도시의 여행 자체 기록뿐 아니라 즐긴 음식물들과 다양한 체험 활동(activity)들에 대한 기록들로 변모하고 있는 실정입니다. 이런 추세에 발맞추어 사진과 동영상을 중심으로 한 이들 자료들을 개인 블로그나 인스타그램(instagram) 등의 사회관계망서비스(SNS; Social Networking Service)를 통해 공유할 수 있습니다. 또 손쉽게 사진과 내용을 편집하고 제작해 주는 포토북(photo book) 웹, 앱 사이트들도 급증하고 있습니다. 한 여행당 간략하게 1권의 포토북으로 정리하면 좋은 추억이 될 듯합니다.

국외 여행 특히 자동차 여행에서 가장 중요한 것은 본인과 동반자들의 건강입니다. 가기 전에 각자 해외여행자보험 등 적절한 건강보험에 가입해서 유사시 현지 의료진의 지원을 받는데 도움이 되도록 합니다. 이 글을 읽고 미국 대륙 횡단 자동차 여행을 준비하고 실행에 옮기는 여러분들의 건강과 행복을 기원합니다.

미대륙 횡단 자동차 여행 완벽 가이드
## 두근두근 미대륙 횡단 따라하기

펴낸날 2021년 11월 01일

지은이 홍석민
펴낸이 이순옥
펴낸곳 도서출판 문화의힘
등록 364-0000117
주소 대전광역시 동구 대전천북로 30-2(1층)
전화 042-633-6537
전송 0505-489-6537

ISBN 979-11-87429-72-2
ⓒ 홍석민 2021
저자와 협의로 인지는 생략합니다.
*잘못된 책은 구입처에서 교환해드립니다.

값 18,000원